극과 극은 통한다고 했던가. 이질적인 것, 양면적인 것의 조우에 관심이 많
은 오늘날의 기업들에게 아트 콜라보를 다룬 한젬마의 책은 참으로 멋진
선물이다. 콜라보레이션, 통합, 아트, 패션 등 다양한 분야와 주제를 넘나들
고 아우르는 이 책의 행간을 곱씹으며 비즈니스의 기회를 얻었으면 좋겠
다. 한젬마의 말처럼 인생의 모든 면들이 콜라보로 탄생하는 새로운 창조
물이다.　　　　　　　　**– 김희근, 예술경영지원센터 이사장, 벽산 엔지니어링 회장**

무한 경쟁 속에 혼자 돋보이고 싶어 혈안이 된 시대에 콜라보가 답이라고
외치는 한젬마. 남의 장점을 찾아내서 칭찬하고 살려주는 게 특기인 의리
파 그녀는 기업 역시 예술과의 콜라보를 통해 성장하고 함께 더 큰 무대로
까지 전진할 수 있는 매력적인 아이디어를 제시한다. 책을 읽는 내내 가슴
이 뛰었다. 새로운 아이디어들이 마구 떠오르는 신기한 경험이었다. 경계
없는 상상의 세계에서 한바탕 놀고 난 느낌이다. **– 손미나, 작가, 인생학교 교장**

예술을 입은 제품은 고급스럽고, 사랑스럽고, 매혹적이다. '그림 읽어주는
여자' 한젬마 디렉터가 이번에는 마케터가 되어 아트 콜라보레이션의 생
생한 이야기를 가지고 돌아왔다. 아트 콜라보의 거의 모든 사례를 총망라
한 이 책은 진부한 '제품'을 매력적인 '작품'으로 탈바꿈시키고 싶은 마케
터에게 유용한 나침반이 될 것이다.

– 김상훈, 서울대학교 경영대학 교수, 한국소비자학회 회장

"나는 문이기보다 경첩이기를 자처해왔다"는 한젬마 작가의 말에 그가 추구해온 창조의 목표를 확인할 수 있다. 세상에는 교차하고 접속하고 공유하고 함께할수록 가치가 확대되고 보다 많은 이들에게 혜택이 돌아가는 일들이 많이 있다. 예술과 기업의 콜라보도 그중 하나다. 자신의 경험과 여러 국내외 사례를 통해 그 '앙상블의 조화'를 활짝 펼쳐 보인다.

— 이주헌, 미술평론가

아트 콜라보의 신세계로 과감하게 뛰어들어 상처도 입으면서 아름다운 진주를 발견해낸 한젬마 작가의 열정이 고스란히 담긴 책이다. 그 과정에서 몸소 체험한 사례와 유익한 깨달음이 책갈피마다 가득하다. 특히 오랫동안 곁에서 지켜봤던 사람으로서 그 당시를 회상하며 단숨에 다 읽었다. 아트 콜라보에 대해 고민하는 조직이나 사람들이라면 100퍼센트 공감할 수 있다.

— 이태식, 벡스코 대표이사

우리나라 아트 콜라보를 이끌고 있는 한젬마 아트 디렉터는 무한 창조의 세계를 개척하고 있다. 코트라 아트 콜라보와 함께하면서 대한민국의 새로운 희망을 발견했다.

— 윤은기, 한국협업진흥협회 회장

반 고흐에서 키스 해링까지, 아트와 기업의 만남을 일구어낸 한젬마 작가의 역량과 관록에 커다란 갈채를 보낸다. 기업의 제품에 아트를 입혀 새로운 가치를 창출한 한국 최초 콜라보 디렉터 한.젬.마.답다.

— 오영호, 한국뉴욕주립대학교 석좌교수, 전 코트라 사장

사람과 사람을, 작품과 제품을, 기업과 예술을 연결하며 씨줄과 날줄을 엮는 한젬마. 장르와 분야를 넘나들며 융합을 시도하고, 거기서 시너지를 창출해내는 모든 과정 자체가 이미 멋진 콜라보 작품이다. — 정구호, 예술감독

아트 콜라보레이션은 전문적인 학술 용어로 '예술 주입(art infusion)'에 해당한다. 인공지능, 블록체인, 창의성이 제4차 산업혁명과 미래 사회의 핵심어로 주목받는 상황에서 아트 콜라보의 가치는 몇 번을 강조해도 지나치지 않다. 이 책에서는 아트 콜라보가 무엇이고 어째서 중요한지 그 핵심만을 안내한다. 학생들에게 한글을 처음 가르치는 선생님처럼 친절해서 마치 저자 직강의 '수업'과도 같다. 이 책은 길 안내를 제대로 하는 똑똑한 내비게이션 역할을 하고 있다. 예술가의 걸작이 하루아침에 완성되지 않듯이 브랜드에 대한 아트 콜라보의 효과도 단기간에 나타나지 않는다. 그렇기 때문에 이 책에서 제시하는 사례와 설명은 더더욱 피부로 느끼는 깨달음으로 다가갈 것이다.

– 김병희, 한국광고학회 회장, 서원대학교 광고홍보학과 교수

《한젬마의 아트 콜라보 수업》은 아트 콜라보의 성공 사례를 집대성한 책으로, 창의적 도전가인 한젬마의 오랜 경험이 이 한 권에 모두 담겼다. 현장 중심의 생생한 리얼리티가 돋보이는 이 책은 '예술을 품은 기업'이 어떻게 특별한 가치를 생성할 수 있는지는 물론, 아트 콜라보를 통해 예술적 지평을 넓힌 세계적인 작가들의 사례까지 고루 소개하고 있다. 그야말로 새로운 기준과 방향을 제시하는 아트 콜라보의 살아 있는 역서(譯書)다.

– 홍경한, 미술평론가, 아트 디렉터

콜라보를 통해 대중에게 신선한 감동을 선사하고자 하는 노력은 많으나 정작 효과가 미약한 경우가 비일비재하다. 이 책은 다르다. 한젬마 작가의 경쾌한 스토리텔링으로 아트 콜라보 성공의 요건을 일목요연하게 정리해준다. 콜라보를 고민하는 사람뿐 아니라 현대 문화와 예술에 관심 있는 모든 이에게 필독서로 추천한다.

– 김애미, 맥킨지 시니어 파트너, 아시아 지역 마케팅 프랙티스 총괄 리더

한젬마의 아트 콜라보 수업

한젬마의 아트 콜라보 수업

1판 1쇄 발행 2019년 5월 31일
1판 3쇄 발행 2019년 6월 3일

지은이 | 한젬마
발행인 | 홍영태
발행처 | (주)비즈니스북스
등 록 | 제2000-000225호(2000년 2월 28일)
주 소 | 03991 서울시 마포구 월드컵북로6길 3 이노베이스빌딩 7층
전 화 | (02)338-9449
팩 스 | (02)338-6543
e-Mail | bb@businessbooks.co.kr
홈페이지 | http://www.businessbooks.co.kr
블로그 | http://blog.naver.com/biz_books
페이스북 | thebizbooks
ISBN 979-11-6254-086-2 03320

* 잘못된 책은 구입하신 서점에서 바꾸어 드립니다.
* 책값은 뒤표지에 있습니다.
* 비즈니스북스는 독자 여러분의 소중한 아이디어와 원고 투고를 기다리고 있습니다.
  원고가 있으신 분은 bb@businessbooks.co.kr로 간단한 개요와 취지, 연락처 등을 보내 주세요.
* 비즈니스북스에 대한 더 많은 정보가 필요하신 분은 홈페이지를 방문해 주시기 바랍니다.
* 이 책에 사용된 도판은 저작권자의 동의를 얻어 수록했으나 저작권 허가를 받지 못한 일부 작품에 대해서는
  추후 저작권이 확인되는 대로 정식 동의 절차를 밟겠습니다.

초 가 치 를   만 드 는   아 트 × 비 즈 니 스 의   힘

한젬마의
아트 콜라보 수업

한젬마 지음

비즈니스북스

일러두기
'collaboration'은 외래어표기 원칙상 '컬래버레이션'으로 표기해야 하나, 이 책에서는 관용적으로 더 흔하게 쓰이는 콜라보레이션, 콜라보로 혼용해서 표기합니다.

9

쉘 위 콜라보?

"한젬마 씨는 도대체 뭐하는 분이세요? 예술가인지 방송인인지 정체성이 모호해요. 어느 쪽이든 한 우물을 파야 하는 거 아닌가요?"

한때 이런 공격을 받곤 했다. 미술을 전공한 내가 방송계로 진출하면서 시작된 비난이다. 미술을 전공했으면 미술작업에 매진할 것이지 왜 이런저런 활동에 방송까지 해서 정체성을 흐리는지 모르겠다는 뜻이다.

어쩌면 그것이 내 정체성인지도 모르겠다. 그렇다, 내 삶의 동력은 콜라보레이션(Collaboration)이다. 나는 내 것에 대한 자부심이 크지만, 다른 분야에 대한 관심과 수용력도 매우 큰 편이다. 아마 세상 많은 것들에 호기심을 느끼고, 참견하기 좋아하는 오지랖 성향 때문이리라. 규정된 하나의 세계에 갇히지 않고 시간, 공간, 분야, 장르를 넘나들며 경계를 허물고 다양한 세계와의 만남을 시도하는 것은 늘 즐겁다.

공유와 공존, 융합이 만들어내는 시너지가 콜라보의 힘이다

그저 열정과 소신, 꿈만 갖고 내달리던 20대 시절. 본인과 의구심을 안고 있었지만 열려 있는 기회들을 최대한 내 것으로 만들며 전진했다. 당시 케이블 방송국 중 하나인 코오롱이 문화예술을 콘텐츠로 하는 A&C코오롱 채널을 개국하면서 전문 미술 프로그램을 론칭했다. 나는 그 방송국의 미술 프로그램 진행을 맡았다. 얼마 안 돼 미술 전문 방송인으로 자리매김했고 최초로 '미술 전문 MC'라는 타이틀을 거머쥐었다. 단순히 내 거취를 방송 쪽으로 옮긴 것이 아닌, 미술과 방송의 콜라보를 시작했던 것이다.

내가 미술과 관련 없는 일반 방송 프로그램을 진행했다면, 방송인으로의 전환을 시도했다고 해도 할 말이 없다. 하지만 나는 미술 프로그램만을 고수하며 진행을 맡았고, 이후 다양한 채널의 미술 프로그램들을 도맡을 수 있었다. 당시 나는 미술 전공자로서의 자신감과 소신이 있었지만 그것만으로 다 되는 건 아니었다. 방송의 틀 안에서 미술 보따리를 풀어내기 위해서는 방송인으로서의 노하우와 기술이 필요했다. 덕분에 처절한 배움이 시작되었다.

콜라보는 다른 분야와의 결합인 동시에 공존하는 것이기도 하다. 일방적 흡수가 아니며, 편향성 때문에 한쪽이 희석되거나 사라져서도 안 된다. 그러기 위해서는 열린 태도로 상대의 이야기에 귀를 기울이고 배우며 협력하는 것이 중요하다. 나만 옳다고 생각하거나 내 얘기만 해서는 절대 훌륭한 콜라보레이션을 이룰 수 없다.

그뿐인가. 콜라보레이션이란 만남과 연결만으로는 불가능하다. 유능함이 결합된다고 해서 반드시 새로운 창조에 성공하는 것도 아니다. 각각의 독립적 주체가 만나서 시너지를 낼 수 있어야 하기 때문이다. 각각의 개성과 강점이 만나 새로움을 창출하고, 그 것이 서로를 더욱 성장시켜 성과로 연결되고, 그 성과 역시 공유할 수 있어야 한다.

A&C코오롱의 간판 MC로 뉴스를 타기 시작하면서 얼굴이 알려지자 출판사에서 연락이 왔다.《그림 읽어주는 여자》는 그러한 인연으로 세상에 나왔고 오랫동안 스테디셀러로 사랑받았다. 방송에 이어 출판과의 콜라보가 시작되었던 것이다. 단지 미술을 소개하는 책을 내고 싶지는 않았다. 책을 통해 미술이 독자들에게 좀더 친근하게 다가가 미술이 어려운 것이라는 선입견에서 벗어날수 있기를 원했다.

그 또한 책과 미술의 콜라보다. 수많은 미술 관련 서적들 중《그림 읽어주는 여자》가 히트를 칠 수 있었던 건 바로 이런 이유 때문이다. 미술이라는 세계를 책에 담는 차원이 아닌, 미술과 책이 결합해 새로운 세상을 창조하고 거기에 독자들이 동참할 수 있도록 문을 열어준 것이다.

내 삶의 동력은 콜라보레이션이다

이런 과정을 거쳐 한젬마라는 이름이 브랜딩되기 시작했다. 거대한 브랜드들과 동등하게 소통할 자격을 조금씩 갖추어갔다. 콜라보란 상대 브랜드와의 결합을 통해 브랜드 효과를 극대화시키려는 속성이 있기 때문에, 서로의 브랜드 가치 수준을 고려해보게 마련이다.

이후 건설사들의 예술 주거환경 프로젝트를 리드하는 기회를 갖게 되었다. 영화나 패션 쪽의 전유물이었던 '아트 디렉터'라는 타이틀을 갖게 된 것이다. 삼성 래미안의 아트 디렉터로 주택문화관 콘셉트 설계 시공 디렉팅을 하였고, 공사 휘장막의 예술 캔버스화, 거리의 갤러리화 등의 작업을 했다. 건축 인테리어 차원을 넘어서 예술을 담고 예술로 소통하는 거대한 프로젝트들이었다. 일개 미술가가 혼자 할 수 있는 범위의 일이 아니었다. 인테리어, 전기, 건축, 시공, 설계 등 다분야 전문가들과의 소통과 협업하는 일, 즉 콜라보가 중요했다.

아트 디렉터로 여러 기업들과 일할 수 있었던 바탕에는 그러한 경험들이 자리한다. 진흥기업과는 전국에 산재된 주거 환경에 예술을 담는 시도를 했으며, 대웅제약과는 삼성동에 위치한 건물 외벽의 설치미술 작업을 했다. 이를 비롯해 가로등, 아트 벤치, 퍼걸러, 테이블, 의자, 벽화에 이르기까지 나의 다양한 작품들이 건축물에 설치되었다. 이는 한 예술가의 작품을 전면에 설치하는 국내 첫 시도였다.

그리고 2012년, 코트라와 인연이 닿았다. 낯선 세계에 발을 딛고 용감하게 던졌던 의견이 수용되었다. 기업과 예술이 함께하는 새로운 시도와 실험은 글로벌 무대에서 더욱 성장할 수 있는 기회를 만들어냈다. 실험적 프로젝트의 총괄책임자로, 관공서 최초의 '크리에이티브 디렉터'라는 타이틀을 달고 활동을 시작했다. 당시만 해도 예술 분야에 관심을 갖는 기업은 대부분 대기업이었고, 내가 인연을 맺은 기업들 역시 주로 대기업이었다. 그러나 코트라는 중소기업들의 수출지원 기관이었기에, 나는 중소기업들을 상대해야 했다. 중소기업과 대기업은 여러 면에서 입장과 견해가 달랐다.

무식하면 용감하다고 했던가. 경제·경영 분야에 무지한 나였지만 예술 보따리를 끌어안고 넘어지고, 다치고, 고독과 좌절을 초스피드로 겪어내며 결국 사업부서화에 성공했다. 이 나라의 당당한 사업 분야로 자리매김시킨 나와 코트라, 중소기업과 수많은 예술가들의 콜라보. 그렇게 아트 콜라보 제품들이 탄생했다.

나는 유독 '연결, 관계, 소통'이라는 주제에 관심이 많았다. 못, 지퍼, 똑딱단추, 경첩, 플러그 등 연결 속성이 있는 오브제들로 이 주제를 형상화하는 작업을 일관되게 해왔다. 그리고 다양한 분야를 넘나들며 새로움을 향한 도전과 배움을 거듭하는 과정에서 '아트 콜라보레이션'이라는 화두에 봉착했다. 나는 아트를 하는 사람이고, 그것을 다른 것과 연결 지어 콜라보하는 사람이다.

왜 지금, 아트 콜라보레이션인가

아트 콜라보레이션(Art Collaboration)이란 무엇일까? 쉽게 말해 예술과 협업하는 작업을 총칭한다. 예술 작품의 이미지를 브랜드에 입히거나 예술가와 직접 소통하며 작업하는 것을 말한다. 여기서 한발 더 나아가 예술가가 제품의 생산, 포장, 유통, 홍보 마케팅, 판매 등 영업 활동 전반에 참여하는 것을 아울러 아트 콜라보레이션이라 한다. 패션 분야를 중심으로 아트 콜라보가 성행했으며 최근에는 식품, 가전, 자동차, IT 제품, 의료와 유통에 이르기까지 우리 삶의 전 분야로 확장 중이다.

제품의 기능이나 성능 등 제품 기술개발의 영역에서는 기업 간 격차가 크지 않은 지금, 소비자의 관심 끌기 위해서는 어떤 전략이 필요할까? 아트 콜라보는 이런 고민에서 출발한다. 콜라보, 그 중에서도 특히 아트 콜라보가 두각을 드러내게 된 것은 비주얼이 강조되고 스토리를 소비하는 시대성에 꼭 맞춤이기 때문이다. 아트 콜라보는 참신하고 창의적인 제품을 원하던 소비자의 욕구를 충족시켜주는 시도였으며, 구매로 연결되는 데 주효한 전략이 되고 있다.

지금 기업들은 아티스트들과의 협업 활동을 통한 신제품 개발에 열정적이다. 이때 중요한 것은 상품의 겉모습은 달라졌지만, 본래의 품질, 기능, 맛 등 콘텐츠 자체는 바뀌지 않는다는 점이다. 본래의 아이덴티티는 유지하되, 콜라보레이션을 통해 스토리를 담고 가치를 높여 시너지를 내는 데 핵심이 있다. 낯선 분야와의 만남을 통해 더 나다워지는 것, 충돌과 교감과 융합 속에서 나만의 아이덴티티를 찾아 브랜드화하는 것. 이것이야말로 콜라보의 핵심이다.

이제 소비자들은 필요에 의한 제품 구매가 아닌 스토리와 미적 요소의 충족을 위해 소비한다. 즉 기능적 소비에서 감성적 소비로 변화하고 있으며, 제품을 사는 게 아니라 그 제품이 주는 이미지와 문화를 산다는 의미다. 예술 이미지를 통한 감성 마케팅, 아트 마케팅의 성행이 아트 콜라보레이션 사례를 증폭시키는 추세다.

아트 콜라보레이션의 사례와 유형은 무척 다양하다. 명작을 활용하거나, 화가, 사진가, 패션 디자이너 등의 아티스트와 협업하기도 하고 연예인, 셀러브리티 등과 손을 잡기도 한다. 아티스트들의 창의성을 활용해 제품에 스토리와 스타일을 입히고, 가치 상승을 통해 소비자를 끌어들이고 소비 기회를 늘여간다. 아트를 접목하면서 소비자들의 호응과 신뢰를 얻은 후, 시리즈물을 생산하며 장기 전략을 선보이는 경우도 늘고 있다.

행남자기의 디자이너스 컬렉션, 보네이도의 아트팬, BMW의 아트카 시리즈, 소노비의 뮤지엄 라인, 디오스의 아트디오스, 스와치의 아티스트 스페셜과 크리아트 콜렉션, 코카콜라의 아트오브다이닝, 델의 아트하우스, Z:IN의 테라트, 현대카드의 갤러리카드, 던힐의 퍼펙셔니스트 시리즈, 앱솔루트 보드카 아트광고 등이 그 예다.

콜라보레이션의 방법과 분야, 스토리는 무궁무진하다. 나는 문이기보다는 경첩이길 자처하고, 경첩 본연의 역할대로 새로운 연결을 해내고, 그로 인해 색다른 이야기를 펼쳐내길 희망해왔다. 또한 궁극적으로 예술의 경지에 이르는 콜라보레이션을 지향하고 있다. 아트 콜라보레이션은 내 삶이며 내 사명이며 내 지향점이다. 방송, 출판, 건설, 기업, 경제에 아트를 싣고 나의 콜라보는 계속될 것이다. 아트 콜라보레이션은 내 삶이며 내 사명이며 내 지향점이다. 그리고 그 과정의 일부로《한젬마의 아트 콜라보 수업》을 펴내게 되었다.

그 어떤 일도 인연과 연결이 아닌 것이 없다. 코트라 오영호 사
장님과 김재홍 사장님의 과감한 결단과 지원이 없었다면 우려 속
에서 시작된 아트 콜라보 사업이 꽃을 피울 수 없었을 것이다. 5년
간 함께했던 수많은 한국의 중소기업과 기꺼이 소통했던 예술가
들이 없었다면 이처럼 풍성한 기업과 예술의 융합 스토리를 이 땅
에 탄생시키지 못했을 것이다. 책에 들어간 소중한 자료 사진들을
흔쾌히 수락해준 기업과 예술가들에게 깊은 감사를 전한다. 더불
어 분량상 더 많은 콜라보의 결과물들을 담지 못한 아쉬움도 고백
한다.

아트와 비즈니스의 콜라보를 통한 초가치의 탄생

우리는 시간, 공간, 지식의 경계를 넘어 끊임없이 다른 세계와
만나고 결합한다. 우리가 알든 모르든, 연결되어 있지 않은 것은
없다. 미래를 향한 인간의 도전, 그 바탕에는 늘 새로운 창조가 있
다. 그리고 얼마나 영리하게 연결해 잠재력을 발현하느냐가 관건
이다. 최근 들어 사회 전반에서 상생, 협력, 융합, 소통을 강조하는
분위기다. 기업이나 정부기관에서도 '상생과 발전'을 모토로 부
서간의 벽을 허물기 위한 각종 시도를 하고 있고, 기관들끼리 협
력을 도모하기 위해 노력하고 있다.

다른 가치와 스타일을 가진 이들이 만나 서로를 이해하면서 함
께 앞으로 나아갈 때 더 빛을 발한다. 강점은 더욱 강화하고, 약점

은 보완해줄 수 있으니 완벽한 상호보완의 관계가 된다. 이처럼 서로 다른 것이 만나 불꽃이 일면, 기존과는 사뭇 다른 것이 만들 어진다. 바로 여기서 콜라보의 가치가 상승한다.

코카콜라, 나이키, 스와치, 루이비통, BMW, 몽블랑 등 세계 최고 기업들이 콜라보에서 브랜드 성장 동력을 창출하려는 이유가 무 엇이겠는가. 아름다움을 보는 눈을 키우고, 인간의 감성을 이해하 는 데 있어 예술만큼 훌륭한 도구는 없기 때문이다. 스티브 잡스, 마리사 메이어, 폴 그레이엄, 필 나이트, 루이비통, 제임스 퀸시 등 진정한 비즈니스 거장들은 언제나 탁월한 아티스트였으며, 아트 에서 비즈니스 영감을 얻었다.

합리성과 기술의 축적만으로는 물건이 팔리지 않는 다양한 취 향과 마이크로한 감성의 시대. 연필, 립스틱, 라면, 신발, 가방, 냉 장고, 자동차, IT… 분야를 막론하고 예술적 영감과 상상력이 절실 하다. 개별 상품에서 분야 간 융합까지, 콜라보는 그저 새로운 제 품이 아니라 전에 없던 완전히 새로운 가치를 창조해낸다. 이러한 초가치의 탄생은 한계에 봉착한 비즈니스 세계에 새로운 가능성 의 기회를 열어줄 것이다.

또한 전시를 통해 세상과 소통하고 전시장에 작품을 선보이던 예술가들은 이제 제품을 통해 일상을 파고들게 되었다. 벽에 걸린 감상용 작품이 아니라 우리 삶과 함께 호흡하기 시작했다. 일상이 예술을 담고 예술의 경지를 닮아가는 데 그 몫을 하게 된 것이다. 애초에 예술사가 우리의 삶 안에서 시작되었듯 예술이라는 전문성의 벽은 콜라보레이션을 통해 경계를 허물고 다시 삶으로 파고 드는 중이다.

2000년 이후 대기업을 중심으로 본격적으로 아트 콜라보가 시작되었고, 최근 몇 년 사이에 중소기업들도 아트 콜라보레이션을 통한 제품 출시를 일반화하기 시작했다. 이유는 분명하다. 소비자들이 예술적 스토리 소비에 열광하고, 희소성과 특별함에 대한 만족도를 챙기기 시작했기 때문이다. 제품들이 그림처럼 감상의 대상이 되고, 이야기와 비주얼이 담기는 시대가 된 것이다.

하지만 아트 콜라보를 디자인적인 부분에 한정해 이해하면 곤란하다. 콜라보를 함으로써 작품과 예술가가 갖고 있는 이야기가 감성을 건드리고, 거기서 오는 감동이 사람들을 끌어당기는 매력을 갖는다. 콜라보는 혼자보다는 둘이 주는 충족감, 파트너십, 공유, 공존 등 상생의 구조로 가고 있는 현대 사회의 시대정신에 제대로 부합하는 소통 코드다.

바야흐로 콜라보의 시대다. 한 명의 전문가나 한 명의 스타가 주목을 끄는 시대가 아니다. 새로운 것과 조우하고, 남다른 창의력과 융합함으로써 전에 없던 새로운 창조물을 만들어내는 것. 현실에 안주하지 않고 진보하되, 혼자가 아니라 함께 상생해가는 것. 그것이야말로 진정한 콜라보레이션이다. 우리가 미래를 열어가는 방식인 것이다.

"셀 위 콜라보?"(Shall we collaborate)

저자의 글 | 쉘 위 콜라보? · 9

CHAPTER 1 콜라보 선수들에게서 배운 것들

:: 벽은 부숴야 제맛이다. 비즈니스 아트의 선구자 앤디 워홀 · 27

:: 하늘은 남을 돕는 자를 돕는다. 시대를 고민한 키스 해링 · 33

:: 문제적 남자? 죽음과도 콜라보하는 데이미언 허스트 · 40

:: 누이 좋고 매부 좋고! 돈 벌어주는 아티스트 제프 쿤스 · 47

:: 열정과 냉정 사이! 절제의 극치 몬드리안 · 52

:: 극과 극은 통한다. 아트 콜라보의 선두주자 백남준 · 57

:: 모난 것을 맞붙이다. 삼각 사나이 한창우 · 62

:: 두드려라, 그러면 열릴 것이다. 콜라보맨 장승효 · 69

:: 하나를 주면 열을 뱉는다. 도깨비방망이를 쥔 사쿤 · 75

:: 마음과 철학까지 융합한다. 한국 팝캐릭터 창시자 이동기 · 82

:: 멀티플레이어가 돼라. 아티스트 창업 성공 스토리의 주역, 마리킴과 육심원 · 88

:: 스타일에 살고, 스타일에 죽고! 모던 보이 김용호 · 95

:: 뻔함을 거부한다. 선 긋는 남자 코마 · 102

:: 웃는 게 웃는 게 아니야! 이중성의 소통, 김지희 · 107

:: 인생은 떼 놈 브랜드는 남긴다. 판타스틱, 언더플 안드레 김 · 112

:: 과거와 현재를 이어주는 디자이너 이상봉 · 117

:: 나도 예술가. 예술적 재능을 펼치는 아트테이너들 · 123

COLLABO INSIDE 리미티드 에디션 · 130

Chapter 2 **명화가 명품을 만든다**

:: 르누아르, 모네 : 명화를 무료로 사용하는 법 · 135

:: 밀레 : 낯선 것에 익숙함을 입히는 명화의 마법 · 142

:: 드가 : 명화와 제품 사이에도 궁합이 있다 · 148

:: 고흐 : 상부상조, 스타 옆에서 스타되기 · 154

:: 앵그르 : 명화는 만능 해결사가 아니다 · 161

:: 칸딘스키 : 우리가 끌리는 건 스토리다 · 166

COLLABO INSIDE 기업이 예술을 활용할 때 필요한 7가지 방법 · 173

Chapter 3 **혼자서는 멀리 갈 수 없다**

:: 예술에 SOS를 쳐라 · 179

:: 독식은 순간이지만 동행은 오래간다 · 185

:: 꿈을 함께 나누면 배가 된다 · 191

:: 저울질은 그만, 우선 내편을 만들어라 · 198

:: 등잔 밑이 어둡다. 일상에 숨겨진 보물을 찾아라 · 204

:: 변신은 창조성을 증폭시킨다 · 210

:: 인생도 비즈니스도 타이밍이다 · 216

:: 허를 찌르는 상상의 문을 두드려라 · 221

:: 역발상의 힘, 콤플렉스를 돋보이게 하라 · 228

:: 황금 보기를 황금같이 하라 · 234

:: 힘을 합치면 태산도 옮길 수 있다 · 239

:: 콜라보에 장애란 없다 · 247

:: 선한 소비가 선한 세상을 만든다 · 254

COLLABO INSIDE 아트 콜라보레이션의 활용 유형과 적용 방식 · 261

Chapter 4 콜라보의 초가치 효과 1. 예술성

:: 현대카드 : 틀과 경계를 뛰어넘다 · 265

:: BMW : 아트카의 향연, 자동차가 캔버스가 되다 · 271

:: 한국도자기 : 자연, 명화, 드라마를 담아라 · 277

:: 보네이도 : 시간을 뒤섞은 새바람, 빈티지 열풍 · 284

:: 설화수 : 한국의 미로 세계를 make up · 291

COLLABO INSIDE 아트버타이징, 아트 콜라보레이션 · 298

Chapter 5 콜라보의 초가치 효과 2. 히스토리

:: 보부코리아 : 상대 맞춤형으로 소통하라 · 303

:: 스와치 : 소비가 투자가 되게 하라 · 309

:: 코카콜라 : 끝없는 리미티드, 소장 욕구를 자극하다 · 317

:: 샤또 무똥 : 술과 예술, 절대 버릴 수 없는 컬렉션이 되다 · 323

:: 쌤소나이트 : 여행가방에 나만의 스타일을 담다 · 327

:: 바디프랜드 : 휴식도 명품이 되다 · 335

:: 제이월드 : 영혼의 끌림, 이보다 더 좋을 수 없다 · 340

COLLABO INSIDE 기업과 예술가의 소통방식 · 345

Chapter 6 콜라보의 초가치 효과 3. 확장성

:: 무늬공방 : 가장 서양적인 것에 가장 한국적인 것을 담다 · 351

:: 루이비통 : 따라올 테면 따라와 봐 · 358

:: 새턴바스 : 남다른 가치를 만드는 변신은 무죄 · 365

:: 자이크로 : 남들처럼 말고 남들과 다르게 · 373

:: 패션 콜라보 : 콜라보는 어떻게 패션의 무기가 되는가 · 379

:: 이종 간의 결합 : 의외성에서 답을 찾아라 · 389

:: 캐릭터 콜라보 : 캐릭터로 브랜드에 생명을 불어넣다 · 396

:: I · SEOUL · U : 브랜드는 블렌딩이다 · 407

:: 공간 콜라보 : 서로 다른 콘셉트가 뭉쳐 업그레이드하다 · 415

:: 공연 콜라보 : 명품이 되기 위해 루브르로 간다 · 421

COLLABO INSIDE 아트 상품 VS. 아트 콜라보레이션 · 428

참고문헌 · 429

예술가는 사람에게 꼭 필요한 것이 아니라
사람들에게 주면 좋아할 것을 만드는 사람이다.

−앤디 워홀

화가는 손으로 그리는 게 아니라 머리로 그린다.

−미켈란젤로

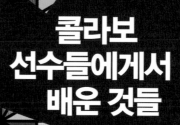

콜라보
선수들에게서
배운 것들

CHAPTER 1

벽은 부숴야 제맛이다.

비즈니스 아트의 선구자

앤디 워홀

앤디 워홀×앱솔루트

"왜 예술가가 손으로 직접 만든 작품만 예술이라 하는가. 예술가의 시선으로 새로운 개념을 부여하여 새롭게 탄생시키는 것도 예술이다."

변기 작품으로 유명한 마르셀 뒤샹은 예술과 예술이 아닌 것의 경계를 허물었다. 예술의 정의를 전복시킨 그는 예술의 양식을 파괴하고 끊임없이 도전을 이어나갔다. 예술가의 역할과 예술에 대한 개념을 뒤엎으며 혁신을 촉발시켰다. 이처럼 예술이란 사회적 편견과 고정관념에 갇히지 않고, 끊임없이 경계와 틀을 깨는 것으로 세 역할을 하고 있다.

앤디 워홀, 〈캠벨 수프 캔〉, 1965

벽을 부숴야만 그 너머를 볼 수 있다

뒤샹만큼이나 미술계에 파격을 몰고 온 작가가 있다. "좋은 비즈니스가 가장 훌륭한 예술이다."라고 발언한 앤디 워홀이다. 그는 친숙한 사물과 상업적 산물을 예술작품으로 바라보는 시각을 제시했다. 자신의 작업을 '팩토리'라 정의하고 스스로 창작의 기계이길 희망했으며, 수많은 조수들과 함께 예술품을 대량으로 제작했다. 기계를 통한 무한복제와 대량 생산으로 공고하게 유지되어온 예술의 정의에 정면 도전한 것이다.

"예술은 손맛이 있어야지. 예술가가 직접 만들지도 않으면서 자신의 사인을 넣다니." 당시 앤디 워홀의 작품에 대한 대중의 비판과 독설은 넘쳐났다. 하지만 시대를 반영한 그의 작품은 예술의 역사를 바꾸는 데 한 획을 그었다.

"나는 깊숙이 얄팍한 사람이다."라고, 이율배반적이지만 정확하게 자신을 고백한 앤디 워홀은 분명 세상을 간파하고 미래를 읽어내는 혜안을 가진 이 시대의 예술가다.

그는 당대 가장 유명한 것들을 작품의 주인공으로 삼았다. 코카콜라, 달러 지폐, 캠벨 수프…. 시대의 아이콘에 해당하는 인물들도 예외는 아니다. 마릴린 먼로, 슈퍼맨, 마이클 잭슨, 존 레논, 엘비스 프레슬리, 마오쩌둥, 엘리자베스 테일러…. 이쯤 되면 앤디 워홀 작품의 주인공이 되어야 유명인으로 인정받는 것이 아닐까 싶다.

사실 예술가들이 스타들의 이미지를 작품에 담는 일은 초상권, 저작권 시비로 인해 거의 불가능한 편이다. 대단히 애매하고 복잡한 초상권과 저작권 논란으로 나 또한 한류 스타 이미지를 활용한 예술가들과의 아트 콜라보를 포기한 적이 있다.

중소기업들은 스타들의 이미지가 절실히 필요하지만 막대한 초상권·저작권료를 지불할 돈이 없다. 반면 스타들 입장에서는 초상권 사용료를 정당하게 요구하는 것이 당연하다. 그 접점을 찾기란 매우 어려운 문제다. 저작권법을 아무리 철저히 분석해도 분쟁의 여지를 명확하게 해결한 대안은 보이지 않았다. 결국 나는 예술가들이 스타 이미지를 활용해 창작활동하는 것을 저지했다.

문득 이런 생각을 해본다. 지금 앤디 워홀이 살아 있고, 앤디 워홀의 청이라면 대박 스타들도 단박에 수락하지 않을까? 세계적 스타 탄생의 보증수표인 앤디 워홀이라면, 어느 쪽도 손해 보지 않고 시너지를 내는 동행관계가 될 테니까. 앤디 워홀은 충분히 스타를 더 스타로 만들어주는 보증인이니까. 스타들도 원하는 예술가일 테니까.

앤디 워홀은 "예술은 비즈니스고, 비즈니스는 예술이다."라는 순수예술계에서 도무지 받아들일 수 없는 주장을 하며 '비즈니스 아트'라는 단어를 탄생시켰다. 예술과 비즈니스를 동격으로 설정하고 동행을 주장한 그야말로 아트 콜라보레이션의 창시자다.

앱솔루트와 앤디 워홀의 만남

1985년 미국 시장 유통 담당자였던 미셸 루스가 친분이 있던 앤디 워홀에게 앱솔루트 병을 소재로 그림을 그려 달라고 부탁했고,

이를 계기로 그들의 협업은 시작되었다. 사실 예술과의 동행을 흔쾌히 받아들이는 기업은 거의 없다. 앤디 워홀 같은 거장의 경우야 예외겠지만, 이름도 모르는 예술가라면 이처럼 과감하게 함께 하겠다는 용기를 내지 못한다. 그러나 아트 콜라보레이션이 보편화되기 전인 1980년대에 이처럼 과감한 용기를 낸 것을 보면, 앤디 워홀도 앱솔루트도 분명 시대를 앞서간 선구자들이다.

약병을 연상시키는 앱솔루트 술병에서 영감을 받은 앤디 워홀은 1985년, '앱솔루트 워홀'이라는 콜라보 작품을 탄생시킨다. 그 후 앤디 워홀은 키스 해링 등을 아트 콜라보레이션 파트너 후보로 제안했다고 한다. 앱솔루트 보드카는 콜라보레이션을 통해 브랜드 가치가 상승하면서 예술가들과 소통하며 동행하는 것이 하나의 기업 문화로 자리 잡았다.

앤디 워홀과 앱솔루트 보드카는 첫 만남 후 30년이 지난 2014년, 앤디 워홀 재단을 통해 재결합해 리아트 콜라보레이션 리미티드 한정판을 출시했다. 총 350만 병 중 6만 병만 한국에서 판매되었는데 앤디 워홀의 예술혼에 취한 소비자들의 사랑을 한몸에 받았다.

사실 앱솔루트가 보드카 중 최고급 술은 아니라고 한다. 그런데 대부분의 사람들은 보드카 하면 '앱솔루트'를 떠올린다. 여타 보드카들도 그들의 가치와 영광을 찾기 위해 고심 중이지만, 끊임없는 변화와 아트 마케팅으로 앞서나가는 앱솔루트의 질주는 계속될 것으로 보인다.

이제는 예술품만 남는 시대가 아니다. 아트 콜라보레이션 제품 또한 영원할 것이다. 살아생전 앤디 워홀이 너무나 사랑했을 뿐 아니라, 컬렉션을 한 것으로 유명한 샴페인 돔 페리뇽도 앤디 워홀 아트 콜라보레이션 리미티드 에디션을 출시한 바 있다. 유모차 브랜드 부가부 또한 앤디 워홀 재단과의 협약을 통해 '앤디 워홀 유모차' 시리즈를 4회나 출시했다. 최근에는 캘빈 클라인과 유니클로가 앤디 워홀의 작품으로 아트 콜라보레이션을 선보였다.

앤디 워홀은 사후에 가장 많은 아트 콜라보레이션 저작권을 챙기는 예술가 아닐까? 그는 1987년 사망했기에 사후 70년이 넘으려면 2057년이 되어야 한다. 아마도 앤디 워홀 작고 70년이 되는 2057년에는 수많은 기업들이 작품 저작권 사용이 가능해지는 걸 두고 축배를 들지도 모를 일이다.

2057년 이후 쏟아질 앤디 워홀의 아트 콜라보레이션 홍수를 상상해본다. 장벽이 무너지고 서로 앞다퉈 접붙이려고 몸부림치는 콜라보 물결을. 시대를 앞서간 그는 예술의 한계와 경계를 허물었고, 그런 파격으로 소통을 가로막는 장벽 또한 무너뜨렸다. 그의 예술은 수많은 콜라보를 통해 끝없이 재창조될 것이다.

화폭 안에서 예술로 제품을 그렸던 그의 행위는 그 자체로 아트 콜라보였던 게 아닌가. 팝아트는 결국 아트 콜라보의 시조가 아닌가. 아트 콜라보 선구자는 팝아티스트 앤디 워홀이 아닌가. 이런 생각들을 연결지어 본다.

하늘은 남을 돕는 자를 돕는다.

시대를 고민한

키스 해링

▼

키스 해링×해피삭스, 리복

"나는 예술가로 태어났고, 따라서 예술가답게 살아야 할 책임이 있다고 생각한다. 내가 세상을 위해 할 수 있는 건 그림을 그리는 것이다. 그림은 사람과 세상을 하나로 묶어준다."

키스 해링의 말이다. 이는 살아생전 예술을 통해 인류의 삶에 이바지하려 했던 그의 예술관을 단적으로 보여준다.

사람과 세상을 하나로 묶다

내가 '관계'라는 주제로 못을 가지고 작업하던 당시 수북이 쌓인 못 더미 아에서 사람이 보였다. 사람을 표현하는 방법은 어려가지지만 나는 못을 용접해서 사람의 형상을 탄생시켰다. 일명 '못사람'이다. 그렇게 나의 못사람들은 패턴화되기 시작했고, 사람들은 나의 작품을 보고 키스 해링의 작품을 닮았다고들 했다. 물론 키스 해링은 너무 멋진 예술가다. 하지만 나에게는 이 말이 기분 좋을 리 없다. 누군가의 작품과 닮았다거나 비슷하다는 표현은 예술가에게는 참으로 난감하고 마음 상하는 말이자 때로는 무서운 말이기도 하다.

사람들은 특정 작품을 유명한 예술가의 작품이나 명작들에 빗대어 비슷하다는 이야기를 별 생각 없이 던진다. 간혹 칭찬의 표현으로 그런 말을 하는 이들도 있다. 하지만 무심코 던진 돌에 맞아 죽는 개구리처럼, 이런 말들은 상처에 뿌린 소금이 되어 예술가들의 가슴을 쓰라리게 한다. 자신의 혼을 담아 만든 창작물이 다른 사람의 것과 같다니, 아슬아슬 타고 있는 줄을 흔들어버리는 것과 같다.

나는 내 작품이 키스 해링의 작품과 닮았다는 말을 극복하고 싶었다. 피카소나 반 고흐가 선배 예술가들의 작품을 보고 수없이 복사하고 따라 그리며 학습한 후, 그것을 외면하거나 피하기보다 정면 도전해 독파하는 용기를 냈던 것처럼.

키스 해링의 작품과 내 작품이 비슷하다면 인정하기로 했다. 그 사실을 거부하거나 외면하지 않고 받아들이고, 나아가 우연일지라도 나와 닮은 그의 작품과 그를 사랑하기로 했다. 그림으로 사람과 세상을 묶어준다는 면에서 그와 나는 일면 닮아 있으니 어쩌면 자

키스 해링, 〈Growing 1〉, 1988

연스러운 일인지도 모른다.

키스 해링은 놀라우리만치 아트 콜라보레이션을 많이 한 예술가 중 한 명이다. 앤디 워홀, 바스키아와 더불어 3대 대표 팝아티스트로 손꼽히는데, 그들 셋은 친한 동료였다. 20세기 초 파리에서 화가들이 인상파를 조직화했듯이, 이들 셋은 뉴욕에서 20세기 중후반 팝아트가 성장하는 데 일조했다.

이들은 각각 자신만의 예술세계로 팝아트 내에서 차별화를 꾀했다. 앤디 워홀이 캔버스에 대중적 소재들을 담는 작업으로 팝아트를 했다면, 키스 해링은 길거리와 지하철, 클럽 등 공공의 벽을

리복 X 키스해링

화폭 삼아 작업했다. 티셔츠,
배지, 포스터 등에 작업하며 대
중적 소통을 시도하는 데 더욱
적극적이었다. 앤디 워홀이 실
크스크린을 통해 프린트를 순
수회화로 자리매김했다면, 키
스 해링은 낙서화를 새로운 회
화 장르로 발전시키는 데 기여
했던 것이다.

또한 앤디 워홀이 스타성에
주목한 데 반해, 키스 해링은

키스 해링 × 해피삭스

인종차별과 반핵운동, 동성애자 인권운동 등 사회적 문제를 작품
의 소재로 삼았다. 키스 해링은 10여 년 동안 100여 개의 개인전
과 단체전을 하며 왕성한 작품전시를 했고, 판매성과 또한 상당
하다. 그 수익금을 키스 해링 재단을 통해 에이즈 환자와 어린이
재단으로 환원하는 사회적 활동을 지속적으로 해오고 있다. 참으
로 의식 있는 착한 예술활동이 아닌가. 그래서 하늘도 그의 편인
듯하다.

시대를 고민한 예술가의 지혜

키스 해링의 작품은 다양한 제품과 콜라보를 해서 많은 사랑을
받고 있다. 국내 화장품 브랜드인 더페이스샵과의 콜라보도 큰 화

제를 불러왔으며, GS25는 키스 해링 시리즈로 음료를 출시했다. 호세 쿠에르보 테킬라와도 콜라보를 해서 1,800개 한정으로 제품을 판매했다. 그 외에 클라리소닉 진동 세안기, TBCO 정수기와 같은 가전제품을 비롯해서 뉴에라, 리복, 포에버21, 쌤소나이트, 코치, 스와치 등 다양한 패션 브랜드들과도 콜라보레이션을 했다.

밝고 단순명료하며, 명쾌한 그의 작품은 복잡하고 어지러운 세상을 살아가는 현대인들에게 활기찬 에너지를 주는 묘한 힘이 있다. 뭐든 될 것 같고, 그리 복잡하게 생각하지 않아도 결국엔 해결될 것 같은 느낌. 그는 구체적으로 묘사하기보다 관객이 자유롭게 해석하기를 바라는 작가다.

"인생, 살다 보면 누구나 고충이 있지. 그러나 혼자가 아니잖아. 나와 다른 그들이 바로 나와 함께 살아가는 이 세상. 다 잘될 거야. 힘내자구! 척척 통통 착착 술술!" 이처럼 부적 같은 에너지를 뿜어내는 그의 작품들 덕분에, 키스 해링의 아트 콜라보레이션 작품이 놓이는 곳에선 묘한 긍정의 에너지파가 흐른다.

그의 작품 속 사람들은 시간과 공간을 초월해 아트 콜라보 타임머신을 타고 세상을 휘젓는 아트 군단과도 같다. 그는 인기가 높아진 후에도 부와 명성을 가진 소수의 사람들이 아닌 모든 사람들과 자신의 그림을 공유하고 싶어했다. 다양한 콜라보도 그런 취지에서 이뤄진 것일 테다.

그의 그림은 대중들에게 소비될수록 수익이 쌓이고, 그것은 소외된 이들에게 돌아간다. 세상과 인류에 어떻게 기여할 것인지를 고민하는 예술가의 지혜로움은 이렇게 빛을 발한다. 자신이 할 수 있는 건 미술이었고, 미술로 세상에 기여할 것을 고민한 그에게서 우리가 배워야 할 것은 그림도 사업 수완도 아닌 시대를 고민하며 쏟아낸 지혜 아니겠는가. 예술은 모든 사람을 위한 것이라고 말하던 그의 목소리가 들리는 듯하다.

문제적 남자?

죽음과도 콜라보하는

데이미언 허스트

데이미언 허스트 × 리바이스

현존하는 최고의 현대 미술가, 미술계의 악동, 해골 아티스트, 엽기 아티스트, 뉴스 메이커. 데이미언 허스트를 따라다니는 수식어는 헤아릴 수 없이 많다.

데이미언 허스트가 누구인지는 모른다 해도, 해골에 다이아몬드를 박았다는 뉴스는 한번쯤 들어보았을 터다. 백금으로 주조된 해골을 캔버스 삼은 것도 뉴스거리지만, 8,601개의 다이아몬드를 부착하느라 든 제작비용만 해도 190억. 대체 8,601개라는 숫자는 어떻게 카운트한 것인지 참으로 치밀하고 꼼꼼한 뉴스 메이커다.

42

잔혹함에 몸서리치다 이내 빠져들다

〈신의 사랑을 위하여〉라는 작품은 '죽음'을 주제로 작업하는 그의 작품세계를 전 세계에 알리는 데 일조한 작품이다.

이 작품을 만나는 순간, '그가 표방한 작품의 주제는 뭘까?'라는 호기심을 갖고 질문을 던질 기회조자 주지 않은 채 먼저 다가오는 느낌은 거부감이다. 조각조각 절단된 상어, 소, 돼지, 염소 들을 포름알데히드로 가득한 수족관에 보존한 일명 '수족관 조각품' 시리즈. 그런가 하면 총천연색 나비들이 화폭을 가득 채워 언뜻 보면 너무도 아름답지만, 실제 나비들을 붙인 것을 알고 나면 온몸을 송두리째 바친 나비의 희생에 경악하게 되는 작품. 절단된 동물 박제와 희귀 나비를 물감 삼은 화폭을 보면 '잔인하다, 이게 과연 예술인가' 하는 잔혹함에 몸서리치게 된다.

데미안 허스트 × 리바이스

그래서인지 데이미언 허스트는 눈길을 끌기 위해 자극적인 시도를 하고, 수단과 방법을 가리지 않고 유명해지려고 발악하는 예술가라는 혹평에 시달려야 했다. 그럼에도 결국 유명 갤러리와 컬렉터, 작가가 삼박자를 이뤄 고공행진을 했고, 그가 선보이는 그림마다 사람들은 열광하기 시작했다.

앞서 말했듯 해골에 다이아몬드를 입힌 작품 〈신의 사랑을 위하여〉는 실제 18세기 해골에 순정 다이아몬드를 박은 작품. 다이아몬드만 1,106.18캐럿, 판매가는 무려 918억 원. 주제도, 소재도, 방식도, 비용도, 과정도, 결과도, 무엇 하나 뉴스가 아닌 게 없다.

남들은 다이아 반지 한 알조차 받을 수 있느냐 없느냐로 가슴을 졸이며 쩐의 전쟁을 치르는데, 해골에 다이아몬드를 박다니. 사람들에게는 먼 나라 이웃 나라의 가십 뉴스처럼 여겨졌을 터다. 그 해골이 마치 다이아몬드를 소유하고픈 꿈이라도 채워줄 것 같은 착각을 하는 걸까? 사람들은 해골을 여기저기 프린트하고 소비하기 시작했다.

죽음에서 생을 보는 남자

동물, 곤충, 해골, 그리고 알약 캐비닛(Pill Cabinets) 작품들에 이르기까지 그가 쥐고 있는 주제는 '죽음'이다. 죽음을 주제로 죽음과 정면도전하며, 죽음을 보여주는 작업. 그의 작품을 대할 때마다 '끔찍하리만치 아름다운 죽음 같다'는 말도 안 되는 극치를 대면하는 듯한 것은 나만의 느낌일까?

피할 수 없다면 담담히 맞아들여야 할 일이다. 하지만 피할 수 없는 죽음을 의연하게 맞이하고 동행할 수 있는 사람이 얼마나 되겠는가. 그럼에도 죽음에 대해서는 한번쯤 생각해볼 일이다. 나 또한 죽음을 떠올리며 늘 희망하던 마지막 순간의 모습이 조금씩 달라지고 있다.

예전에는 평생을 건강하게 살다가 그저 고통 없이 어느 날 조용히 죽음을 맞이하면 좋겠다고 생각했다. 그러다 스스로 맞이하고 싶은 죽음의 모습이 조금씩 바뀌더니, 언제부터인가 그 조건들이 점점 많아지면서 자꾸 욕심이 불어났다.

조금 아프다가 정리할 것 다 정리하고 난 뒤, 병이 나아서 가족과 화목하게 지내다 평화롭게 죽음을 맞이하면 좋겠다. 아니, 아예 무병장수하다가 기력이 쇠한 노년에 스스로 주변정리를 할 수 있으면 좋겠다. 이렇게 욕심을 내다 보니 헬렌 니어링의 남편 스콧 니어링처럼 죽음의 때를 알고 스스로 죽음을 맞이하는 고귀한 경지를 노리기까지 했다. 그 정도 되면 진정 신이 주는 최고의 사랑을 받는 이가 될 테니, 죽음에 대한 최상의 욕심인 것이다.

18세기의 해골, 그 죽음을 다이아몬드로 포장해 극도의 화려함과 사치스러움으로 부활시킨 데이미언 허스트. 그의 작품과 콜라보한다는 것은 그 자체로 생명을 넣어주고 되살려주는 힘의 선택인지도 모른다.

데이미언 허스트는 수많은 브랜드와 아트 콜라보레이션을 했다. 더 로우(The Row)와는 알약 땡땡이 프린트 백을, 리바이스와는 땡땡이, 나비, 해골이 프린트된 의류를, 슈프림과는 알약 땡땡이와 스핀 페인팅 보드를, 컨버스와는 나비 프린트를 활용해 콜라보했다. 이뿐 아니라 아우디가 엘튼 존의 에이즈재단에 기부한 아트카 '허스트 A1'은 그가 아우디와 콜라보한 작품이다.

숱한 콜라보 중에서 백미로는 맥퀸과 함께한 해골 스카프 작업을 꼽고 싶다. 패션계의 뉴스메이커, 악동, 천재 맥퀸과 데이미언 허스트의 만남은 마치 불과 불의 만남 같다고나 할까. 그 둘이 만나 소통했을 당시 스튜디오에 넘쳐흘렀을 에너지를 상상해보면 마치 불구덩이처럼 뜨겁지 않았을지. 두 괴물 아티스트가 콜라보한 해골 스카프는 죽음마저 비아냥댄 그들이 세상을 향해 투척하는 미의 선물이다.

'맘껏 해골을 둘러라! 죽음을 감싸라!'

두 악동이 던지는 메시지가 들려오는 듯하다.

그리고 만일 내가 데이미언 허스트를 만난다면 꼭 하고 싶고, 해달라고 요청하고 싶은 아트 콜라보레이션이 있다. 그러면 아니 그이기에 적격인 아트 콜라보. 여타의 아티스트들처럼 그저 자신의 작품을 다른 플랫폼으로 옮겨주는 정도의 콜라보가 아닌 파괴적인 혁신을 시도해주는 것이다. 그리하여 그 충격으로 얼얼해지길 바란다.

제품을 죽이고 그의 창의적 시도만 살아 숨 쉬는 걸로 영원성을 표현할 수도 있지 않을까? 어차피 그의 손길이 닿으면 더 비싼 작품이 될 테니 말이다. 입을 수 없는 옷이라 해도, 쓸 수 없어서 결국 보관만 하게 되는 아트 콜라보 제품이라 해도 그가 시도했다면 그 기능성과 별개로 분명 새로운 작품이 탄생할 것이다. 왜냐하면 그는 데이미언 허스트니까.

기업의 요구나 제품의 기능을 무시하고 예술가의 철학과 작품 세계가 오롯이 지배하는 파격적인 콜라보. 아주 가끔 우리는 모든 세포를 일깨우는 도발적 콜라보를 욕망하는지도 모른다. 사람들을 놀라게 하고 웅성거리게 만드는 작품으로 뉴스를 생산하는 작가가 많아지길 바란다. 그 덕에 가치가 상승하고 경매에서 엄청난 호가 뉴스를 터뜨리고, 소장하고 싶어 안달이 나게 만드는 아트 콜라보레이션 아티스트. 제품을 죽이고 박제시킬 데이미언 허스트형 아트 콜라보레이션은 언제쯤 나타날까?

파괴적이고, 엽기적이며, 충격적인, 그래서 현대예술의 대표적 아트 콜라보레이션이 될 작품을, 그 정수를 보고 싶다. 물론 그것이 단지 예술가의 작품이 아니라 콜라보를 통해 탄생하려면 동행하는 파트너와의 의기투합이 전제되어야 한다. 그래서 더 흥미진진하게 기대하는 중이다. 데이미언 허스트급 기업의 탄생을 기대하며, 그들이 보여줄 죽이게 멋진 초연결과 초동행을 꿈꾼다!

누이 좋고 매부 좋고!

돈 벌어주는 아티스트

제프 쿤스

제프 쿤스×BMW, 돔 페리뇽 샴페인

"미치광이들 아닌가요?"

"4차원 같아요."

"순수함을 잃으면 안 되죠."

"돈 개념이 없어 보여요."

"예민하고 히스테리 만땅이죠."

"게을러 보여요."

"술, 담배 중독자들이 많은 것 같아요."

이는 일반인들이 예술가들에 대해 갖고 있는 생각에 대해 의견을 나누는 자리에서 나온 말들이다

예술가에 대한 편견과 허상

예술가에 대한 이미지를 물어보면, 대체로 저런 반응들이다. 사람들 머릿속엔 반 고흐 같은 모습이 예술가의 표본으로 자리 잡고 있는 모양이다. 세월이 흘러도 예술가에 대한 이러한 고정관념은 깨지지 않을 것만 같다.

정말 예술가는 자신만의 예술세계에 빠져 반쯤은 정신이 나간 미치광이 기질을 소유한 것일까? 돈에 대해 개념이 없고, 담배와 술에 쩔어 살며, 감정 기복이 심한 현실 도피형 인간 유형일까? 어쩌면 이것은 사람들이 정형화해서 만들어놓은 예술가의 이미지인지도 모른다.

예술가들의 실제 삶은 사람들이 흔히 생각하는 이미지와 다른 경우가 많다. 여타의 직장인들처럼 계획적인 일상 속에서 작업하는 이들도 많고, 대중적 취향에 부합하고자 대중이 원하는 대로 자기 스타일을 메이킹하는 예술가도 있다. 그런가 하면 살바도르 달리처럼, 꼬부라진 콧수염으로 자신만의 독특한 캐릭터를 구축해 대중에게 친근하게 다가가는 유형도 있다

예술가에 대해 편견 혹은 환상을 갖고 있는 것은 다른 나라 사람들도 예외는 아닌 듯하다. 국제 행사장에서 드레스나 정장을 말끔하게 차려 입은 예술가를 소개할 때면, 사람들은 갑자기 눈을 빛내며 대단한 호기심을 보인다. 말끔하게 차려 입었지만, 분명 일반인들과는 다른 특별하고 특이한 무엇인가가 있을 거라는 선입견 때문이다.

기업에 돈을 벌어주는 예술가

세계적인 아티스트 제프 쿤스, 그의 외모를 보면 사람들은 깜짝 놀라곤 한다. 이름은 알지만 생김새는 잘 모르는 이들에게 그의 사진을 보여주고 직업이 무엇일 것 같으냐고 물으면 대체로 이렇게 대답한다.

"기업 CEO 아니에요?", "뉴욕 월가의 증권맨 같은데…."

그를 예술가라고 소개하면 말도 안 된다는 반응이다. 심지어 "무슨 예술가가 이래."라며 실망감을 표하고, 작품성 없는 그림을 그리는 그저 그런 사람 정도로 취급하려 든다.

사람들은 왜 이런 시원찮은 반응을 보이는 걸까? 제프 쿤스의 외모가 '예술가스럽지 않다'는 이유 때문이다. 사람들 머릿속에 각인된 예술가에 대한 고정된 이미지, 선입견과 편견으로 왜곡된 이미지와 상반되기 때문이다.

제프 쿤스

깔끔한 슈트에 넥타이를 한 그의 모습은 흡사 제프 쿤스가 아닌 그의 매니지먼트 회사 사장쯤으로 보인다. 그러한 외모 때문에 그의 작품을 폄하하려는 이들도 있다. 하지만 인정하든 안 하든 그는 현재 세계적인 예술가이자, 현존 작가 중에서 작품 가격이 가장 비싼 사람 중 한 명이다.

네오팝 아티스트라 불리는 그는 마

이클 잭슨 같은 유명인 조형물,
그리고 풍선 인형처럼 대중적
소재를 매우 세련되고 고급스
런 거대 조형물로 재탄생시켰
다. 무엇보다 다양한 브랜드들
과의 콜라보를 통해 제품을 스
타화시키면서, 확실하게 가치
상승에 일조했다. 그래서 세간

에서는 그를 제품 흥행보증수표형 아트 콜라보 아티스트라고 말
하곤 한다.

  키엘 화장품, BMW 아트카, 돔 페리뇽 샴페인과 성공적으로 콜
라보를 했다. 가장 최근작은 명화를 활용한 마스터즈 컬렉션을 출
시한 루이비통과의 콜라보레이션이다. 우리나라 기업 중에서는
신세계백화점과 콜라보를 했다.

  그의 작품은 유명한 만큼 비싸게 팔린다. 그뿐 아니라 그가 콜라
보한 제품들은 리미티드 에디션으로 기업과 제품의 가치를 상승
시켜주고, 희귀성을 무기로 완판을 이어가고 있다. 당연히 그 덕
분에 기업은 막대한 돈을 벌어들인다.

  돈 버는 예술가, 돈 벌어주는 예술가 제프 쿤스. 그는 비즈니스
를 성사시키는 예술가이자, 비즈니스맨처럼 보이는 예술가다. 그
래서 사람들 머릿속에 왜곡되어 각인된 예술가의 이미지를 과감
하게 깨수는 예술가라 할 수 있다.

열정과 냉정 사이!

절제의 극치

몬드리안

몬드리안×이브 생 로랑

최초의 아트 콜라보레이션은 언제부터 시작되었을까? 그 첫 시도를 한 브랜드와 예술가는 누구였으며 어떤 작품이었을까? 수많은 콜라보 제품을 보면서 이런 궁금증을 품는 이들이 있을 것이다. 그 공식적인 답은 1965년 이브 생 로랑이 몬드리안 작품을 패션에 접목한 '몬드리안 오마주'다.

모방과 오마주, 그 완벽한 다름

차가운 추상화의 대명사 몬드리안, 뜨거운 추상화의 대명사 칸딘스키. 이들은 20세기 초 추상화의 두 거장이다.

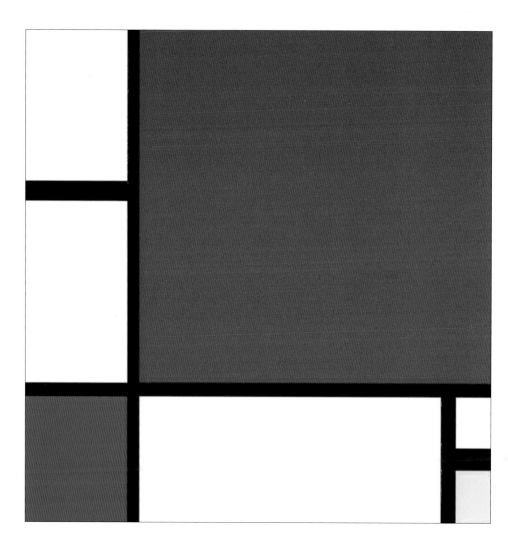

피에트 몬드리안, 〈빨강, 노랑, 파랑의 마름이 구성〉, 1937~1942

54

〈보그〉 지 커버(1965. 9월)

몬드리안은 차갑고, 강렬하다. 신조형주의의 창시자이며 구성주의자이기도 한 이 차갑고도 냉철한 몬드리안은 후기 인상주의 작가인 반 고흐와 야수파의 영향을 받았다. 이를 보면 극과 극은 만난다는 표현이 적합한 듯하다.

나 역시 스스로를 이성적이라고 자부하지만 추상표현주의를 좋아한다. 정리된 걸 좋아하고, 논리를 강조하는 빈틈없는 범생이 기질에서 벗어나고픈 욕구의 표현인지도 모른다. 마구 분출하고 자유롭게 발산함으로써 감정적 대리 만족을 얻기 위해 추상표현주의에 이끌리는 것이리라.

그래서일까? 나는 가장 기본적인 색 3가지만으로, 가로 세로 선의 최소한의 분류만으로 조화, 균형, 비율 모든 것을 갖추려는 완벽에 대한 몸부림을 화폭에 담은 몬드리안의 작품을 좋아한다. 빈틈 가득 찬 그 철저함. 나와는 너무 다르기에 도저히 따라 할 수조차 없기에 이끌리는 것일까? 몬드리안은 싫어하면서도 가장 끌리는 아이러니한 대상이다.

그의 그림은 정말 강렬하다. 분출이 아닌 절제가 뿜어내는 강렬함. 뜨거운 사랑보다 한수 위는 자신을 버리는 희생적 사랑 아니던가. 마구 쏟아내는 열정보다 용암처럼 깊은 곳에서 들끓는 열정이 더 폭발력 있지 않던가. 이러한 완벽에의 도전은 지우고, 버리고, 비움으로써 완성된다. "완벽함이란 더 이상 추가할 것이 없는 상태가 아니라 더 이상 걷어낼 것이 없는 상태다."라는 생텍쥐페리의 말처럼.

대가들의 콜라보, 겸손과 도전의 행보

몬드리안의 작품은 특히 패션 분야에서 많은 콜라보가 이루어졌다. 18세 때 디오르에 입성하여 수석 디자이너로 활동한 이브 생 로랑이 대표적이다. 그는 이미 20대에 성공한 천재였다. 1961년 자신의 브랜드를 오픈했고, 1965년에 몬드리안의 콤퍼지션 작품을 의상에 접목시켰다. 미술관에 전시되어 있던 작품이 가까이에서 우리와 함께하고 동행할 수 있는 기회와 가능성을 열어준, 당시로선 획기적인 콜라보였다.

몬드리안 × 이브 생 로랑

이후 이브 생 로랑은 브라크, 고흐, 마티스 작품과의 콜라보도 시도했으며 피카소 컬렉션도 선보였다. 1965년 몬드리안 원피스, 1966년 팝아트 원피스로도 화제를 몰고 왔다. 1967년 아프리카 오마주 이후, 아프리카의 영향을 받은 대가 파블로 피카소 컬렉션과 세르게이 디아길레프 컬렉션을 열기도 했다. 이후에도 마티스, 장 콕토, 조르주 브라크, 빈센트 반 고흐, 기욤 아폴리네르 컬렉션 등 대가들의 오마주 콜라보를 꾸준히 시도했다.

천재들이 대가들의 작품을 모작하고 콜라보하는 이유는 무엇일까? 그들에게서 창의적 영감을 받고, 배우며 정진하겠다는 겸손과 도전의 행보다. 단 모방은 씨앗과 동기일 뿐 그것이 목표가 되어서는 안 된다. 모방은 창조를 위한 어머니. 말 그대로 견인차인 것이다.

극과 극은 통한다.

아트 콜라보의 선두주자

백남준

백남준 × 앱솔루트

유럽의 주요 미술관에 작품이 전시되어 있는 세계적인 예술가이자 비디오아트의 창시자인 백남준. 그는 피아노를 때려 부수고, 자신의 머리를 먹물에 담근 후 그 머리를 붓 삼아 바닥에 깔린 긴 종이에 획을 긋는 등 전위적인 예술활동을 했다.

행위예술가이자 존 레논의 부인인 오노 요코도 〈컷 피스〉(Cut Piece)라는 행위예술을 선보인 바 있다. 작가는 무대 위에 앉아 있고, 관객이 한 명씩 무대로 올라가 작가의 옷을 자른 뒤 그 조각을 가지고 내려간다. 한결같이 섬뜩하고 강렬한 행위들이다.

이는 모두 '플럭서스' 운동에서 벌어진 아방가르드 전위예술

백남준 × 앱솔루트

ABSOLUT PAIK.

행위이다. 플럭서스(Fluxus)는 변화, 흐름, 움직임을 뜻하는 라틴어에서 유래한다. 음악, 시각예술, 무대예술, 시 등 다양한 예술형식을 융합한 통합적인 예술 개념을 탄생시킨 탈 장르적인 운동이다. 또한 1962년 독일에서 시작해 1970년대 초까지 활동한 극단적이고 실험적이었던 전위예술 운동이다.

예술의 상품화를 반대한 백남준의 아트 콜라보

플럭서스는 '삶과 예술의 조화'를 표방하며 출발했고, 특히 예술을 상품화하는 경향에 반발하여 자신의 작품을 상품화할 수 없도록 했다. 대표적인 예술가로는 마키나우스, 요제프 보이스, 존 케이지, 백남준, 오노 요코, 레이 존스 등을 꼽을 수 있다.

이들은 고급예술, 일상의 레디메이드(Ready made) 일체를 해체하고 부정한다. 기록과 결과가 아닌 그냥 과정, 흐름, 행위에 목적을 둔다. 예술의 틀 안에 갇힌 예술에 대한 항변이다.

아방가르드는 '모든 것이 예술이고 누구나 예술을 할 수 있다'는 사명을 향한 질주이기도 하다. 다다이즘(Dadaism)이 큰 획을 그었고, 플럭서스 또한 그 정신을 잇고 있으며, 우리가 상업적이라고 하는 팝아트 역시 놀랍게도 이 정신을 잇는 연장선상에 놓여 있다. 공장이라는 작업실에서 대량생산 방식으로 대중적인 소재의 작품을 제작한다. 이는 고급예술의 권위와 개념을 무너뜨리는 행위의 일환이다.

플럭서스는 텍스트, 이미지, 사운드 사이를 자유로이 오갔다. 겉국 백남준이 비디오아티스트가 될 수 있었던 것은 비디오와 TV라는 매체를 활용해 이러한 융합, 즉 콜라보가 가능했기 때문이다.

'전통적인 방식 대신 텔레비전에 다양한 화면을 담아 그림과 같은 효과를 내보자. 움직이면서 메시지를 주는 그림이라니, 정말 재미있겠는 걸. 게다가 소리까지 나잖아. 내가 표현하고 싶은 것을 마음껏 표현할 수 있을 것 같다'라는 백남준의 고백처럼 말이다.

그는 비록 예술을 부정하는 전위행위를 했고, 놀랍게도 예술의 상품화에 반대했지만, 아이러니하게도 아트 콜라보레이션의 선두 주자이기도 했다. 앱솔루트, 스와치, 삼성전자 등 굵직한 대기업들의 성공을 위해 자신의 작품 사용을 승인하고 동행을 승낙했다.

예술과 비즈니스는 대립적 관계가 아니다

이쯤에서 궁금증이 든다. 아트 콜라보레이션은 상업 행위인가? 작품의 고유성은 존재하지만, 장르 간의 경계가 없고 융합이 자유로웠던 백남준에게는 콜라보 또한 시대 변화에 따라 확장된 개념의 예술 아니었을까?

기업 입장에서는 상업적 성공을 위한 행위지만, 예술가 입장에서 보면 자신의 작품이 비즈니스 분야와 융합해 전에 없던 것이 탄생하는 또 하나의 창작 기회인 셈이다. 이렇게 각자의 철학과 요구가 명확하다면 그들의 만남, 융합, 창조는 한걸음 더 나아가는 일종의 전위예술이기도 하다.

새로운 결합을 시도하는 신선함에 끌렸을 백남준의 아트 콜라보 행위는 상업적 성공과 상관없는 실험과 도전이었다. 전위예술과 비즈니스, 너무도 달라서 양 극단에 놓여 있을 법한 둘의 만남. 어쩌면 극과 극은 통하는지도 모른다.

그토록 순수성을 자랑하던 예술 작품이 세월이 흘러 수십억을 호가하는 작품으로 탈바꿈하는 것을 보자. 어쩌면 그것이야말로 극도의 상업성은 아닐까? 예술의 순수성과 상업성은 결코 대립어가 아니다. 예술과 비즈니스가 대립 구도가 아니듯 말이다.

모난 것을 맞붙이다.

삼각 사나이

한창우

한창우 × 유진로봇

　요즘은 사람의 성향이나 기질을 연월일, 혈액형, 별자리, 띠 혹은 좋아하는 동물 등으로 파악하곤 한다. 나는 한발 더 나아가 인간 유형이 도형으로 보이곤 한다.

　다듬어지기엔 한없이 모난 사각이 완벽하게 방어를 하고 있는 사각 인간 유형. 이래도 좋고 저래도 좋고 대체 주관이 뭔지 둥글둥글 모호한 둥근 인간 유형. 그런가 하면 도통 유형 파악이 안 되는 유별난 별모양 인간 유형. 될 듯 말 듯 한없이 늘어지고 변화나 기복이 안 보이는 긴 막대형 인간 유형. 정상인 듯한데 뭔가 불안하고 왠지 비틀린 불안한 마름모형 인간 유형. 뾰족뾰족 날카로워

보이지만 보호본능과 연약함이 느껴지는 삼각 인간 유형….

모난 사람들만이 갖고 있는 매력

일반적으로 모나지 않은 둥글둥글한 유형이 무난하고 원만한 성격의 소유자라 말하지만, 그 원만함이 반드시 모두에게 좋지만은 않다. 난 모난 사람을 좋아한다. 표현이 정확하고 자신의 소견과 의견을 뾰족하게 드러내주는 것이 오히려 더 편하다. 그래야 속을 알 수 있고, 상대를 이해하고 맞추어볼 기회를 가질 수 있기 때문이다.

도통 감정을 드러내지 않고 웬만해선 화내는 법이 없는 둥근 유형은 마치 언제 터질지 모르는 화산처럼 보인다. 무조건 화를 참고 남에게 싫은 소리를 하지 않는 게 좋은 걸까? 나는 전적으로 상대에게 맞추는 것이 좋은 것이라고 생각하지 않는다.

부대끼고 부딪히면서 서로를 알아가고, 거기 맞춰갈 수 있는 노력의 기회를 주는 관계야말로 발전적인 관계 아닐까? 참고 감추느라 속으로 곪는 것보다는 드러내고 표현해서 고치고 변화시킬 기회를 주는 것이 더 좋다고 생각한다. 비록 상대의 얼굴이 달아오르고 한동안 냉담의 시기를 가질지라도 그러한 충돌과 타협의 시간이 관계를 단단하게 연결시켜준다고 믿는다. 오해는 하지 말자. 그렇다고 뾰족뾰족 모가 난 삼각형 유형을 좋아한다는 건 아니다. 나는 사각형이 좋다. 모가 나 있지만 완성을 이룬 완벽함 때문인지도 모르겠다.

화가들의 작품도 도형으로 파악할 수 있다. 외모는 둥글둥글 유한데, 그림은 뾰족뾰족 모난 삼각형으로만 작업하는 작가 한창우. 그의 그림이 한동안 그리 편하지 않았던 게 사실이다. 그의 작품을 제일 처음 본 것은 코트라가 주관한 한류 미술 공모전의 출품작을 통해서였다.

흰 바탕에 함박 핀 꽃이 향기를 뿜어내듯 흐드러지게 조각이 흩날리는 그림이었다. 삼각형에 천착한 작가라더니 실제로 그림을 자세히 들여다보니 온통 삼각형이었다. 꽃뿐 아니라 앵무새, 말, 호랑이 모두 다 삼각 형상이었다. 쿠사마 야요이는 세상이 땡땡이로 보인다던데, 한창우에겐 혹시 세상이 삼각형으로 보이는 것일까?

그는 뭐든 삼각형으로만 그린다고 했다. 단순하지만 수학적이고 과학적이며 완성적이고 순수하기에. 그러고 보니 삼각형은 상대 맞춤형이라는 특성을 갖고 있다. 삼각형은 면과 면을 맞붙이면 어떤 형태든 유연하게 만들어내는 상대 맞춤형의 매직 도형이다.

뾰족함끼리 만나서 무엇이든 이루어내는 유연한 모남을 가졌다.

이 삼각 조각의 모음은 부족한 인간이 스스로 자신을 갈고 닦아 둥글게 되려 애쓰기보다, 자신의 모남을 인정하고 타인과 맞대어 함께 가는 데 답이 있음을 보여주는 듯했다.

작가 한창우는 박살난 유리조각들을 꿰고 맞출 만큼의 정성과 열의를 갖고 있었으며, 조각이 드러나지 않을 만큼 정교히 목표의 정확한 부분에 위치시키는 마술사 같다. 그의 그림 속 삼각형은 부분과 조건이지 목표와 결과는 아니다.

그의 작품은 수많은 브랜드와 성공적인 콜라보를 이루어냈다. 최근에는 삼각형으로 이루어진 작품 '호랑이'가 교과서에 수록돼 미술계의 화제가 되었다. 미술작가의 작품이 미술 교과서가 아닌 중학교 과정 '창의와 융합' 파트에 등재된 것은 이번이 처음이다. 한창우 작가의 다양한 창작활동이 향후 어떤 브랜드와 콜라보를 이루어낼지 궁금할 따름이다.

모난 것을 맞붙여 모나지 않은 것을

작가와 기업의 아트 콜라보레이션은 예술가가 기업을 선택하기보다는(간혹 예술가가 기업을 선택하면 그 기업에 의사를 전하고 중매 역할을 하기도 한다) 기업이 예술가를 선택하는 경우가 많다. 기업이 원하는 예술가를 특정하면, 예술가에게 기업 쪽 의사를 전달하고 미팅으로 이어지게 한다.

예술가가 아트 콜라보레이션을 적극적으로 하고 싶다는 의사를 밝혀오는 경우에는 보다 적극적으로 기업 쪽에 소개하지만, 그럼에도 선택은 각자의 몫이다.

한창우 작가의 경우, 일단 포트폴리오를 보고 나면 기업들이 만나기를 희망하는 확률이 높아진다. 그리고 일단 만남이 성사되면 대부분의 기업들이 그와 작업을 진행하고 의미 있는 결과를 도출해낸다.

한번은 7개 기업이 한꺼번에 한창우 작가를 찾아서 곤혹스러울 정도로 쏠림현상이 생긴 적도 있었다. 물론 그만큼 능력 있는 작가라는 의미일 테다. 그의 둥글둥글한 성심, 무슨 조각이든 꿰어서 맞추어내는 성향이 기업들과의 소통에서도 힘을 발휘하는 듯했다.

아트 콜라보레이션 작업은 작품의 성향도 중요하지만 작가가 기업들과 원활하게 소통할 수 있는 성품을 지니고 있느냐 하는 점도 중요하다. 아무리 작품이 좋아도 소통에서 문제가 생기면, 협업으로 이어지기 어렵다. 아트 콜라보레이션은 단순한 접붙이기가 아니라 소통과 교감을 통해 유기적 관계 속에서 예술을 실천하는 것이기 때문이다.

물론 처음부터 바로 통할 수는 없다. 소울 메이트가 아닌 다음에야 기업과 예술가가 어찌 단번에 호흡을 맞추겠는가. 각자가 생각하는 방향, 원하는 것, 추구하는 것에서 차이가 있을 수밖에 없다. 이때 갈등을 회피하거나 소통을 거부하지 않고 솔직하게 대화를 시도할 것을 권한다. 입을 다물고 있는 것보다 다소 뾰족하게 굴

한창우, 〈폴리곤〉, 2016

한경우×유진로봇, 진공청소기

더라도 불만스런 속마음을 드러내는 게 좋다. 일단 대화의 기회는 있는 셈이니까. 무엇보다 문제를 알고 나면 해결책을 찾을 수 있는 법이니까.

콜라보에서뿐만 아니라 관계를 맺고 살아가다 보면 피할 수 없는 부딪힘은 찾아온다. 속에 차곡차곡 쌓아서 곪게 할 것인가, 드러내서 수정하고 치유할 기회를 가질 것인가. 어떤 선택을 해야 할지는 분명하다.

두드려라,

그러면 열릴 것이다.

콜라주맨 장승효

장승효×삼익악기

"저랑 콜라보 한번 하실래요?"

"차 한잔 하실래요?"라고 묻듯 콜라보를 제안하는 작가 장승효. 그는 맘에 드는 상대에게 항상 먼저 콜라보를 권했다. 나에게도 늘상 그랬다. "우리 같이 작업해야죠.", "언제 콜라보해요?"라고 적극적으로 제안을 해왔다.

"당연히 해야죠!"

물론 내 대답은 당연히 '예스'다.

이처럼 적극적인 그의 태도에 안 넘어갈 사람이 있을까? 함께 작업해보자고, 의기투합해 멋진 작품을 만들어보자고 제안하는

장승효×섬익익기, 'Bless Us!–Winter'

사람에게 냉정할 사람이 있을까?

그가 이토록 사람들에게 콜라보를 하자며 들이대는 것은 서로 다른 세계가 만나 일으키는 충돌, 거기서 발생하는 시너지에 즐거움을 느끼기 때문이다. 좁은 틀에 자신을 가두지 않고 낯선 것에 흔쾌히 손을 내미는 태도야말로 예술가의 본질이며, 콜라보 정신이다. 그리고 경영과 예술이 손을 잡고 동행하는 데 있어 가장 필요한 태도다.

콜라주 작업으로 세상을 콜라보하다

장승효는 배우 심은하가 예술가들을 위해 후원한 집에서 작업한 적이 있다. 작가의 초대를 받아 그곳에 갔을 때 발 디딜 틈 없이 펼쳐 널려진 종이 조각들에 놀란 기억이 난다. 자세히 보니 로봇, 꽃, 풍경, 옷, 캐릭터 등의 사진 이미지들이었다. 방바닥이 팔레트이고 그 수많은 종이들이 물감과도 같았다. 그는 그 수많은 조각들을 헤집고 뒤지며 원하는 이미지를 찾아 맞추어 또 다른 형상을 탄생시키고 있었다.

장승효 작가의 거대한 작품 안을 자세히 들여다보면 또 다른 이미지들을 찾을 수 있다. 그 각각의 이미지는 당당히 존재하지만 결국 전체를 이루기 위한 세포와도 같다. 그가 창조해낸 사람, 동물, 기물들은 그 자체로 새롭지만, 익숙함이 가득하다. 그렇게 우리를 에워싼 수많은 이미지들을 통해 새로움으로 재탄생시키는 것이 장승효 작가의 작품세계다

기법으로 치면 콜라주인데, 단지 작품만이 콜라주가 아니라 작가의 인생도 딱 작품을 닮은 콜라주 같다. 콜라주란 '풀로 붙이다'라는 뜻으로, 벽지, 악보, 신문지 등의 종이니 천 혹은 머리카락, 깡통 등 전혀 이질적인 것들을 모아 붙여서 화면을 구성하는 근대 미술의 기법 중 하나다.

그는 늘 콜라주를 외치는 남자다. 콜라주 기법으로 작업하고, 자기 스스로를 사방에 콜라주하는 사람이다. 방대한 이미지들을 모아 활용하고, 화폭에 어떤 사물이든 콜라주 기법으로 표현한다. 그것이 무엇이든 간에 자신만의 콜라주 기법으로 변신시켜버리는 콜라주 대왕이다.

장승효 〈Holly motors-Driving Desire〉

열린 태도로 종횡무진 경계를 넘나들다

장승효 작가는 무엇이든 자신만의 스타일로 표현해내고 어떤 것이든 자기화시켰다. 그리고 늘 누군가와 무엇인가를 함께할 대상을 찾아다녔다. 자기 필요에 의해 상대의 것을 활용하기 위해서가 아니라, 함께할 동등한 파트너를 원했다.

그래서인지 유독 많은 뉴스거리 속의 주인공이기도 했다. 심은하의 67평 고급빌라 임대 주인공으로 채택된 아티스트도 그랬고, 소녀시대 〈LION HEART〉 앨범 내 'You Think' 뮤직비디오도 그와의 콜라보 구성으로 화제였다. SBS 드라마 〈다섯 손가락〉에서 이슈가 됐던, 7개월의 제작기간을 거쳐 만들어진 2억 5,000만 원짜리 명품 수제 피아노 또한 그의 작품이다.

이상봉 디자이너와는 '미술과 패션-현대미술, 런웨이를 걷다'라는 주제의 콜라보로 12미터 런웨이를 제작했고, 이후 이상봉 의상의 아트 콜라보 주인공이 되었다. 그뿐인가? 수차례 거듭된 설득과 남다른 창의적 전략을 통해 알레산드로 멘디니와의 크로스오버 프로젝트도 끝내 해냈다.

피아노, 자동차, 의자, 테이블, 오디오를 비롯한 패션, 가방 등의 사물, 그리고 바닥과 벽, 천장까지… 무엇이든 그에게는 화폭이 되었다. 최근에는 욕조회사인 새턴바스와 자신의 콜라보 아트 워크를 플러스시킨 제품도 선보였다.

청담동 한복판에 '꼴라주 플러스'라는 흥미로운 공간을 만들기도 했다. 레스토랑 겸 작업실이자 복합문화공간으로, 손동 자신의 작품으로 콜라주시킨 'Heaven'이라는 주제의 공간이다. 비록 모델하우스비용만 비싸게 치른 채 사업을 접어야 했지만, 그 대가로 콜라주의 가능성만큼은 세상에 확실히 증명해냈다.

그는 도저히 동선이 읽히지 않을 정도로 종횡무진 바쁜 행보를 보이며 영역을 무한 확장하는 게릴라 아티스트다. 콜라주 기법으로 경계를 파괴하고 넘나들기를 시도하며 크로스 오버를 하는 그는 어디에도 얽매이지 않는 자유로운 콜라보맨 예술가다.

지금도 누군가에게 "저랑 콜라보하지 않으실래요?"라고 제안하며 다니는 그의 목소리가 귓가에 맴맴 거린다. 그와 가능한 콜라보 메뉴를 만들어보고 싶어진다.

"어떤 콜라보든 가능합니다. 메뉴 한번 보시고 고르실래요?"

그는 지금 또 어디서 누군가에게 콜라보를 제안하고 있을까? 그는 또 어떤 경계를 파괴하며 새로운 시도를 할까?

하나를 주면 열을 뱉는다.

도깨비방망이를 쥔

사쿤

쿤×슈니발렌

    내가 쿤을 처음 만났을 때 그는 이미 유명한 디자이너였다. 자신의 캐릭터와 토이 '사쿤' 뿐 아니라 브랜드도 갖고 있었다. 그는 독특한 개성과 유니크한 디자인, 회화, 그래픽, 일러스트레이션, 인테리어, 패션에 이르기까지 다방면에서 전방위적으로 활동하고 있는 예술가다.

    다만 기업들이 그와 아트 콜라보레이션을 하기엔 그 점이 걸림돌이 되기도 한다. 자기 스타일과 캐릭터가 존재하기에 콜라보의 후보가 되지만, 자신의 브랜드가 이미 존재한다는 점에서 기업들은 다소 부담스러워할 수도 있다.

① ② ③

④   ⑤   ⑥

예를 들어 패션 브랜드의 경우, 콜라보를 하고 싶은 마음이 있어도 쿤이 자신의 브랜드에서 이미 상당히 다양한 제품을 출시하고 있으니 선뜻 제안하기 어렵다. 나 또한 그를 만나기 전에 그의 캐릭터와 콜라보한 여러 브랜드의 리미티드 에디션 제품들을 만난 경험이 있었다. 쿤의 것인 줄 모르고 그 캐릭터를 사방에서 접했던 것이다.

기업이 좋아하는 예술가는 뭐가 다를까?

콜라보는 이런 요소들까지 감안해야 하는 힘든 작업이다. 특히 아트 콜라보를 하다 보면 늘 어느 한쪽으로 힘이 치우치는 경향이 있어서 그 결과를 도출하기까지의 진행 과정이 녹록지 않다. 특히 중소기업과의 콜라보는 현실적으로 어려움이 많다. 그들은 유명한 디자이너와의 작업을 희망하지만, 작업비용에 대한 이해력과 수용력이 부족한 편이다. 이번에도 그럴 것을 염두에 두고 쿤에게 제안을 했다.

그런데 이게 웬일인가. "재미있겠네요. 기업이 뭘 원하는지 들어볼게요." 흔쾌한 답변이 들려왔다. '중소기업과 작업하면 내가 손해를 보지 않을까? 좀 더 유명한 기업과 안정적인 작업을 하고 싶다'라고 생각하게 마련인데, 그는 달랐다.

코트라에서 일할 당시, 나는 아티스트와 기업들이 만나서 맘껏 소통하고 동행할 파트너를 찾자는 취지에서 '매칭데이'를 만들었다. 기업과 예술가들은 각기 다른 상대와 4~6회 정도 미팅의 기회

를 갖고, 미팅 소감을 후기로 작성한다. 그런 후 최종적으로 자신
들이 만나고 싶은 파트너를 지정하도록 했다.

서로를 원하는 기업과 아티스트가 잘 매칭되면 다행인데 서로
의 방향이 어긋나는 경우가 태반이었다. 그래서 희망하는 파트너
를 1, 2, 3순위로 정하도록 했고, 서로 접점을 찾아주기 위해 후반
작업을 했다.

기업과 예술가의 소개 타임을 가진 후, 기업은 예술가를 지목하
고 예술가는 기업을 지목하는 기회를 갖는다. 보편적으로 기업들
이 예술가를 선택하게 된다. 그러나 예술가들 또한 기업들을 지정
하며 희망 콜라보 기업에게 자신을 어필하기도 한다. 이는 예술가
의 스타일과 역량에 따라 달라진다.

그 대표적인 경우가 바로 쿤이다. 사쿤은 기업 수개를 면밀히

듣고 바로 분석에 들어간다. '내가 저 기업이라면 무엇을 해야 할까?' 금세 아이디어 구상을 한다. 쿤은 자신을 선택하는 기업이건 아니건 가리지 않고, 각 기업들과 콜라보를 하다면 어떤 것을 할 수 있을지 아이디어 발상을 한다.

매칭데이에서 만날 수 있는 기업은 5개 정도로 한정되지만, 거기 참가한 모든 기업들에게 자신의 명함을 돌린다. 간혹 좋은 아이디어가 있으니 미팅하자고 선 제안을 하기도 한다.

아이디어 도깨비 방망이를 가진 예술가

대부분의 기업들은 자사에 관심을 보이는 예술가들에게 애정을 가지게 마련이다. 아이디어가 있다는데 만나기를 거부할 기업이 있겠는가. 쿤은 상대의 의지와 상관없이 도전적으로 아이디어를 던져주는 사나이다. 하지만 그 아이디어가 늘 결실을 맺는 건 아니다. 흐지부지 공중 분해되기도 했고, 해당 기업이 아이디어만 가져가는 일도 있었다. 그럼에도 쿤은 개의치 않았다. 자신감이 있기 때문이다.

확고한 자신만의 캐릭터와 스타일을 가진 쿤은 자신의 아이디어나 작품을 기업이 함부로 사용할 경우 저작권 문제가 생길뿐더러, 자신 없이 일을 진행한다는 건 거의 불가능하다는 사실을 잘 알고 있다. 그만이 할 수 있는 일인 것이다. 이렇게 자기만의 스타일이 생기면 상대에 대한 두려움도 없어진다.

그는 늘 기업들을 자기편으로 만들었다. 그래서인지 그가 던진 적극적인 미끼를 물지 않는 기업은 거의 없다. 부끄럽고 안타깝게도 간혹 배신하는 기업들이 있기는 했지만. 콜라보의 기본은 서로에 대한 신뢰다. 약속을 어기고, 아이디어를 몰래 빼가고, 저작권을 침해하는 순간 신뢰는 깨진다. 신뢰를 잃은 사람과 기업의 앞날이 밝지 않으리라는 건 두말할 필요도 없지 않은가.

그는 캐릭터 디자인뿐 아니라, 드로잉 전시와 책 출간도 했다. 그리고 늘 도깨비 이야기를 쏟아냈다. 사쿤은 장승과 도깨비 사이에서 태어난 소년으로 수호신의 운명을 갖고 있는 인물이다. 장승의 입을 가진 도깨비의 모습인데, 작은 눈으로 세상을 응시하며 다양한 형태로 변신하는 능력을 지녔다고 한다. 사물에 숨어 있다가 사람들에게 도움을 주기도 하고, 액을 막고 행운을 불러오는 능력도 있다. 생각의 뿔을 달고, 끊임없이 도전하며 노력하는 캐릭터라고 한다.

간혹 그가 들려주는 도깨비 스토리가 부담스럽기도 했지만, 결국 나에겐 쿤 자체가 도깨비였다. 하나를 주면 10개를 쏟아내는 도깨비. 뚝딱 하면 금화를 쏟아내는 도깨비 방망이처럼, 그는 앞으로도 열정과 창의력이라는 도깨비 방망이로 보석이나 금화보다 멋진 작품들을 쏟아낼 것이다. 그리고 콜라보를 늘려갈 것이다.

마음과 철학까지 융합한다.

한국 팝캐릭터 창시자

이동기

이동기×활명수

    둘 이상이 결합하여 '새로운 하나'로 완성된 것들이 있다. 애초에 각각의 존재가 무엇이었는지 인지하지 못할 만큼 둘의 결합이 필연적이고 잘 어울리는 경우다.

    믹스커피가 그렇다. 애초에 커피는 우유와 설탕이 옵션이었다. 그러나 믹스커피는 재료들의 혼합으로 완성된 또 다른 커피다. 시리얼 토핑 요거트도 따로따로의 불편함을 해소하기 위해 둘을 합친 제품이다. '짜장면 먹을까, 짬뽕 먹을까' 하는 고민을 덜어준 짬짜면, 골뱅이와 비빔면을 결합한 골빔면, 참치와 비빔면을 하나로 모은 참빔면…. 이 제품들은 소비자의 니즈를 간파해 마케팅적으로 성공한 케이스다.

최근에는 편의점에서 문구, 식품, 택배, 현금서비스까지 담당하며 편리함을 제공하고 있다. 마트, 문방구, 우체국, 은행에 각각 볼일을 보러 다니던 시절과 비교하면 "정말 세상 좋아졌다."라는 말이 절로 나온다. 이러한 융합은 편리함을 높이고, 서비스나 제품의 가치 상승을 유도하는 단적인 예다.

대중성과 예술성의 융합이 갖는 가치

예술의 대중성과 예술성 사이에 끊임없는 긴장과 균형을 유지하면서 색다른 융합을 이루어낸 작가가 있다. 코리안 팝아트의 1세대 선두주자로 꼽히며 '아토마우스'를 창조한 작가 이동기다.

이동기의 아토마우스는 매우 자연스럽게, 무의식적으로 작가가 그린 캐릭터였다고 한다. 자신도 모르게 미국 디즈니 미키 마우스와 일본의 아톰 캐릭터를 결합시키고 있더라는 것이다. 그렇게 탄생한 혼성 이미지 캐릭터를 보면서 한국인의 자화상을 발견한 이동기 작가. 그는 미국과 일본의 영향을 받으면서 성장하고 변화해 나가는 한국 문화 속에 서 있는, 작가 자신과 동시대인들의 자화상을 발견했던 것이다.

아토마우스는 한국적 정체성을 반영하면서도 미국과 일본이라는 대표성을 보여주는 글로벌 캐릭터이기도 하다. 전 세계를 아우를 수 있는 매력적인 캐릭터와 유명세의 파워는 만만치 않다. 무엇보다 한국적 정체성을 바탕으로 하되 국제적 감각을 겸비한 다면성 때문에 기업들은 아토마우스와의 소통에 열광한다.

국내 최장수 브랜드 활명수는 '최장수'라는 활명수의 이미지에 '트렌디한 제품'이라는 수식어를 새롭게 더해 나가고자 아트 콜라보레이션 '활명수 기념판'을 선보이고 있다. 2014년에는 이동기 작가와 협업해 117주년 활명수 기념판을 선보였고, 독특한 디자인으로 소비자들에게 큰 화제를 불러일으켰다.

코란도, 지포 라이터, 하이트 맥주, 아이페이스, 해리메이슨, 오즈세컨, 삼성전자 등등 수많은 기업이 그를 원한다. 하지만 원한다고 무조건 콜라보를 하지는 않는다. 이동기 작가는 아토마우스가 과연 그 기업의 제품과 제대로 소통하고 효과적으로 콜라보를 할 수 있는지를 기업보다 더 심각하게 고민하는 예술가다. 그래서 비록 콜라보레이션을 하지 못한다 해도 그와 만나서 대화하는 것만으로도 기업은 이미 콜라보를 시작한 것과 다름없다.

콜라보레이션한 캐릭터로 시대적 소통을 하려는 이동기 작가와의 콜라보는 그만큼 무겁고 가치 있으며, 의미 있는 결합이다. 태생부터 한국의 이야기를 가득 담은 아토마우스는 콜라보레이션 계의 홍보대사감인 것이다.

이동기 작가는 그의 표정이나 외모에서 느껴지듯 매우 심각한 철학자형이다. 실제로 예술가는 철학을 깊이 음미해야 한다고 주장한다. 작품 속에 비논리적 요소나 원시적 요소가 반드시 들어 있어야 한다고 생각하는 것도 그만의 철학에서 나온 고집이다. 철학과 시대정신에 대해 남다른 성찰을 갖고 있는 그와의 대화는 매우 심도 깊어서 만만치 않다.

그는 짧은 대화만으로도 그 일이, 자신이 할 만한 일인지 아닌지를 직감적으로 분별했다. 예술가들은 대단히 감성적이기도 하지만, 대단히 직관적이어서 판단이 빠르고 분명한 편이다. 그리고 한번 결정한 것을 번복하기도 대단히 힘든 부류다. 그만큼 의사결정이 명료하다는 뜻이다.

콜라보레이션은 상호 신뢰를 통한 융합이다

어느 날 홈쇼핑회사에서 이동기 작가와 콜라보레이션을 하고 싶다고 연락을 해왔다. 그 회사는 이미 많은 콜라보레이션을 시도하면서 시행착오와 어려움을 겪어 지쳐 있는 상태였다. 숱한 고충

이동기×동화약품. 활명수 117주년 한정판

을 겪은 탓에 아트 콜라보레이션에 대해 회의적일 법도 한데 담당
자는 이동기 작가와의 콜라보만큼은 반드시 성사시켜야 한다며
강한 의지를 보였다.

하지만 이동기 작가처럼 융합과 결합을 작품의 모토로 삼고 있
는 작가들과의 콜라보레이션일지라도 그 과정은 결코 순탄하지
않다. 그 이유는 여러 가지인데 가장 중요한 동시에 가장 문제가
되는 것은 상호 신뢰다. 신뢰가 깨지면 콜라보는 끝이다. 나는 이
동기 작가와의 콜라보를 제안하기 전에 담당자에게 콜라보의 성
공을 위해 필요한 것들에 대해 조언해주었다.

콜라보레이션은 목적과 수량, 액수도 정해져 있었다. 코트라의
아트 콜라보 사업팀은 '아트 콜라보'라는 단 하나만을 위해 달려
왔기에, 미술계와 아티스트 사이에서 신뢰를 바탕으로 제대로 된
소통을 책임지고 있었다. 그래서 우리 팀이 연락을 하면 상대는 단
박에 '콜라보레이션과 관련한 논의'라는 걸 간파한다. 그러니 여
러 설명 없이 바로 본론으로 들어가서 핵심적인 사항들을 빠르게
정리할 수 있다.

무엇보다 같은 작업, 같은 조건이라도 기업체가 연락할 때와 내
가 연락할 때는 분명 차이가 있다. 그간 쌓은 신뢰가 만들어내는
힘이라고나 할까. 어떤 일이든 상대가 마음을 열기 위해서는 신뢰
가 바탕이 되어야 하는 법이다.

콜라보레이션을 힘들게 하는 또 하나의 이유는 정확한 목적과
조건을 계약서에 명시하지 않는다는 점이다. 대부분 기업과 예술

가들이 아트 콜라보레이션을 논의할 때 정확한 목적과 액수를 정하지 않고, '상황 봐서… 결과 봐서… 나중에 더 지급할 수도 있고'라는 모호한 태도를 취한다. 서로 손해 보지 않으려는 머리싸움이 오히려 명확한 의사 표현을 막음으로써, 중도에 당황스런 일들이 벌어지는 것이다.

예술가는 기업을 위해 최대한의 에너지를 쏟았는데, 기업 쪽에서 자꾸 말을 바꾸니 신뢰가 깨진다고 한다. 기업은 예술가가 자기 고집만 피운다거나, 잘 알아서 해줄 생각이었는데 기다려주지 않았다고 한다.

콜라보는 목표와 과정 그리고 결과까지 쌍방이 소통하고 공유하면서 동행해야만 좋은 결과를 맺을 수 있다. 이처럼 모든 과정에서부터 정확한 목표 공유가 이루어져야 하고 상대와의 심리적, 물질적 융합이 이루어져야 좋은 결과물을 도출할 수 있다. 예술가들과의 콜라보는 그 과정 자체가 또 하나의 새로운 작품을 만들어내는 콜라보레이션이라고 생각해야 한다.

멀티플레이어가 돼라.

아티스트 창업 성공 스토리의 주역,

마리킴과 육심원

마리킴×2NE1, 육심원×CJ 오쇼핑

"나는 되도록 많은 사람들이 예술을 경험할 수 있어야 한다고 믿습니다. 그래서 사람들이 보지 못 하도록 상자에 넣어 작품을 보관해놓는 것에 죄책감을 느꼈죠. 이제 내 컬렉션을 보여줄 수 있는 공간이 생겼으니 꿈을 이룬 겁니다."

비난과 혹평 속에서도 최고의 아티스트 자리를 차지하고 있는 데이미언 허스트가 뉴포트 스트리트 갤러리 오프닝 행사에서 한 말이다.

그는 자신의 작품세계를 대중과 소통하고자 하는 오랜 소망을 담아 갤러리를 열었다. 그의 개인 소장품들을 만날 수 있는 이곳은 심지어 입장료도 없다. 이외에도 데이미언 허스트는 절친한 셰프인 마크 힉스와 협업하여 약국 레스토랑이라 불리는 '파머시 2'(Pharmacy 2)를 운영 중인데 요즘 말로 매우 힙한 곳이다.

그뿐 아니다. '아더 크리테리아'(Other Criteria)라는 온라인 북스토어도 운영한 바 있는데, 작가들의 브로슈어나 작가들이 사인한 한정판 도서를 판매하는 사이트였다.

멀티플레이어가 된 예술가들

데이미언 허스트는 '예술가가 왜 저런 사업까지 하지?'라는 생각이 들 정도로 고정관념을 깨는 경계 파괴, 예술개념 파괴의 전령사다. 어디 그뿐인가. 예술가이면서 기획자, 큐레이터, 컬렉터이다. 1인 다역을 하는 멀티플레이로 과감하게 능력을 발휘하고 있다.

루이비통을 통해 더 잘 알려진 무라카미 다카시 또한 다재다능한 예술가다. 도쿄, 롱아일랜드, 퀸스를 오가며 100여 명의 직원과 함께 그림, 조각품 외에도 비디오, 책, 장난감을 비롯한 다양한 아트 상품을 제작한다.

패션 디자이너 카스텔바작은 국내에서 유명한 골프 브랜드명과 동일한데, 그의 이름에서 따온 것이다. 그는 2017년에 국내 전시장인 블루스퀘어의 네모 전시장에서 개인전을 열기도 했다. 드로잉, 페인팅, 퍼포먼스 등을 통해 컬러풀하면서도 자유분방하고 대단히 파워풀한 작품들을 다양하게 선보였다. 작품 자체도 좋았지만 그것을 보여주는 디스플레이에서의 파격적인 시도가 아직도 기억에 생생하다. 그 역시 작품보다 상품으로 더 유명한 아티스트다.

현재 크리에이터로 맹활약 중인 정구호 감독도 대표적인 멀티플레이어다. 패션을 전공했으나 뉴욕에서 바를 운영했고, 한국으로 돌아와 레스토랑을 열었다. 자신의 브랜드를 론칭한 뒤 삼성에 매각하고, 결국 삼성에서 전무 자리까지 승승장구했다. 그의 이력은 거기서 멈추지 않는다. 직업과 일의 경계를 파괴하며 다양한 브랜드의 부사장, 크리에이티브 디렉터, 무용 연출가, 전시 기획자, 한국 미니멀리즘 작가로 다양하게 펼치고 있다.

다양한 방향으로 나아가 능력을 펼치자

왕성한 활동을 하는 많은 작가들 중, 자신의 작품을 상품화시키는 데 성공한 멋진 두 여자 아티스트가 있다. 마리킴과 육심원이 그 주인공이다.

마리킴은 최근 자신의 브랜드 '마리마리'를 론칭했다. 그녀는 2NE1의 앨범 표지와 뮤직 비디오 〈Hate You〉를 연출하면서 화제를 모았고, 클리오 화장품 브랜드의 패키지 아트 콜라보레이션으로 자신과 작품을 알렸다. 판타지 영화 〈아이돌〉을 직접 기획·제작하더니, 드디어 자신의 아트 포털 브랜드를 론칭한 것이다.

그뿐 아니라 한국도자기와 아트 콜라보레이션한 그릇을 마리마리 사이트를 통해서 판매하고 있는 점도 돋보인다. 콜라보 제품은 대체로 기업을 통해 판매되는데, 작가의 브랜드 판매망을 통해서

마리킴, 〈Quiet Helmet〉, 2011

판매할 수도 있음을 보여준 선도적 사례다.

그녀의 작품은 인형 같은 외모를 지닌 매력적인 그녀 자신을 닮았다. 늘 등장하는 여성 캐릭터는 무한한 아름다움과 신비로운 분위기를 자아내며 어떤 이야기를 품고 있는지 궁금증을 불러일으킨다. 아티스트가 인형 같은 신비감을 품고 있어서, 작품과 작가가 일체화되기도 한다.

그녀의 작품은 제품과 결합해 등장하기 시작했다. 예술가답게 리미티드 에디션을 선보였는데, 자신이 직접 그림을 그려서 만든 한정 제품들도 돋보인다. 마리마리 사이트가 패션, 뷰티, 리빙 아트를 선보이겠다고 포부를 밝힌 것으로 보아 앞으로 더욱 놀라운 행보가 예상된다.

이보다 앞서 히트를 친 케이스는 바로 '육심원'이다. 동양화를 전공한 그녀의 그림은 미니홈피를 통해 대중들에게 선보이면서 압도적인 사랑을 받았다. 그 후 팬시문구의 표지에 담겨 널리 애용되기 시작하더니, 흥행가도를 달리며 마침내 육심원 브랜드 출시로 이어졌다. 육심원의 캐릭터들은 예쁘다기보다는 귀엽고, 사랑스럽고, 포근하다. 그 화사함과 정겨움이 대중들과의 소통에서 압승을 거둔 요인이 아닐까.

대중들이 사랑한 육심원의 캐릭터는 마침내 브랜드들의 모델로 발탁되었다. 하나은행 광고의 주인공이 되더니 CJ 오쇼핑 TV 광고의 모델로도 맹활약했다.

"생활 속에서 어렵지 않게 예술과 접하고, 행복을 느끼면 좋을 거 같아요. 작품을 해석하고 이해할 필요도 없어요. 그림을 보고 기분이 좋아진다면 충분합니다. 저 역시 그림을 그릴 때가 제일 행복해서 화가의 길을 택한 걸요."

육심원의 말처럼 자신의 작품이 대중들의 일상으로 파고들어 행복을 주기를 바라는 건, 모든 예술가들의 마음일 것이다. 이런 마음을 실천하듯 그녀의 그림이 광고 모델이 되고, 브랜드가 되고, 사랑받는 아트 상품이 되었다. 그녀의 다양한 행보는 여기서 멈추지 않는다. 자신의 브랜드를 사랑하는 사람들이 더욱 행복한 시간은 보낼 수 있도록 카페와 레스토랑을 열었다. 그리고 이는 아주 멋진 창작의 선순환을 이루는 요인이 된다. 그곳에 모인 사람들의 행복한 표정에서 영감을 얻어 다시금 작품의 주인공들을 탄생시켜가고 있다.

육심원 작가의 작품들은 패션, 액세서리, 코스메틱, 리빙 등 다양한 분야로 진출했다. 특히 '위티보니백'은 중국의 세계적인 배우 판빙빙이 구매하여 실사용하는 제품으로도 유명하다.

이제는 더 이상 '예술가는 이러이러 해야 한다'는 고정관념으로 자신의 역할을 제한하고 능력을 숨기는 시대가 아니다. 간혹 예술가들은 작품 창작만 해야 한다고 생각하는 이들이 있는데, 절대 그렇지 않다. 그런 생각의 틀에 기회를 가두지 말자. 예술가이면서 기획자이자, 비즈니스맨일 수 있어야 하는 시대다. 물론 모두 그래야 한다는 게 아니라, 그런 능력이 있다면 거부할 필요가 없다는 뜻이다.

예술가들이 다양한 방향으로 성장하는 것을 인정하는 사회적 인식 변화를 위해서도 육심원, 마리킴과 같은 멀티 플레이어들의 활약은 계속 이어져야 한다.

스타일에 살고,

스타일에 죽고!

모던 보이 김용호

"혹시 모델 아냐?"

스타일 좋은 사람을 보면 우리는 으레 이런 말을 한다. TV에서 본 적이 없으니 연예인 같지는 않은데, 외모가 심상치 않거나 큰 키와 멋진 몸매를 가졌거나 혹은 남다른 패션 자태를 뽐낼 때 모델 같다고 말한다. 김용호 포토그래퍼가 바로 그런 사람이다.

그는 젊어서부터 유명했다. 1990년대에 스포츠카를 몰고 다녔고, 잡지에서 툭 튀어나온 듯한 출중한 외모에 동작 하나하나가 영화배우 같았다. 그가 사투리조차 쓰지 않았다면 아마도 사람들이 그에게 다가갈 인간미라 두통 찾기 힘들었을지도 모른다.

그의 주변에 연예인들이 모여든 것도 모델 같은 분위기가 한몫 했을 터다. 하지만 사람들의 추측과 달리 그는 포토그래퍼였다. 당시 화제의 광고 사진, 잘나가는 패션 잡지 등 그의 손길이 닿지 않는 곳이 없을 정도였다. 이는 미디어계와 연예계가 그 주변에 몰려든 또 다른 이유다.

어쩌면 스타일이 전부일지도 모른다

김용호는 출중한 외모 때문에 연예인들이 모여드는 행사에도 빠지지 않고 초대되었다. 덕분에 패션 잡지마다 셀럽으로 등장했 다. 어떻게 찍어도 멋지게 나오는 피사체니까. 그가 찍은 사진보 다 그가 찍힌 사진이 더 많을 지경이었다. 여하튼 김용호는 청담 동의 대표적인 패션 피플이자 셀럽이었다.

그는 청담동 최고의 핫플레이스인 '카페 드 플로라'를 운영하 면서 트렌드세터로서의 명성을 드높였다. 카페 드 플로라는 프랑 스 파리 마레지구에 있는 100년 된 명소로 피카소, 장 콕토, 카뮈, 에디트 피아프 등 많은 예술가들의 아지트로 유명한 곳이다. 한국 에서는 연예인, 패션업계와 미디어 종사자 등 트렌드를 이끌어가 는 피플들의 핫플레이스로 명성이 자자했다.

그곳은 나의 단골 카페이기도 했다. 지금도 기억이 생생하다. 이 국적인 생화가 자유분방하게 꽂혀 있었고, 커피를 주문하면 쟁반 위에 멋진 커피잔과 자연석 같은 고형의 설탕 그리고 우유가 한 생 차림으로 나왔다. 찻잔을 받아들면, 내가 마치 도쿄 그림 눅 주인공이라도 된 듯한 착각이 일었다. 음악은 또 얼마나 절묘하던 지. 프랑스 모던 시기의 샹송이 흘러나왔고, 아날로그 LP판의 거친 질감이 운율을 타고 흐르며 빈티지 로맨스 무드를 자아냈다.

그 카페는 공간 자체가 하나의 세트장이요, 화보 촬영지로 사진을 찍으면 모두 작품이 되던 곳이었다. 그뿐 아니라 그 장소에서 만나는 김용호 역시 남달랐다. 발목이 보이는 짧은 길이의 타이트한 바지에 허리선을 잡는 더블 버튼 상의, 소매 끝에 와이셔츠 소매와 커프스 버튼을 드러내며 시대를 앞서가는 패션을 선보였다. 한 손에 시가를 물고 모던 시대 파리를 행보하던 이태리 신사의 모습으로 카페를 점령하고 있었다. 카페라는 공간과 김용호의 이미지가 절묘하게 콜라보를 이뤘다고 할까. 장소는 없어졌지만 나는 김용호를 보면 늘 그때를 기억한다.

삶을 스스로 개척하는 우리는 모두 모던 보이, 모던 걸

빈티지한 근대 메모리를 가득 품은 이 간지남과 내가 언제부터 친해졌는지 명확지 않다. 《그림 읽어주는 여자》로 잡지 쪽 인연이 생기고, 여러 행사에서 그를 만날 기회가 많았다. 유명세 때문에 전문가 셀럽으로 분류되면서 서로 동질감을 느꼈고, 순수 사진 예술가로 전향한 그와 진지한 대화를 나누면서 더욱 친해진 것 같다.

사실 우리의 만남은 늘 파티를 통해서였다. 그는 자주 파티를 했다. 아니, 그냥 미팅을 해도 그가 있는 장소는 파티장이 되었다. 그의 전시 소식은 끊이지 않고 들려왔고, 새로운 영감의 보따리는

콜라보 선수들에게서 배운 것들

고갈되는 법이 없었다. 그런 그의 변화를 보고 있노라면 마치 한 편의 영화 같다는 생각이 들곤 했다. 그러던 그가 모던 보이 도자기 설치물을 만들더니, 조명 작품을 만들며 설치미술가로 활동하기 시작했다.

'모던 보이'라 불리는 그의 도자기 작품을 보고 있으면 사실 작품보다 더한 모던 보이는 작가 자신이 아닐까 싶다. 어쩌면 그는 스스로 자신의 분신들을 쏟아내고 있는 건지도 모르겠다.

"스스로 빛나는 존재·다르게 생각하고, 세상을 새롭게 보고, 하면 된다는 정신으로 달려가는 사람. 자신의 운명을 개척하고 타인에게 긍정적 영향을 미치는 모든 자수성가형 인간들. 유명세는 상관없다. 묵묵히 자신의 길을 가는 사람은 모두 다 모던 보이다."

그는 '김지수의 인터스텔라' 인터뷰에서 모던 보이에 대해 이렇게 정의를 내렸다. 내가 그를 근대 속에만 가두어두려 했던 걸까? 물론 그는 절대 갇히지 않았다. 오히려 근대 이미지를 혁신적으로 전복시켰고, 그 본연의 정신을 끄집어내 정진 중이다. 경계를 넘고 아우르며 시대의 변화에 대응하는 모던 보이로, 보다 혁명적으로 도전하는 인간으로서 발언하는 것이었다.

그리고 늘 수많은 사람들과 어울리던 그답게 이상봉, 카스텔바작, 아트놈, 김지희, 장승효 등 60여 명 이상의 각계각층 전문가들과 진행한 콜라보레이션을 모던 보이에 담아내 새로운 작품으로 세상에 도전하기 시작했다.

그에게 모더니즘은 과거로의 회귀가 아니라 새로운 시대정신으로 삶을 개척해나가려고 애쓰는 삶이다. 불안과 희망이 공존하면서 새로운 시대가 열리던 1920년대 당시의 시대성에 대한 경외심과 재해석이 그 근간을 이루는 것이리라.

"역사적으로 모더니스트들은 항상 어두운 시대 속에서 홀로 빛을 내 자신의 가치를 증명해왔어요. 누구에게 물려받았거나 배경에 의지했거나 한 것이 아니라 자신의 노력으로 새 길을 개척했다는 것입니다. 그것이 바로 모던 보이가 상징하는 선각자 정신이라고 생각합니다. 저는 변신을 하는 것이 아니라 시대의 요청에 따른 겁니다. 이제 작가는 자기 장르를 벗어나 확장성을 가져가야 더 발전할 수 있는 거 같습니다."

매일경제의 〈Luxmen〉 인터뷰에서 김용호는 이렇게 말했다. 그는 사진을 찍고, 글을 쓰고, 전시를 하며, 기업과 콜라보레이션도 한다. 지금도 수많은 행사에 다니고, 변함없이 파티를 즐긴다. 플리마켓도 열고, 자신의 스튜디오에서 다른 아티스트의 전시회도 개최한다. 여전히 빛나는 모던 보이의 자태로 주변을 아우르며 어두운 곳에 빛을 나누어주는 모던 보이 프로젝트를 수행 중이다.

나는 그의 무경계 다융합이 만들어내는 프로젝트들을 지켜보는 것만으로도 즐겁다. 그를 보는 것도, 그의 인생을 지켜보는 것도 큰 즐거움이다. 비단 나뿐 아니라 김용호를 기억하는 이들이라면 모두 그의 삶과 새로운 예술가 행보에 대한 기대를 멈추지 않을 것이다. 모던과 콜라보하며 쏟아내는 그의 다양한 활동과 행보가 멋진 길을 열어가는 중이다.

뻔함을 거부한다.

선 긋는 남자

코마

코마×미샤

'생긴 대로 놀지 않는' 인간들이 있다. 보이는 대로 판단했다가는 큰코다치게 되는 인물들. 예술가들 중에도 겉보기와 속내가 완전히 다른 이들이 있다. 겉모습만으로는 거칠고 괴팍해서 5차원의 인물일 것 같은데, 알고 보면 한없이 내성적이고 조용한 아틀리에 방콕파들이 있다. 또는 일반 회사원 같은 라이프 스타일을 갖고 있지만 고도의 순수예술을 지향하는 예술지상주의파들도 있다.

의외성이 주는 놀라운 효과

그라피티 아티스트 코마를 만났을 때 그런 당혹감과 마주쳤다.

코마는 우리나라 그라피티 1세대인 거리의 화가다. 사실 공공장소를 침범해 흔적을 남기는 낙서화가들은 대개 과감하게 마련이다. 나 또한 깨끗하게 칠한 작업실 외벽이 그라피티 작가들의 화폭이 된 것을 보고 화가 치밀어 올랐던 기억이 있다.

이들은 거칠 것 없는 행보를 하는 화가들인지라 외모 또한 특유의 힙합 분위기를 내게 마련이지만, 모두 그럴 것이라고 생각했다가는 낭패를 보기 십상이다.

코마, 본명 박준기. 한없이 조용하고 부드럽고 나긋나긋한 그와 만나 소통하는 순간 벽이 무너지는 기분이었다. '아니, 이런 남자가 그라피티 1세대 맞아?' 화폭에 쏟아낼 에너지를 저장하느라 그런 걸까? 하지만 조용한 모습과 달리 그림은 대단히 강렬하다. 멀리에서도 한눈에 들어오는 그의 그림을 보고 있노라면, 울트라 킹콩 파워를 쏟아내는 인간이 연상되곤 한다.

코마의 그림은 어찌나 존재감이 넘치는지, 대로 한복판 신호등 경고판 수준의 명시성을 갖고 있다. 앰뷸런스 차량을 코마 차량으로 한다면 정말 효과적이지 않을까 하는 생각이 들 정도다. 우선 화려한 색감이 한눈에 들어온다. 하지만 그의 작업에서 우선순위에 있는 것은 두꺼운 검은 선이다. 아마 그라피티 예술가들이 손에 스프레이를 쥐고 써대는 스타일에서 비롯된 것인 듯싶다.

뻔하지 않고 단숨에 읽히지 않는 매력

그는 화폭에 검은 선을 휘둘러 화면을 분할하고, 선 드로잉을 한

다. 마치 춤을 추듯이 화폭을 벽 삼아 붓을 잡고, 스프레이를 쥐고 휘두르듯 선을 긋는다. 물론 그 선들은 면밀하게 색을 칠해 마치 한번에 그은 것처럼 보이도록 한다. 그 선으로 탄생한 면들을 제 각각 대면해주는 듯하다.

스프레이 그라피티를 할 때면, 스프레이 액이 채 마르기 전 벽을 따라 주르륵 흐르는 맛이 있다. 코마의 선에는 그런 흘러내림이 존재한다. 굳이 그 흐름을 그려 만들어내는 것이다. 이로써 그림 에서 다소 경직될 수 있는 검은 선이 생동감을 얻는다. 그 살아 있 는 무서운 검은 선은 화폭 안에서 면을 분할하고, 각각의 면은 더 할 나위 없이 화려한 색감과 강렬한 **땡땡이** 패턴들로 채워진다.

그렇게 완성된 화면 속 화려한 조각의 면들은 제각각의 색들로 염토를 치기한 듯 팽팽한 긴장감을 지어낸다. 검은 데두리 안의 색들이 저마다의 국가를 형성하고 자국의 아름다움을 자랑하는 듯하다. 상대적으로 작은 조각에서조차 당당한 힘이 넘친다. 그들을 구분 짓는 검은색 선은 한없이 단단해 보이고, 그 안의 조각들과 그것을 채운 색상에선 무엇 하나 빼놓을 수 없는 완전함이 느껴진다.

단순함이 주는 강렬함. 다시 그의 작품을 보니 소리 없이 강한 그와 닮았다. 조용함으로 강인함을 뿜어내던 외유내강의 에너지. 역시 단숨에 읽히지 않아야 힘이 생긴다. 뻔하지 않아야 매력 있다.

미샤에 담긴 코마 그림은 그 화장품에 강렬함과 팽팽한 긴장감을 심어준다. 하트와 왕관, 다이아몬드 형상의 멋진 궁합이 거기에 화려함을 보탠다. 화장품이 그 효력과 가치를 효과적으로 전달하는 데는 여러 방법이 있다. 하지만 이처럼 개성 있는 예술작품을 콜라보함으로써 얻는 효과는 그 어떤 방법보다 탁월하다.

웃는 게 웃는 게 아니야!

이중성의 소통,

김지희

김지희×MCM

비가 내리는 날이면 아픈 추억이 너무 많아

지난 일들을 잊으려 비를 맞으며 걸어가네

그댄 그렇게 내게 남겨둔 인형처럼 쉽게 웃으며 떠나갔지만

나의 마음은 인디안 인형처럼

워워워워워워워 까만 외로움에 타버렸나 봐

Oh my baby

혼자 울고 있는 이 안타까운 밤이 깊어가네

뽀글뽀글 웨이브 머리에 통통 뛰는 스텝으로 사람들의 사랑을

받았던 나미의 〈인디언 인형처럼〉. 그 흥겨움 안에 담겨 있는 가사를 음미해보면 서글프고 아픈 노래다. 리듬과 춤이 발랄해 가사의 쓸쓸함은 뒷전이었다. 어쩌면 나미의 춤사위는 슬픔을 털어내려는 서글픈 몸부림이었는지도 모를 일인데 말이다.

화려함 뒤에 감춰진 현대인의 공허

사람들은 슬픈 일이 있을 때 더 많이 웃으며 아무렇지 않은 척하기도 한다. 이처럼 웃고 있지만 그 뒤에 슬픔이 서린, 괜찮은 척 포장하지만 괜찮지 않은 현대인의 고독과 모순을 상징적으로 표현한 작가가 있다.

양의 탈을 쓴 채 교정한 이를 내보이는 김지희의 '왕눈이 소녀상'은 특이하고 개성 있는 캐릭터다. 그런데 가만히 들여다보면 어딘지 모르게 불편한 이 캐릭터들은 실은 대단히 암호적이고 상징적이다. 특히 교정기가 참으로 거슬린다. 과장되고 장식적인 그 모든 외형에서 유독 교정기만큼은 빼버리고 싶어진다.

동양화를 전공한 김지희 작가는 장지채색 기법을 고집하며 전통과의 끈을 놓지 않는다. 거기에다 동양화 양식에 팝아트적인 요소를 담아 소녀의 얼굴로 현대성을 풍자하며 비판하고 있다.

김지희 화가는 자신의 작품세계에 대해 이렇게 말한다. "솔직함을 말해주고 싶었어요. 겉으로는 명품을 소유한 채 밝은 미소를 짓는 척하지만 안경 속의 눈은 울고 있거든요. 크고 화려함은 자신의 슬픔을 감추기 위한 도구에 불과해요. 일종의 가면이죠. 벼

김지희, 〈Sealed smile〉, 2018

김지희×MCM

랑 끝에 서 있지만 스스로 외적인 가치를 통해 만족하는 척하는 진정성 없는 웃음을 표현한 겁니다."

우리의 위선을 상징하는 양의 탈, 유행을 비추는 선글라스, 배시시 웃으면 더 예뻐지려는 노력의 흔적인 교정 치아가 보인다. 소녀를 한껏 장식한 왕관, 가발, 안경, 교정기를 빼고 립스틱 지운 얼굴을 상상해본다. 현대인들은 참으로 벗어버릴 것이 많다.

시각적 즐거움과 개성 있는 표현으로 가슴 한켠을 뭉클하게 건드리는 김지희 작가. 그녀의 작품을 통해 시각적 독창성과 즐거움이 일순간 휘발되지 않고 지속성을 갖고 마음을 사로잡으려면 결국 메시지가 있어야 한다는 사실을 새삼 깨닫는다. 현대인의 욕망과 허위의식을 풍자한 그녀의 그림은 그 풍자성과 비판의식에도 불구하고 독특한 매력 덕에 왠지 끌린다.

현실을 꿰뚫는 메시지가 마음을 파고들다

김지희 작가가 미샤 화장품과 한 아트 콜라보레이션은 예상대로 좋은 매출 성과로 이어졌다. 그리고 소녀시대의 의상 콜라보레이션도 화제를 모았다. 한국의 전통성을 모티브로 정체성을 구축하면서도 이 시대를 반영하는 메시지는 세계 시장에도 통했다. 홍콩 디파크 쇼핑몰도 그녀와의 콜라보레이션을 원했다. 쇼핑의 천국, 때로는 예술보다 더 개성 넘치는 제품들이 디스플레이되는 현장에서 선두 지휘를 할 작품으로 선택된 것이다.

그녀의 작품은 익숙한 듯 낯설고, 가벼운 듯 무겁고, 즐거운 듯 의미심장하다. 그럼에도 그 독특함이 부정적 감정으로 연결되지 않는다. 아마도 비주얼에 담긴 메시지가 우리의 마음을 건드리기 때문일 것이다. 소녀가 교정기를 빼고, 안경을 벗고, 양의 탈도 벗어버릴 수 있게 헛된 욕망이 사라지는 세상이 되지 않는 한, 김지희 작가의 '억지웃음(Sealed Smile) 시리즈'는 더욱 교묘하게 세상을 파고들 것이 분명하다. 그리고 제품을 통해 아주 은밀히 우리 삶에 스며들고 있는 중이다,

인생은 떠나도 브랜드는 남는다.

판타스틱, 원더풀

앙드레 김

앙드레 김×클림트, 고흐, 마이클 잭슨

샤넬은 세상을 떠났어도 브랜드는 여전히 창창하고, 구찌는 후손들의 경영권 분쟁이 있었지만 재기에 성공했다. 입생로랑, 베르사체도 창립 디자이너는 세상을 떠났지만 브랜드는 여전히 건재하다.

루이비통은 조르주 비통, 가스통으로 3대를 이어가면서 가족경영의 한계를 깨닫고, 1987년 샴페인과 코냑 제조업체인 모에 헤네시와 합병하면서 LVMH 거대 럭셔리 브랜드가 되었다. 현재 루이비통을 비롯해서 마크 제이콥스, 셀린느, 로에베, 지방시, 펜디, DKNY, 겔랑, 태그호이어, 모엣&샹동, 헤네시, 돔 페리뇽 등 60여

개 이상의 브랜드를 소유한 대기업으로 성장했다.

1997년 루이비통은 브랜드를 키우기 위해 마크 제이콥스를 아트 디렉터로 영입했다. 그는 랄프 로렌, 캘빈클라인의 디자이너였고 한때 톰 포드를 보조 디자이너로 영입한 바 있는 걸출한 인물이다. 게다가 자신의 브랜드를 가지고 있었던 마크 제이콥스는 양다리 행보도 거뜬하게 수행해냈다.

이때부터 루이비통은 마크 제이콥스 크리에이티브 디렉터를 통해 수많은 아트 콜라보레이션의 역사를 열기 시작한다. 스티븐 스프라우스와의 콜라보레이션을 통해 그라피티 스타일을 접목시킨 모노그램 그라피티 한정판을 출시했다. 그 후 무라카미 다카시, 쿠사마 야요이 등 일본 작가들과의 아트 콜라보레이션이 연달아 빅히트를 쳤다.

앙드레 김, 브랜드는 영원하다

우리나라에도 창립 디자이너는 세상을 떠났지만 그가 만든 브랜드는 영원히 사람들의 기억 속에 남아 있는 사례가 있다. 바로 패션 디자이너 앙드레 김이다.

2018년, 앙드레 김 별세 8년 만에 다시 앙드레 김 패션쇼가 열렸다. 그의 옷을 입고 쇼 무대에 섰던 모델들의 자발적 기획에 의한 것이었다. 그리고 앙드레 김 브랜드는 재도약을 선언했다. 앙드레 김의 부재가 크게 느껴지는 것은 단지 이마 키스 피날레가 있는 패션쇼만은 아니다. 연예계, 정경계, 외교계까지 이우른 그의 뉴

스가 한순간 사라져버렸다.

여하튼 그는 패션 디자이너로서 고유한 그만의 스타일을 갖고 있었고, 대중들의 사랑을 가득 받은 자랑스러운 브랜드를 남겼다. 연예인뿐 아니라 김연아, 조수미에 이르기까지 한국을 대표하는 셀럽들이 그의 옷을 입었다. 조수미는 앙드레 김의 빅팬이었는데, 약 200벌의 의상을 앙드레 김이 협찬했다고 한다.

그뿐인가. 나스타샤 킨스키, 브룩 쉴즈와 같은 할리우드 배우들도 앙드레 김의 옷을 입었다. 마이클 잭슨은 앙드레 김의 옷을 좋아한 것으로 유명한데, 그중에서도 용 문양이 들어간 옷을 무척 좋아했다고 한다. 마이클 잭슨의 마지막 공식 행사인 콘서트 〈This is It〉 발표 때 입은 옷도 앙드레 김이 만든 것이다.

그의 상품 가치는 걸어 다니는 중소기업 수준이었다. 삼성 트라팰리스 아파트, 한국도자기, 삼성 지펠 냉장고, 삼천리 자전거 등 수많은 기업의 제품들과 콜라보를 했다. 특히 앙드레 김이라는 브랜드 자체를 라이선싱 방식으로 렌트하여 벽지, 타월, 우산, 속옷, 화장품에 이르기까지 수많은 제품들에 앙드레 김 브랜드의 스토리가 담겼다.

무엇보다 그의 의상은 쇼 중심의 오트 쿠튀르 색채가 강해서 그 자체로 하나의 예술 작품이 된다. 특히 '한국 황후의 비밀스러운 눈물'이라는 제목을 가진 겹옷 드레스는 한국 여성의 한을 상징하는 옷이다. 모델이 수차례 벗고 또 벗어도 겹겹의 드레스는 한없이 쏟아져 내리는데, 그의 작품 중 최고가 아닌가 싶다.

앙드레 김의 스토리는 계속 이어져야 한다

그의 스토리를 자세히 다루자면 박물관 하나를 채울 정도일 것이다. 나는 이 나라의 귀한 자산인 앙드레 김을 위한 뮤지엄이 있어야 한다고 생각한다. 살아생전 흰 옷을 고집한 것도 백의민족의 상징이었으며, 언뜻 보면 서양드레스 같지만 그 안의 장식들은 한국의 전통을 모티브로 구현됐다. 화려한 색감이나 특유의 꽃문양, 섬세하게 수놓은 자수 등 가장 한국적인 드레스를 만들었다. 그의

라인메드 앙드레 김 패션쇼, 한국 황후의 비밀스러운 눈물

작품에는 '한국'의 정체성과 문화가 고스란히 담겨 있다.

게다가 이미 2000년대 초에 클림트, 고흐, 고갱, 고야, 보티첼리 등 명화프린트 의상을 선보인 그는, 명화 콜라보레이션의 선도자였다. 그가 그은 굵직한 획이 한두 개가 아니다. 한국적인 콘텐츠를 글로벌화하기 위한 그의 노력과 업적은 우리가 지키고 키워가야 할 큰 자산이다.

앙드레 김 브랜드의 꾸준한 자리매김과 성장을 응원한다. 서양 명품 브랜드들의 엄청난 공세에도 움츠러들지 않고, 8년 만의 침묵을 깨고 만개하길! 앙드레 김은 떠났어도 브랜드는 우리 가슴에 남았다. 그가 남긴 족적 또한 미래로 향할 것이다.

미래는 과거를 품고 나아가는 길 아니던가.

과거와 현재를
이어주는 디자이너
이상봉

이상봉×행남자기

이상봉, 지춘희, 진태옥, 정구호. 이들은 무명 시절 나에게 의상을 협찬해주었던 디자이너들이다. 당시 나에게 기꺼이 자신의 작품을 내주었던 그들은 공교롭게도 지금 모두 성공을 거두었다.

그들의 성공 비결은 뭘까? 어떤 공통점이 있는 걸까? 내게 협찬을 해줘서 성공했다는 단순한 이야기를 하려는 것이 아니다. 그들이 어떤 태도로 예술을 사랑하는지를 말하고 싶어서다.

A&C코오롱의 미술 프로그램을 진행할 때 당시 시청률은 0.1퍼센트도 안 나왔다. 그러니 명품 브랜드들의 의상 협찬을 받기란 하늘의 별 따기와도 같았다. 참으로 서러운 시절이었는데 이느

날, 이상봉 브랜드가 협찬을 승낙했다는 소식이 들려왔다. 당시도 협찬 문턱이 높기로 유명한 브랜드였다. 거절당하는 데 익숙해진 스타일리스트는 이상봉 브랜드의 협찬을 시작으로 이곳저곳 대형 브랜드들을 접촉했다. 당시 심은하를 통해 최고 주가를 올리던 지춘희를 비롯해, 진태옥, 정구호 의상을 협찬받을 수 있었다.

그들이 낮은 시청률, 아니 시청률이랄 것도 없는 프로그램에 협찬을 승인한 이유는 한 가지였다. "무슨 프로그램인지는 모르겠지만 '미술 프로그램'이라니 할게요."였다.

돈보다 중요한 건 '예술을 사랑하는 태도'다

이상봉 디자이너는 코트라에서 아트 콜라보 사업을 시작할 때도 새로운 시작과 의미 있는 업의 출발을 응원하며 진심 가득한 축사를 해주었다. 또한 코트라의 중요한 행사 때도 의상을 협찬해주었다. 한번은 빼어날 '수' 꿰맬 '출'이라는 뜻으로 바꾸어 '수출'이라는 단어를 만들어 전시를 준비했다. 전시 포스터 또한 알록달록 화려했다. 웬만한 전시는 내가 개인적으로 가진 의상을 활용해서 착용했지만 이 수출전은 대단히 부담스러운 상황이었다. 왠지 이 정도의 화려함을 상징하는 의상이 이상봉 숍에 있을 거라는 기대감을 갖고 무작정 그의 숍을 찾아갔다.

입구부터 한눈에 들어온 옷이 있었다. "어쩜, 이렇게 전시 포스터와 똑같을 수 있을까. 이건 완전 내 전시를 위해 만들어진 의상이에요!" 담당자는 나의 호들갑을 바라보며 난감해했다. "근데 그

옷은 파리 패션쇼에 첫 선을 보일 쇼 의상이에요. 이제 막 비행기에 실어 보내려던 참입니다."

하지만 포기할 수 없었다. "혹시 선생님을 뵐 수 있을까요? 제가 이 옷이 꼭 필요해서요. 이 옷이 빛나게 해드릴게요. 선생님 좀 뵙게 해주세요."

일이 잘 풀리는 날이 있다. 마침 외부 업무를 마치고 매장으로 이상봉 디자이너가 슈퍼맨처럼 등장하는 게 아닌가. 나는 이상봉 디자이너를 붙잡고 호들갑을 떨기 시

이상봉 X 코트라 수출展 전 포스터

작했다. "이 포스터 좀 보세요. 완전 이 의상을 위한 전시 포스터예요. 이거 입고 전시 오픈할 수 있게 해주세요. 아주 깨끗이, 조심히 입고 재빨리 반납할게요."

놀라운 일이 일어났다. 이상봉 디자이너도 그 옷을 예술의 현장에 보내고 싶어했다. 불가능할 것 같았던 일이 벌어진 것이다. 사실, 그가 예술을 얼마나 좋아하는지 잘 아는 터였기에 나는 포스

터를 보여주면 설득해낼 수 있다는 자신감이 있었다.

그는 늘 예술의 현장을 탐험하듯 뒤지고 다녔다. 대형 아트페어에 부지런히 다니는 것은 기본이고, 갤러리 전시장도 틈틈이 찾았다. 예술계에서 단 몇 명만 모이는 실험적 퍼포먼스 현장에도 그는 종종 나타났다. 미술 컬렉터로도 유명하지만 사람들과의 소통에도 무척 관심을 기울인다. 그래서인지 뒤풀이 현장에서 예술가들과 술 한잔 기울이며 대화를 나누고 예술혼을 불사르는 모습을 종종 목격할 수 있었다.

한국의 미를 세상에 입히는 문화 전도사

이상봉 디자이너의 최고 히트작은 한글 패션이다. 이는 늘 예술가들과 소통하고 예술과 가까이 하는 그의 일상에서 비롯된 작품이다. 2005년 파리에서 첫 선을 보인 한글 패션쇼는 그의 지인이자 소리꾼인 장사익 씨가 이상봉 디자이너에게 보낸 손 글씨에서 영감을 받고, 그 글씨를 그대로 옷에 담으면서 이루어진 콜라보 패션이었다. 또한 절친 임옥상 화백의 글씨와도 콜라보했다. 같은 한글이지만 사람의 성품과 끼가 담기는 서체의 다양성을 발견하여, 그 아름다움을 의상을 통해 더욱 빛내주었던 것이다.

이후 2009년 김연아 선수가 무대에서 선보였던 한글 티셔츠는 캘리그라퍼 김지수 씨가 쓴 정지용 시인의 〈향수〉가 적힌 것이었다. 할리우드 배우 린제이 로한이 화보촬영 때 입었던 티셔츠에 적힌 캘리는 장사익 선생이 쓴 윤동주 시인의 〈별 헤는 밤〉이었다고 한다. 이후 그는 옷뿐만 아니라 휴대전화, 담뱃갑, 벽지, 그랑프리 경주용 차량에서 소파, 커튼, 카펫, 그릇에 이르기까지 수많은 기업들의 제품과 콜라보하면서 그 영역을 확장했다.

현재 그는 장승효와의 아트 콜라보레이션, 한국 고유의 장르라는 한국 전통 책가도와의 콜라보레이션을 통해 독창성, 한국성, 예술성을 더욱 키워가고 있다. 본업은 패션 디자이너지만 어떻게 하면 국제무대에서 한국적인 것을 선보이고 돋보이게 할지 고민하는 예술가다. 그리고 다양한 이들과 다양한 분야의 콜라보를 하며, 자신의 업을 통해 성장을 도모하는 멋진 패션 디자이너다.

그는 콜라보를 통해 한국을 세상에 입혀, 한국답다는 게 뭔지 보여주는 전도사 역할을 하는 듯하다. 얼마 전에는 청담동에 라이(LIE) 브랜드 스토어를 세웠다. 세계 럭셔리 브랜드가 즐비한 청담

이상봉×행남자기

동에서 한국 브랜드는 만나기 어려워 아쉬움이 많았는데, 라이가 입점해 한국 브랜드 위상을 한층 높여주었다.

그의 아들 이청청 디자이너는 라이와 더불어 이상봉 브랜드를 디렉팅하고 있다. 런던에서 패션을 전공하고 지금은 뉴욕에 있는 딸 이나나가 이상봉과 라이 브랜드 뉴욕 매장과 글로벌 마케팅을 전담하고 있다. 게다가 디자이너 이청청이 아들 넷을 낳았다니 왜 이리도 든든할까. 멋진 디자이너의 후예들이 늘어난 것 같아서 말이다.

한국의 대표 패션 디자이너로, 사랑받는 예술가로 더욱 승승장구하길 바란다. 우리 것을 세계화시키는 데 일조하는 이상봉의 멋진 콜라보도 좀 더 자주 만나고 싶다.

나도 예술가.
예술적 재능을 펼치는
아트테이너들

하정우×투썸플레이스, 12명의 미술가×〈월간 윤종신〉

예술적 재능은 어찌하여 한 사람에게만 몰린 것일까? 가수, 배우, 모델을 막론하고 연예인 중에는 본업 외에도 다양한 예술적 재능을 펼치는 이들이 많다. 그중에서도 꾸준히 그림을 그리고 전시를 하는 이로 하정우, 솔비, 이혜영, 구혜선, 아나운서 최지인을 꼽을 수 있다.

꾸준함과 성실함으로 예술하는 하정우

그림 작업뿐 아니라 아트 콜라보레이션을 포함해 가장 왕성하게 활동하는 이는 단연 하정우. 영화도 았, 전시도 았, 아드 콜라보레이션도 핫! 그야말로 요즘 대세, 핫맨이다.

그의 작품성에 대해서 미술계의 의견은 분분하지만, 그럼에도 내가 하정우를 높게 평가하는 것은 근면성 때문이다. 작품 창작과 전시에 대한 근면성. 바쁘기로 치면 1순위에 가까운 그가 수많은 스케줄을 해내면서 틈틈이 그림을 그리고 있다는 점은 인정할 수밖에 없다. 2011년 첫 전시를 시작으로 거의 매년 신작을 전시에 선보이는 그의 창작 의욕과 열기, 나는 그 태도에 잠재적 점수를 더 높이 주는 입장이다.

작품은 어느 한순간 탄생하는 것이 아니요, 계속 좋기만 한 것도 아니다. 꾸준한 고민과 끈기 있는 작업 태도가 따라야만 한다. 아무리 고민을 해도 표현되지 않으면 무용지물, 결국 작품으로 표현되어야만 전시를 할 수 있다. 그리고 그것은 예술가의 몫이다.

스스로를 종종 '바른 생활 예술인'이라고 부르는 그는 자신의 책 《걷는 사람, 하정우》에서 이렇게 말한다. "번쩍이는 충동의 순간에만 좋은 작품이 나올 수 있다고 믿으면 어느 순간 삶은 완전히 망가져버린다. 내가 아는 한 좋은 작품은 좋은 삶에서 나온다. 나의 예술은 보헤미안보다는 회사의 명운이 걸린 PT를 준비하는 직장인들과 더 닮았다."

그는 "예술가는 감정 기복이 심하고, 알코올과 약물에 중독되기 쉽거나 일탈하게 마련이라는 편견은 잘못된 것이다."라고 말한다. 그래서 규칙적으로 생활하고, 꾸준하게 움직이며, 한결같이 영화와 그림 그리기와 걷기를 해내고 있다. 그런 면에서 보자면 그는 여느 그림 그리는 사람과는 사뭇 다른 환경과 경력을 스스로 만들어낸 사람이다. 그런 환경에서 그가 빚어내는 예술의 가치는 분명 남다를 것이다.

그의 작품은 이미 상당한 인지도를 얻고 있다. 하정우와의 아트 콜라보레이션은 그저 배우 하정우의 이름만을 빌려가는 형태가 아니다. 투썸플레이스에 'Art of Twosome'이라는 스페이스를 하정우 스타일로 탄생시켰고, 네스프레소에서는 하정우가 해석한 네스프레소 작품들이 전시되었다. 제이원코스메틱과는 하트 케이스의 쿠션 화장품을 출시했고, 패션 브랜드 앙크1.5와 특급 콜라보 희망 프로젝트도 이어가는 중이다.

단지 제품 패키지에 그림을 입히는 방식이 아닌 브랜드 해석, 새

하정우 x 투썸플레이스

로운 창조물의 기획, 사회공헌 활동까지 아우르는 다양한 형태와 방식으로 아트 콜라보를 하고 있다. 그가 하는 이 모든 것의 바탕에는 꾸준함과 성실함이 자리한다. 그것은 탁월한 예술성 만큼이나 값지고 소중한 재능이다.

콜라보로 대중과 소통하는 솔비, 최지인

솔비는 다소 파격적 퍼포먼스와 기획으로 연예인 활동에 활력을 불어넣고 있다. 싱글앨범 〈블랙스완〉을 내놓으며, 음악과 미술이 결합된 〈블랙스완-거짓된 자아들〉 전시 쇼케이스를 열었다. 여기서 페인팅 퍼포먼스를 선보이며 눈길을 끌었다.

이뿐 아니라 미술과 음악을 결합한 '셀프 콜라보레이션', 캔버스 위에 음악을 그리는 '아트 퍼포먼스'를 선보였다. 나아가 전시회와 콘서트를 결합한 국내 최초의 아트하우스 콘서트 '빌라빌라 나이트' 등의 기획과 진행을 총괄하며 자신의 예술 영역을 확장하고, 대중과의 소통에 나서고 있다. 자신의 작업실을 '빌라빌라 콜라'라 명하고, 다채롭게 활용하는 것도 창의적이다.

아나운서 중에 최지인도 참으로 열심인 사람 중 한 명이다. 자신의 개인전에 홍보대사로 있는 아시안 허브와 함께 아트 마켓을 열고, 콜라보 가방을 선보였다. 또 디제잉하는 태우 작가와 콜라보해 공간을 클럽으로 변신시키는가 하면, 책 쓰는 이기주 작가와 대화의 장을 열어 글과 그림의 교감을 선보였다. 그림뿐 아니라 아나운서로서의 자신의 재능을 모두 끌어내 다양한 콜라보를 통한 소통을 시도한 바 있다.

아트 콜라보 기획자 윤종신

아트 콜라보레이션의 기획자적인 면을 보이는 인물들도 있는데 윤종신과 유아인이다. 윤종신은 2010년부터는 〈월간 윤종신〉을 통해 매월 음원을 발표해오고 있으며, 2013년 이후로는 음악뿐만 아니라 문학, 영화, 사진, 미술, 게임 등 여러 예술 분야와의 협업을 통해 다양한 형태의 결과물을 기획·제작했다. 대상이 무엇이든 음악 작업으로 연결시키는 윤종신의 전방위적 콜라보레이션 활동이 놀랍다.

모호한 로스코의 추상화를 보고 영감을 받아 작곡하는가 하면, 무라카미 하루키의 신작 《여자 없는 남자들》의 국내 출간을 앞두고 해당 출판사와의 콜라보레이션으로 음악을 만들기도 했다. 그뿐 아니다. 모바일 게임 스토리에 영감을 받아 거기서 얻은 모티브로 게임과의 콜라보 음원 곡을 쓰기도 했다.

〈월간 윤종신〉이 아티스트 콜라보가 이뤄지는 터전으로 변화하기 시작한 것은 2013년 진행한 '이달의 아트' 프로젝트 이후부터다. 이 프로젝트의 주제는 윤종신의 얼굴 혹은 음악을 모티브로 한 그래픽 작업이다. 이 프로젝트에 참여한 작가들의 작품은 윤종신의 페이스북, 트위터 등에 메인 사진으로 걸렸다.

웹 공간뿐 아니라 오프라인에서도 작가들의 작품이 소개되었다. 2014년에는 갤러리에서 '일간 윤종신전'이 개최됐는데, 1년 동안 〈월간 윤종신〉의 앨범 커버 작업을 해주었던 작가들의 그림을 선보인 전시였다. 앨범 커버를 디자인한 12명의 미술가 이강훈, 윤미선, 김한나, 안중경, 강준석, 유창창, 이에스더, 이고은, 김희수, 김유정, 노준구, 서원미의 대표작 40여 점이 공개되었다. 안성진 포토그래퍼와 공민선 디자이너가 함께 작업한 〈월간 윤종신〉 앨범 아트 50여 점도 여기서 선보였다.

영역을 확장해 추리 어드벤처 모바일 게임 〈회색도시〉와의 콜라보레이션도 선보였다. 이 작품의 스토리를 접하고 영감을 받아 노래를 만들었다고 하는데, 경계를 넘어 다양한 분야의 예술가들과 적극적으로 소통하는 크리에이터의 일면을 그대로 보여준다.

종횡무진 발걸음 속에 심지가 단단한 유아인

유아인의 행보는 늘 세간을 놀라게 한다. 종횡무진 불안한 듯 심지가 뜨겁다. 아티스트 그룹 '스튜디오 콘크리트'를 결성하고 크리에이티브 디렉터로 활동하는가 하면, 자신에게 주어진 무대와 기회들을 통해 콜라보레이션을 시도하는 중이다.

2016년 CJ E&M이 주최하는 아시아 대표 음악 축제인 MAMA에서 직접 기획하고 출연한 아트필름을 선보였다. SIA 2016에서도 DJ 페기 굴드와 콜라보레이션한 아트필름 〈ㅎㅎㅎ(부제:흥부야)〉를 상영했다. 이는 한국의 판소리 〈흥부전〉을 모티브로 한 아시안 사운드와 아프리칸 사운드를 믹스한 뉴웨이브 뮤직비디오다.

2018년 글로벌 패션 브랜드 디젤의 글로벌 앰배서더로서 '헤이트 쿠튀르 캠페인' 행사에 참여했다. 여기에서 셀러브리티로서가 아닌 크리에이티브 디렉터로서 스튜디오 콘크리트와 함께 콜라보하여 제작한 〈더 인터뷰〉를 공개했다. 이 작품은 유아인 특유의 진지한 블랙 유머가 담긴, 페이크 다큐 형태의 창작물이다.

　최근 유아인은 신개념 교양방송 프로그램 〈도올아인 오방간다〉에 출연했다. 첫 방송에서 국악소리꾼 이희문을 유아인이 직접 섭외했다고 하는 걸 보니, 프로그램 기획이 그에게서 시작된 듯하다. 이론과 이야기와 소리, 음악 모두가 한데 어우러지는 콜라보레이션 방송에서 그는 중심을 지키는 역할을 잘 해내고 있다. 그의 아트 콜라보레이션을 보면 유아인은 마치 자신에게 주어진 기회를 예술화시키고 메시지를 전달하는 윤활유 같아 보인다. 그가 어디에서 어떻게 또 다종다양한 분야, 장르, 사람들을 모을지 다가오지 않은 미래가 벌써부터 흥미롭다.

C O L L A B O I N S I D E

리미티드 에디션

우리 삶이 간절하고 아름다운 것은 죽음이 있기 때문이라고 한다. 끝이 있고 유한하기에 살아 있음이 소중하고, 그것을 지속하고 싶어하는 것이다. 우리는 모두 저마다 특별하고 남다르며 소중한 스토리를 품고 있다. 인간은 모두 작은 우주, 그 어느 하나 똑같은 삶이 없으며 자기 자신에게만큼은 소중한 삶이다. 그런 의미에서 본다면 인생은 제품이 아닌 작품이다.

공산품을 찍어내듯 남들과 같은 경로와 과정을 겪었다 할지라도 그 삶이 빚어낸 총체적 스토리는 제각각이다. 같은 물감과 붓을 주고 같은 사이즈의 캔버스를 줘도 그 안에 쏟아내는 그림들이 저마다 다른 것처럼.

그렇다면 작품과 제품, 어떤 차이가 있을까? 작품은 보다 순수한 목적, 예술을 목적으로 하는 결과물이다. 반면 제품은 판매를 목적으로 생산되는 물품이라 여겨진다. 하지만 따지고 보면 그림도 제품의 하나다. 파는 것을 목적으로 창작한 것은 아닐지라도 결국 전시를 하고 판매가 가능한 상태가 돼버리니 말이다. 다만 유효기간이 무한이라고나 할까. 오히려 시간이 흐를수록 작품의 가치가 상승해 입이 떡 벌어지는 가격대가 형성되기도 하지만.

여기엔 어떤 원리가 숨어 있는 걸까? 답은 간단하다. 수요가 많고 공급이 적으면 생기는 당연한 효과다. 갤러리는 그림을 판매하는 그림 마켓인 셈이고, 아트페어는 그림마켓 축제다.

이런 흐름 속에서 그림의 가격이 부담스럽고, 대중적이지 못한 측면을 해소하기 위해 판화라는 장르가 성장하기 시작했다. 이 판화는 그림을 복제한 것인데, 한정 수량을 기재하여 리미티드 에디션을 창작한다. 다량 복제 생산한 작품이기에 오리지널 작품에 비해 가격이 현저히 낮고, 원화를 소장하지 못한 이들에게 소장의 기회를 주는 장르다.

물론 예술가의 성장에 따라 판화 작품비도 상향된다. 이 또한 '리미티드 에디션', 즉 한정 수량 이상은 복제하지 않는 것을 원칙으로 생산된 작품이라 희소성이 생기기 때문이다. 그러나 이 판화는 일반 인쇄와는 다르다. 프린트 방식을 쓰지만, '실크 스크린, 석판화, 동판화'라는 미술판화 기법을 바탕으로 하기에 일반 인쇄와는 다른 회화적 질감과 느낌을 창출해낸다. 디지털 프린트라는 분야가 최근 활성화되었지만, 이 또한 에디션을 정해놓고 추가 생산을 제한한다.

이와 달리 그림들이 완전히 제품으로 변모하는 경우가 있다. 유명 화가의 그림을 복제하여 무제한 생산해내는 아트 상품이 돼버릴 때 그것은 제품이 된다. 그런가 하면 생필품들을 포함한 다양한 일반 제품들이 작품이 되고자 하는 현상도 벌어진다. 이 현상은 차별화, 고품격, 소생산을 통한 작품 수준의 제품들이 출시되기에 가능한 일이다. 예술 작품을 적용하거나 예술가와의 협업을 통한 특별한 시도를 하는 아트 콜라보레이션을 통해 제품이 탄생하기도 한다. 예술의 옷을 입고 예술적 시도를 통해 예술의 경지에 오르려는 제품들의 창조적 시도다.

게다가 아트 콜라보레이션 제품들이 리미티드 에디션이라는 특성까지 거머쥐게 되면, 언젠가 경매에서 엄청난 가격을 호가하는 진정한 예술품이 될 수도 있다. 작품이 제품이 되고 제품이 작품이 되고자 하는 현상. 이처럼 어느 순간 작품과 제품의 경계가 애매해지고 서로 그 영역을 넘나들고 있다.

우리는 하나의 창작물과도 같은 자신의 삶을 남들처럼 평범한 틀 속에 끼워서 만족하려 한다. 반대로 남과는 다른 특별한 뭔가를 늘 호시탐탐 노리기도 한다. 이 모든 게 결국은 단 한 번뿐인 리미티드 에디션 삶에 대한 몸부림 아니겠는가.

명작이 되느냐, 평작이 되느냐. 그것은 결국 우리의 치열한 고민이 얼마나 가치 있는 것을 만들어내느냐에 달려 있을 것이다. 또한 지금 여기의 나와 미래를 어떻게 연결 짓느냐에 따라 달리 평가될 것이다. 그리고 그 가치는 협업과 동행으로 빚어냈다는 점에 주목해야 할 것이다.

미는 그 진가를 감상하는 사람이 소유한다.

– 피천득, 시인

한없이 갖고 싶은 것은 높은 문화의 힘이다.

문화는 우리 자신을 행복하게 하고 남에게 행복을 준다.

–백범 김구

명화가
명품을
만든다

CHAPTER 2

르누아르, 모네 :

명화를

무료로 사용하는 법

▼

LG TV × 르누아르, 모네, 고흐

방송 데뷔 초창기에 한 시간 가량 진행되는 청소년 미술 감상 프로그램을 회당 15만 원의 출연료를 받고 진행한 적이 있다. 미술 프로그램 전문 MC가 되고 나서, 미술과 관련된 프로그램이라면 방송국을 가리지 않고 활동했다.

그중에서도 EBS의 경우 출연료는 가장 짜고, 방송 분량은 넘치게 많은 프로그램이었다. 방송국 입장에서는 효자 노릇을 한 프로그램이었겠지만. 스튜디오에서 명화만 프린트해서 준비하면 되는 프로그램이었던데다가, 방송을 비디오로 제작해서 판매수익을 올렸나. 이후에도 EBS가 소유한 여러 채널을 통해 약 5년 정도는 제방이 되었던 것 같다.

프로그램에 출연했던 미술 평론가 선생님은 촬영을 마친 3년 후쯤 지인에게서 양복 티켓을 받았다고 한다.

"방송에 너무 촌스럽게 나온다고, 양복 좀 해 입으라며 티켓을 주더라고요. 몇 년 지나 다시 보니까 정말 촌스럽네요. 이게 최근 방송인 줄 알더라고요."

옛날 방송이 시일이 지나서도 계속 나오니, 젊어 보이는 건 좋은데 촌스러워 보이는 건 어쩔 방도가 없다.

저작권 때문에 방송에서 다루지 못한 작가들

개인전 준비로 바쁠 때도 세상은 작업실에서 고군분투하는 한 젬마가 아닌 방송인 한젬마로 인지하고 있었다. 게다가 방송하느라 기 빠진 사람으로 보이는 예술가에 대한 평가가 고울 리 없었다. 그런데 이제 끝났나 싶으면 또 다른 채널에서 무한 반복 송출되는 〈청소년 미술 감상〉 프로그램.

중고등학교에서 이 프로그램으로 대체 수업을 했다는 것을 나중에서야 알았다. 학생들이 나를 미술 선생님으로 인지하는 상황들을 경험하면서. 정말 방송국 입장에서는 뽕 뽑은 프로그램이었다.

이렇게 활용도가 높았던 미술 프로그램이었건만 현대 작가의 작품은 소개하지 못했다. 고대 구석기·신석기 미술사부터 시작해서 이집트, 그리스 로마, 중세, 르네상스, 바로크, 고전, 낭만, 로코코, 사실주의, 인상주의, 후기인상주의, 입체파를 거쳐 추상 표현

미술은 어떻게 비즈니스의 무기가 되었는가?

초가치를 만드는
아트 × 비즈니스의 힘

국내 최고의 '아트 콜라보 디렉터'
한젬마의 똑똑한 미술 활용법!

다양한 아트 콜라보 사례를 총망라해 성공적인 콜라보에 숨겨진 비밀, 기업에 돈을 벌어주는 실질적 콜라보 법칙, 초가치를 만드는 콜라보의 효과 등을 소개한다. CEO, 상품기획자, 마케터, 브랜드 매니저 등 새로운 돌파구를 찾는 사람들에게 놀라운 비즈니스의 기회를 선물해주는 책이다.

한젬마의 아트 콜라보 수업

한젬마 지음 | 값 18,000원

불확실성과 위기에서도 최고의 수익률을 올려라!

"월가에서 6조 원을 굴린
퀀트 전문가의 투자 비법!"

연평균 30퍼센트라는 놀라운 수익률,
퀀트투자에서 답을 찾아라!

세계 금융시장의 중심 월스트리트에서 퀀트투자로 엄청난 수익률을 올린 최고의 퀀트투자 전문가 영주 닐슨이 개인이 접근할 수 있는 퀀트투자의 모든 것을 알려준다. 퀀트투자에서 가장 기본이 되는 기초 과정부터 개인투자자들이 자신의 포트폴리오에 맞춰 퀀트투자를 활용하는 심화 과정까지 모두 만나볼 수 있다.

월스트리트 퀀트투자의 법칙

영주 닐슨 지음 | 값 16,800원

주의까지 다뤘다. 그런데 예술가가 사망한 지 70년이 넘어야 했으므로 작가의 작고 년도가 1930년 정도에 해당되는 화가의 그림 소개에서 멈추어야 했다.

이유는 단순하다. 저작권 때문이다. 작가 사후 70년이 넘으면 그 작품은 무료 사용이 가능하지만 거기 해당이 안 되는 유명 화가들이 무척 많았다. 특히 미술사를 대표하는 화가들의 저작권료는 어마어마했기에 저작권료를 지불하고 방송에서 소개하는 것이 불가능했다. 한편으론 이 정도의 수익을 창출한다면 저작료를 지불하고 방송 제작을 하는 것이 상생의 도리 아니었을까 싶기도 하다.

그 대표적인 화가가 달리, 샤갈, 피카소, 앤디 워홀 등이다. 그들을 전혀 다루지 못한 채 프로그램을 종료해야 했고, 시청자와 학생들에게도 딱 거기서 미술사는 멈춰버렸다.

유명하다고 비싼 건 아니다

저작권 때문에 미술사 소개가 멈추었던 기억이 있는 나로서는 어느 날 방송 광고에 명화들이 등장하는 것에 깜짝 놀랐다. 명화 안에 해당 기업의 제품들을 넣고 명화의 고급스러운 이미지와 함께 제품을 노출시키는 전략을 선보인 광고였다. 한편의 명화 감상 프로그램처럼. 이것은 일명 LG 명화캠페인.

모네, 마네, 드가, 반 고흐, 고갱, 세잔, 마티스…. 광고를 제작했던 LG애드 측은 "명화시리즈는 '고객에 대한 사랑'이라는 LG의 브랜드 아이덴티티에 기반을 두고 LG 브랜드가 생활가치를 보다 풍요롭게 만들고 있다는 것을 한 편의 명작을 보듯이 감상하게끔 했다.”고 실명했다.

그들이 선택한 그림들도 사후 70년이 넘은 작가의 그림들이었다. 이후 한국화의 대가 김홍도, 신윤복, 강희언 등 조선 후기 화가들의 풍속도와 산수화도 활용했다. 역시나 사후 70년이 넘은 작가의 그림들이니 저작권 문제에서 자유로웠다.

이후 마티스라는 화가의 작품을 활용해 동영상 광고를 만들었다. 마티스는 1954년 사망했기에 사후 70년이 넘지 않았고, 오리지널 작품을 그대로 쓰기에는 저작권료가 상당했으리라. 그들은 마티스의 그림을 모티브로 재해석하는 오마주 작업을 통해 저작권 문제를 해결했다. 아주 영리한 선택이다.

예술을 광고와 콜라보하는 아트버타이징이라는 신조어를 탄생시켰고, ‘당신의 생활 속에 엘지가 많아진다는 것은 생활이 예술이 된다는 것, 미래를 일찍 만난다는 것’이라는 카피를 남겼다. 싼 값으로 고급 예술을 활용해 프리미엄급 이미지를 주는 데 성공한 것이다.

이처럼 명화를 활용해 광고를 만들기도 하지만 명화 속에 광고 모델이 직접 들어가기도 한다. 신세계 쇼핑몰 쓱(SSC)은 에드워드 호퍼의 그림을 패러디한 광고 시리즈를 만들어 소비자들의 열광적 호응을 얻었다. 가구의 배치, 남녀 인물의 의상, 전체적인 분위기와 톤까지 그림의 이미지와 비슷하지만 현대의 시각으로 재해석해 아주 멋진 패러디를 창출했다.

대부분의 사람들 머릿속에 유명한 그림은 비싸다는 인식이 있다. 물론 유명한 그림을 사려면 고가를 치러야 하지만, 이미지를 활용하는 것은 무료다. 작가 사후 70년만 넘으면 말이다.

반 고흐, 클림트 등의 그림을 사용하는 것조차 자본의 힘이 있어야 한다고 생각했던 수많은 중소기업들은 이 정보 하나만으로도 놀라움과 기쁨을 금치 못했다. 비싸지만 무료로 쓸 수 있는 예술 작품들. 높고 멀게만 느껴졌던 그 작품들이 우리 삶 가까이 다가오고 있다. 그 기회를 굳이 마다할 이유가 있겠는가.

밀레 :

낯선 것에 익숙함을 입히는

명화의 마법

코메가 × 밀레 〈이삭 줍는 여인들〉

다들 이런 경험이 있을 듯하다. 좋은 화장품이라며 선물을 받았는데, 낯선 언어가 표기돼 있고 설명서도 없는 제품. 선물을 받아 들고서도 어디에 좋다는 것인지, 어떻게 써야 하는지 몰라 그냥 묵히고 있다가 버린 경험. 아무리 비싸고 좋은 것이라 해도 정보가 부족해 잘 모르는 제품이라면 사용하지 않게 된다.

잘 모르면 왠지 두렵다

세계 각국의 다양한 음식을 먹는 건 즐기지만 요리하는 건 또 다른 문제다. 생경한 재료를 구비한다 해도 그 재료의 사용법이 익숙지 않으면 결국 쓰지 않게 된다. 아무리 좋은 것이라 해도 잘 모르면 손이 가지 않고, 그 낯섦의 간격을 좁히기 힘들어진다. 이런 측면에서 생들깨기름을 파는 코메가의 고충이 이해가 갔다.

"유럽시장에 팔기가 너무 힘들어요. 정말 유익한 좋은 기름인데…. 생들깨기름에는 오메가3가 올리브유 못지않게 들어 있거든요. 게다가 생들깨기름은 향도 좋고 맛도 고소해요. 근데 너무 낯설어하니 전달할 방법이 없네요. 일단 들깨라는 것을 잘 모르고 설명할 기회를 갖기도 힘들어요. 유럽에는 이 기름이 소스 디스플레이하는 곳에 놓이게 됩니다. 근데 뭔지를 모르니 사람들이 아예 선택하지 않죠. 어떻게 하면 사람들이 관심을 갖고 구매하게 할 수 있을까요?"

중소기업들의 고민을 듣고 나선 짧은 시간 안에 해결 방향을 제시해주어야 한다. 그게 내 몫이다. 아트 콜라보 사업의 크리에이터는 만능해결사, 족집게 도사가 되어야 하는 것이다.

우선 기업이 들고 온 고민덩어리, 생들깨기름을 째려본다. '이 고민을 해결하려면 어떻게 하면 좋겠니?' 들깨기름과 속 대화를 나눈다. 기름을 보니 맑고 진한 샛노랑이다. 이 노랑을 사람들은 어떻게 바라볼 것인가? 문득 올리브 오일이나 해바라기 오일처럼 보이기도 한다. 투명한 샛노랑색이 왠지 모르게 유사함 속에서 되려 낯선 모습으로 다가왔다. 게다가 기름통은 전혀 호감이 가지 않는 상태였다.

내가 국세 행사에 침여할 때 쓰는 전략은 3가지다. 첫째 무난하

세련됨을 지니는 것. 고급스러운 유행에 편승해 세련됨을 표방하는 건 일단 가장 포멀한 전략이다. 둘째, 튀어서 호기심을 자극하는 것. 다소 강렬하고 엉뚱한 매칭과 소품으로 상대의 시선을 이끌어내는 아티스틱하고 크레이지한 접근이다. 셋째, 호감을 갖도록 그들에게 맞추는 것. 초대 국가나 기관의 성격에 맞추어 상대편이 쉽게 마음을 열고 호감을 갖도록 유도하는 전략이다.

낯선 것에 익숙함을 입히는 법

이 생들깨기름은 세련되지도 그렇다고 특별하게 시선을 끌 만한 형태나 전략도 없었다. 유럽시장에 접근할 수 있는 그 어떤 것도 준비되지 않은 상태였다. 게다가 중소기업이므로, 예산에서 과한 부담을 주는 방법은 제외해야 했다.

"이거다, 찾았어!"

고심하며 명화를 뒤지다가 밀레의 〈이삭 줍는 여인들〉이 눈에 들어왔다. 일단 그 유명세가 만국공통어 수준인 그림이다. 게다가 색감이 딱 그 기름병을 가득 채운 노랑을 닮아 있었다. 한눈에 보아도 초자연 들판에서 얻어낸 명품 오일이라는 느낌을 전달해줄 수 있을 듯했다.

밀레의 〈이삭 줍는 여인들〉은 유명세도 그렇지만, 전원의 평화롭고 따뜻한 분위기가 호감을 주는 그림이다. 하지만 이 그림이 유명해진 이유는 따로 있다. 바로 그림 같지 않은 그림이라는 이유 때문이다. 이게 뭔 소리인가 싶겠지만, 내용인즉슨 이렇다.

장 프랑수아 밀레, 〈이삭 줍는 여인들〉, 1857

당시 그림은 종교계나 귀족들의 전유물이었다. 그림의 소재가 되는 것들은 종교계의 필요성을 반영한 것이거나 귀족 취향의 초상화서나 신화, 역사적 기록 등의 거창한 소유물이었다. 들에서 일하는 노동자들을 그려달라고 요청하는 귀족들이 있을 리 만무했다. 이것은 밀레가 주제 의식을 담아 자의적 시각으로 화폭에 담아낸 그림이었다.

추수가 끝난 들판에서 이삭을 줍고 있는 세 여인과 저 멀리 그녀들을 감시하는 지주의 모습. 그림이 의미하는 것은 무엇이었을까? 쌀을 수확하고 남은 이삭을 주워야 할 정도로 어렵게 생계를 이어가는 가난한 농부들의 삶을 그대로 엿볼 수 있는 그림이다. 당시 주류들이 원하지 않는 그림, 요청하지 않은 그림, 그러나 누군가는 담아내야 할 현실을 그린 그림이다. 당시로서는 가히 민주적이며 혁명적인 그림이었다.

코메가의 생들깨기름은 명화로 잘 알려진 밀레의 그림을 붙여서 낯설지 않은 익숙한 느낌을 주는 시도를 했다. 그러나 그 안에 담긴 혁명성과 새로움의 정신이 이 낯선 제품을 원초적인 기운으로 서포트해주는 듯하다. 그림만 콜라보한 것이 아니라 작가의 혁명적 영혼과 콜라보를 했다고나 할까.

들깨라는 단어만 들어도 군침이 도는 한국인에 비해 유럽인들에게 생들깨기름은 아주 낯선 음식이다. 그러나 알 수 없는 샛노랑 기름에 밀레의 그림이 들어가는 순간 그 기름은 이전과 전혀 달라진다. 익숙한 밭에서 재배된 듯한 느낌, 매우 친환경적일 것 같고, 농부의 진솔한 노동으로 생산된 착한 제품일 것 같은 느낌을 줄 수 있다. 이보다 멋진 패는 없겠다 싶었다.

기업은 확실한 패를 쥐었고, 초스피드로 러시아에 20만 불 수출 계약을 맺었다는 소식을 전해왔다. 러시아에는 밀레의 명화와 아트 콜라보한 제품을 수출한다고 했다.

예르미타시박물관의 소장품은 매우 다양한데, 그중에서도 프랑스 미술이 가장 핵심적인 부분을 차지하고 있다. 프랑스 미술에 대한 경외심이 많은 러시아에 프랑스 작가의 명화와 콜라보한 제품은 적격이기도 했다. 거기까지 의도한 것은 아니었지만, 되는 일은 이렇게 순리대로 흘러 성사되는 모양이다.

예술가들은 늘 고민한다. 어떻게 하면 전형을 깰 수 있을까? 어떻게 하면 그림 같지 않은 그림으로 경계를 파괴할 수 있을까? 그 시절 밀레가 그랬던 것처럼. 기업이 만들어내는 제품 역시 마찬가지다. <u>익숙하지 않은 제품이라고 고민할 필요 없다. 그 새로움으로 블루오션이 아닌 레드오션을 개척하면 된다.</u> 남들이 가는 길을 뒤쫓아갈 게 아니라 내가 새로운 길을 개척하는 것, 그것만큼 멋있는 게 또 있을까.

금피리 X 도와기, '생들깨기름'

드가 :

명화와 제품 사이에도

궁합이 있다

▼

홀짝×드가 〈스타〉

내게 '신기'라도 있는 것일까? 나는 제품을 보면 그 제품에 어울리는 그림이 보일 때가 많다. 그림 매칭 무당이라고나 할까. 찰떡궁합을 찾아주는 그림 뚜쟁이라는 표현이 맞겠다.

나는 찰떡궁합 찾아주는 그림 뚜쟁이

몸매관리 의료기기를 보았을 때 비너스가 동행하면 의미를 아름답게 각인시키겠다 싶었고, 낯선 들깨기름이 해외시장에서 소통하기 위해서는 명작 밀레의 〈이삭 줍는 여인들〉이 레이블로 활용되면 익숙함과 친밀도를 높일 수 있겠다 싶었다.

대형 금고를 보았을 때 독수리나 부엉이 그림이면 금고의 의미도 주면서 무게감을 더할 뿐 아니라, 액자 역할도 하겠다 싶었다. 하얀색의 하드형 LED 마스크를 보았을 때 그 섬뜩함에서 이탈리아 카니발 마스크를 떠올렸다. 그것을 모티브로 축제, 환상, 신비의 느낌을 주면서 마스크 자체의 아름다움을 드러냈고 사용자에게 판타지를 주는 1석 2조의 효과를 줄 수 있겠다는 발상으로 연결시켰다.

어떤 제품이든 제품의 정체성과 방향성에 일치하는 연관된 그림들이 있게 마련이다. 제품과 그림의 궁합이라고나 할까. 좋다고 아무 것이나 가져다 쓰는 건 현명하지 못하다.

홀짝의 신발 또한 정확한 파트너를 만난 경우다. 신발 자체가 발레리나 슈즈의 형태를 닮아 있고, 여성성과 우아함과 사랑스러움이 가득한 단순 캐주얼화였다. 평생 동안 발레리나를 관찰하고 발레리나를 그려 '발레리나 화가'라 불릴 정도인 인상주의의 대표 화가 에드가 드가의 발레 작품을 신발 깔창으로 도입했다.

드가는 부유한 은행가 집안의 5형제 중 장남으로 태어나 가업 승계의 부담이 있는 입장이었고, 아버지의 뜻을 받아 파리대학교 법학과에 진학했다. 그러나 미술에 재능과 관심이 많았던 그는 결국 앵그르와의 인연으로 에꼴 데 보자르 미술과로 전학한다.

그는 인상주의 화가로 불리지만 사실 야외의 빛에 관심을 갖고 외부 풍경과 인상을 쫓아다닌 화가는 아니었다. 인상주의 화가들과 교류하고 전시한 인연이 있고 당시 개발된 사진기의 영향으로 사진기가 주는 화면성의 영향이 큰 경우다(사진을 찍을 때 주변의 사물이나 인물이 임의로 잘리고 사각프레임 안에 담기는 진실성).

느가는 앵그르를 통해 신고전주의의 영향을 받았고, 이탈리아 여행으로 르네상스 영향을 많이 받았으며 유독 고전에 흥미를 가졌다. 똑똑하고 식견이 있는 그에게는 탐구의 세계가 맞았던 듯하다. 그런 그가 평생 동안 주로 그린 그림은 발레리나뿐 아니라 경마, 모자점이다. 그의 그림이 어떤 소재를 대상으로 하든 간에 그는 공연, 경기 등 주요 테마에 대한 관심이 아닌 경기와 공연 이전 혹은 이후의 상황과 순간을 포착하는 데 대가였다. 현실의 고뇌와 일상의 상황에 대한 포착이라고나 할까.

발레리나의 완성된 모습이 담긴 무대 위의 풍경보다는 연습 장면, 쉬는 장면 등 탈의실이나 대기실, 연습실의 풍경을 담은 것도 그런 맥락이다. 지쳐 있는 모습, 자유롭게 연습하는 모습, 위에서 내려다본 컷, 뒤에서 훔쳐다본 컷 등 마치 파파라치 사진 컷 같기도 하다. 그래서 그의 그림은 오히려 비디오 다큐 스케치의 한 장면처럼 보인다. 가장 잘 나온 대표 컷이라기보다 본방송에는 내보내지 않을 것 같은 B컷, C컷의 풍경이 담겨 있다. 혹은 포스터 촬영 후의 비하인드 컷, 영화가 끝나고 보너스로 흘러나오는 NG컷과 닮아 있다. 그리고 그 뒷맛의 즐거움을 한껏 흡족하게 전한다.

그의 그림 속 인물들과 풍경은 대단히 자연스럽다. 인상주의라기보다는 사실주의에 더 가까운 시선이다. 그중에서도 〈발레(Ballet)〉는 비교적 본방송 같은 작품이다. 그의 그림 중 가장 완성

에드가 드가, 〈스타〉, 1876~1877

도 있는 발레리나 그림이며 대표작이기도 하다. 그럼에도 이것이 리허설임을 알리는 키워드가 있다. 바로 커튼 뒤에 서 있는 정체불명의 신사. 등장을 준비하는 발레리나들이 대기하는 동선의 앞쪽에 서 있는 그는 권위와 자본의 냄새를 풍긴다. 드가가 집중한 대상이 발레리나가 아닌 그러한 상황, 연습의 풍경이었음을 보여주는 증거다.

덕분에 그림 감상자는 더불어 그 신사의 시선에 이입되어 발레리나를 훔쳐보는 동질감을 갖게 되기도 한다. 발레리나의 아름다움을 보는 시선은 비공개 상황을 엿보는 프라이빗한 시선일 수 있기 때문에 더 흥미롭고 강도 높은 것 아닐까? 바로 이것이 드가 그림의 맛이다.

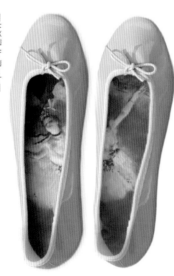

드가×플랫슈즈

이런 발레리나의 그림을 깔창으로 깔아버린 것도 드가의 시선을 닮았다. 신발의 몸통이 아닌 바닥으로 갔으니. 신발을 신으면 안 보이고 쉴 때야 비로소 그 바닥을 볼 수 있다. 사람들은 신발을 신으면서 발레리나를 바라보게 된다. 마치 그녀의 가볍고 우아한 포즈처럼 신발이 나를 이끌 것 같은 동질감을 훔친 후 발걸음을 챙기게 된다. 홀짝의 신발은 신발 깔창이 많이 보이는 디자인이다. 이는 드가의 명화를 빌려 신발이 가진 성격을 명품으로 둔갑시킨 멋진 전술이다.

어차피 모든 신발에 깔창은 깔아야 하고, 레이블을 포함한 간단한 디자인이 들어가게 마련이다. 이를 그림으로 대체하여 명시성과 작품성, 예술성과 가치를 상승시킨 경우다. 기업 입장에서는 제품 제조 단가에 큰 변동 없이, 네이밍과 스토리텔링을 통해 가격과 판매율을 높일 수 있으니 아주 특효의 전략이다.

이 정도의 궁합이라면 아트 콜라보를 안 하는 것이 손해다. 저작권료가 드는 것도 아니요, 제조 단가가 상승하는 것도 아닌데 신발 디자인과 정체성을 한 단계 업그레이드할 수 있으니. 명화를 활용한 콜라보레이션의 기회는 무궁무진하다. 이 케이스는 제품에 명화를 맞췄지만, 명화를 보면서 발상을 할 수도 있다. 그림을 감상하는 이유는 영감을 얻기 위해서 아닌가.

사업이나 일과 연관된 아이디어, 신선한 자극과 영감을 얻기 위해 명화 사냥을 떠나보면 어떨까? 생각이 꽉 막혀 답답할 때 예술에서 자극을 구해보기를 권한다. 나와 어울릴 명화 파트너 찾기로 당신도 명품이 될 수 있다. 명화 속에서 생각지 못한 마법 같은 기회를 발견할지도 모를 일이다.

고흐 :

상부상조,

스타 옆에서 스타되기

고흐 〈아를의 별이 빛나는 밤〉 × 밀레 〈별이 빛나는 밤〉

고흐의 〈별이 빛나는 밤〉. 세상에서 가장 유명한 그림이며, 가장 많은 사람들이 사랑하는 베스트 오브 베스트 작품일 것이다. 그런데 이 그림의 뿌리가 밀레의 〈별이 빛나는 밤〉이었다는 사실을 아는 이들은 별로 없다.

고흐가 밀레의 그림을 모작했다고?

반 고흐는 밀레를 흠모하고 숭배했다. 그리고 밀레에 대한 그의 흠숭은 모방하며 따라 하기였다. 심지어 제목까지 그대로 썼다. 그는 밀레를 따라 하면서 아닌 척, 자신의 것인 척하지 않았다. 표

반 고흐, 〈아를의 별이 빛나는 밤〉, 1888~1889

찰 프랑수아 도비니, 〈별이 빛나는 밤〉, 1855~1867년 경

절한 것이 아니라 오마주함으로써 흠숭과 존경을 그대로 드러냈다. 우리가 알고 있는 반 고흐의 〈아를의 별이 빛나는 밤〉은 밀레의 그림을 모작한 데서 비롯되었고, 그 오마주가 최고 명작 〈별이 빛나는 밤〉을 탄생시켰다.

표절이 아닌 오마주의 최고 사례다. 표절이 되느냐 오마주가 되느냐의 차이는 원작을 드러내느냐 감추느냐에 있다. 반 고흐의 독학 노하우는 따라 그리면서 배우기였다. 글쓰기 습작에서도 좋은 글을 그대로 따라 쓰는 방법을 권하지 않는가. 그럼에도 우리는 모방하기 교육을 제대로 받지 못한 편이다. 모방하거나 따라 하는 것은 무조건 부끄럽고 수치스러운 일로 평가됐다. 수준이 모자란 사람들이나 하는 일로 치부된 것이다.

사실 탁월한 예술가들이 많이 나오려면 모방과 따라 하기에 더욱 적극적이어야 한다. 많이 따라 하고, 많이 연습하며 배우고 익힐수록 테크닉이 늘고, 궁극에는 그것을 넘어서는 성장이 따라온다. 미술을 전공한 나에게도 모방, 혹은 다른 무엇과 비슷하다는 건 수치스러운 일이었다. 독창성을 생명으로 해야 하고, 늘 남과 달라야 하고, 새로워야 한다는 압박에 시달리며 배움을 이어왔다. 그렇게 모순된 학습의 길을 걸었던 것이다.

사실 성장의 여정에선 숱하게 많은 만남과 충돌이 생긴다. 비슷한 것과 만나기도 하고 전혀 다른 것과 부딪히기도 하는 법이다. 그 순간을 버티며 밀고 나가면 어느 순간 자신의 세계가 열리게 된다. 모작을 안 하는 게 중요한 게 아니라, 모작을 하되 당당히 누구

것을 따라해 보았다고 밝히는 것이 중요하다. 그런 훈련을 제대로 받지 못했을 뿐만 아니라 모작을 숨기는 문화 속에서 살다 보니 오히려 음성적으로 행해지는 표절의 올가미에 걸리기 일쑤다.

우리는 더 많이 따라 해야 한다. 겸손한 자세로 배움의 길을 가려면 탁월한 작품들을 따라 하고 모방하며 성장해야 한다. 같아지기 위해서가 아니라 나의 세계를 발견하고 달라지기 위해서 거쳐야 하는 과정이다. 물론 전제가 있다. 따라 하고 모방했다는 것을 당당히 밝히는 것이다. 거침 없이 나아가자. 그것을 넘어서서 나의 세계를 창조하겠다는 궁극의 목표를 향해서.

흠모하고 따라 하고 궁극에는 뛰어넘다

아트 콜라보는 솔직하다. 콜라보 상대를 당당히 드러내며 함께 동행하는 세계이기에. 유명세를 활용하려는 세계이다 보니 원작의 존재를 드러낼 뿐만 아니라 활용하는 세계다.

참으로 많은 제품들이 고흐의 〈별이 빛나는 밤〉을 적용해왔다. 고흐가 직접 나서서 주도한 건 아니지만 결과적으로 그는 아트 콜라보 선두주자라 할 수 있다. 그의 작품을 활용하여 수많은 기업들이 돈을 버는 것을 저 하늘에서 내려다보고 있을 반 고흐의 영혼은 저 별빛처럼 빛나고 있을까?

수많은 제품들이 예술에 도전한다. 최고의 작품을 따라 하며 성장하려 한다. 오마주, 패러디, 아트 콜라보로 그만큼의 우수함을 따라잡고 수준을 격상시키는 기회를 창출한다. 그리고 이 방식은

원작의 존재를 드러내고 그 스토
리와 가치를 활용하는 특성을 갖
고 있다.

고흐 × 홈플러스테라리아 '진순정공기'

그러다 보니 아트 콜라보를 할
때는 유명한 화가, 유명한 작품, 거
기 담긴 역사적 가치, 작품 속 스토
리를 기준 삼게 마련이다. 단연 전
세계인의 사랑을 받는 반 고흐는 콜라보 세계에서도 인기 스타다.
고난과 역경 속에서 늘 희망과 열정을 뿜어낸 그의 작품은 세월을
초월하며 전 세계인의 가슴에 담겨 있기 때문이다.

그중에서도 〈별이 빛나는 밤〉은 밤하늘을 회오리치며 넘실대는
황금색 별빛으로 많은 이들의 가슴에 열정과 희망을 함께 실어주
는 대표작. 많은 기업이 이 작품을 선택하는 것은 당연히 그 별빛처
럼 빛나는 제품이 되고 싶다는 열망의 표현이다. 밀레의 그림을 모
작하며 탄생한 반 고흐의 걸작처럼.

고흐 × 코리아티엠티, 휴장품 박스

수많은 제품들은 예술작품들을 콜라보
레이션하면서 예술의 경지에 오르고자
정진 중이다. 콜라보는 더욱 활발하게 확
장돼야 한다. 비록 지금은 그 예술작품의
도움을 받고 있지만, 언젠가는 원작을 넘
어서겠다는 마음으로. 청출어람이라는
말처럼, 스승을 뛰어넘는 제자는 언제나

탄생하게 마련이다. 물론 겸손, 노력, 감사의 태도를 갖추고 정진할 때에만 가능한 결과지만.

모방에서 머물면 모자, 콜라보에서 머물면 이트 콜라보, 그것을 넘어서면 걸작, 명작, 진정한 명품이 된다. 스타를 뛰어 넘는 더 빛나는 스타의 자리, 내 것일 수도 있다.

앵그르 :
명화는
만능 해결사가 아니다

바디 라인 관리기×앵그르 〈물에서 태어난 비너스〉

아프리카인이 99.6퍼센트라는 토종 아프리카 국가인 모잠비크 공화국. 주변에 탄자니아, 짐바브웨, 남아프리카와 경계하고 있는 나라라고 한다. 이곳의 공무원들이 코트라를 방문하던 날, 늘 그렇듯 아트 콜라보 전시관 투어를 하게 되었다.

"자, 이 제품은 어떤 제품일까요? 기계의 역할을 그림 속에 담고 있습니다. 그림을 잘 보시면 그 기능을 알 수 있습니다."

투어나 강연을 할 때 나는 일방적인 설명보다는 쌍방의 소통을 위해 질문을 던지곤 한다. 물론 정답이 나올 만한 작품과 제품들을 선정하여 Q&A를 한다.

내가 물어본 제품은 앵그르의 〈물에서 태어난 비너스〉와 콜라보한 바디 라인 관리기였다. 다이어트 열풍으로 한껏 부푼 여자들의 욕망을 채워주며 자기 몫을 해내는 기계다. 다만 늘 그렇듯 기계는 두렵고 비호감이게 마련. 인간을 보조하고 도와주는 기계가 호감을 가질 수는 없을까 고민하다 아트 콜라보에서 답을 찾았다. 그리고 서양미술사에서 인기와 역사를 자랑하는 비너스를 선택했다.

'아름답게 해드릴게요. 당신을 미의 여신, 비너스로 탄생시켜드릴게요'라는 메시지를 담는 쪽으로 방향을 잡았다. 낯설기만 한 의료기기에 예술이 콜라보되는 현상에 대한 반응은 꽤 좋았다. 늘 그렇듯 한국은 유행에 민감하고 남이 안 하면 굳이 나도 그것까지는 안 하겠다는 보수적 성향이 강한 편이다. 반면 누군가 시작하고 반응이 생기면 금세 유행이 된다.

나름 비너스 그림들이 대중성을 확보했고, 그중에서도 앵그르는 미술사에서 유명한 예술가인지라 그 효과는 의도한 대로 전달되는 중이었다. 그런데 모잠비크 공화국의 공무원들에게는 그렇지 않았던 모양이다.

내 질문에 웅성웅성, 알아듣지 못하는 언어로 서로가 의견을 나누더니 한 사람이 손을 들고 답을 했다.

"임신 측정기 아닙니까? 여성의 배를 거울로 비추고 있는데요."

"네?"

순간 당황했다. 예상치도 못한 답변에 나는 말을 잇지 못했다. 이거 비너스인데, 앵그르의 〈물에서 태어난 비너스〉.

사람들은 볼륨감 넘치는 비너스를 주목하기보다 거울을 치켜들고 있는 아이에게 주목했다. 그러고 보니 그 거울은 여인의 배 쪽 높이를 비추는 듯한 각도였고, 여인을 둘러싼 날개 달린 아기천사들은 저마다 이 여인을 둘러싸고 보호하며 축하하는 듯 보이기도 한다.

"어머나 그러네요. 한국에서는 생각지 못한 그림 읽기네요. 여러분들은 정말 다르시군요. 임신측정기에 이 그림을 반드시 사용하도록 추천해야겠습니다. 좋은 발견을 해주셔서 감사합니다."

자리를 옮겨 반 고흐의 그림 앞에서 마무리를 하게 되었고, 나는 또 한번 당황했다.

"반 고흐 잘 아시죠? 〈별이 빛나는 밤〉은 워낙 사랑받고 즐겨 사용되는 그림이지요."

반응이 없었다. 무슨 말이냐는 표정들이었다. 반 고흐와 그의 그림이 처음이라며 낯설어했다.

'그렇지, 그럴 수도 있지. 반 고흐를 반드시 알아야만 하는 건 아니잖아. 모를 수도 있다는 생각을 왜 하지 못했을까.'

"반 고흐라는 화가가 그린 매우 유명한 그림입니다. 밤하늘이 물결치듯 회오리치는 풍경이 꽤 인상적이지요?"

그들은 저마다 의상이 화려했고, 색감이나 코디하는 감각도 뛰어났다. 그 예술성은 학습이라기보다 본능과 원초성에 가까운 듯했다. 반 고흐는 모르지만 그들의 감각은 반 고흐만큼이나 개성 가득해 보였다.

모잠비크 공화국 방문객들과 아트 콜라보 투어를 하고 나는 속이 새까맣게 타버린 느낌이었다. 미처 예상치 못한 당황스러운 순간들을 몇 번이나 겪어야 했기 때문이다. 그리고 새삼, 기본적인 사실을 다시 상기했다. 그림은 대상에 따라 소통방식이 달라져야 한다는 것.

아트 콜라보, 글로벌 무대를 향한 아트 콜라보는 해당 국가의 예술에 대한 인지도와 성향, 취향과 시선을 반드시 감안해야 한다. 그들이 아는 것을 나는 모르고, 내게 당연한 것이 상대에겐 낯설고 생경한 것일 수도 있다. 유명한 작가, 유명한 작품이니 당연히 모두가 알 것이라 생각한 것 또한 나의 선입견이요, 오만이었다.

세상은 내 맘 같지 않다. 내 예측이나 생각대로 움직여주지도 않는다. 내가 모르는 세상은 늘 존재한다. 그러니 내가 아는 게 전부인양 구는 건 참으로 어리석은 일이다. 내가 모르는 세계에 대한 존중과 이해에서 콜라보는 시작된다.

칸딘스키 :
우리가 끌리는 건
스토리다

지아이전자 × 칸딘스키 〈콤포지션 넘버8〉

콜라보를 할 때 제품 패키지에 그림을 그리는 방법도 있지만 아이디어를 여기에 국한시킬 필요는 없다. 제품과 잘 어울리는 배경이나 공간을 설정하여 그 공간에 제품을 놓아두는 방식도 하나의 방법이다. 물론 쉬운 일은 아니지만 제대로 찾기만 한다면 베스트 아닌가.

나에 대한 평가는 주변관계를 통해서 드러나기도 한다. 내가 만나는 사람, 가까이 어울리는 이들이 오히려 내가 누구인지를 말해주는 것이다. 무엇보다 주변인이 나를 어떻게 생각하는지를 보면 나란 사람에 대해 더 쉽게 알 수 있기도 하다.

그 사람에 대한 이해는 그 사람의 취향, 자주 가는 장소, 좋아하
는 장르, 좋아하는 사물, 좋아하는 사람을 통해서 규정되기도 한
다. 주변의 친구를 보면 그 사람을 안다고 하지 않던가. 아트 콜라
보도 마찬가지다. 그 제품의 방향성, 개성, 특징을 강화하기 위해
반드시 제품의 몸에 새기고 입혀야만 하는 건 아니다.

렉서스 차량이 스트라이프 조각의 동굴 안에 담겨 있는 풍경. 단
순하지만 강렬함이 느껴진다. 어쩌면 차에 그림을 입히는 것보다
더 강한 시각적 효과와 임팩트를 준다.

LG전자의 명화광고 또한 마찬가지. 명작 〈천지창조〉 속에 LG
제품을 삽입함으로써 순식간에 최고의 명품, 최고의 창조물이라
는 이미지가 생겨났다. 명화의 세상 속으로 제품이 직접 뛰어든
것이다.

지금 아트 콜라보는 진화 중이다. 다양한 예술가가 있고 다양한

예술방식이 있기에 아트 콜라보의 세계는 무궁무진하다. 제품에 그림을 프린트하는 1차원적인 콜라보를 넘어 시공간을 마음껏 활용하는 전혀 새로운 방법들이 즐비하다. 예술을 아는 만큼 콜라보도 다양하다.

나를 둘러싼 주변이 나를 말하기도 한다

제1회 글로벌 아트 콜라보 엑스포를 준비하면서 참여한 기업들 개별 부스 중앙에 해당 기업의 아트 콜라보 제품 이미지를 붙이자는 원칙을 세웠다. 부스 관람만으로도 아트 콜라보 감상이 될 수 있게 하자는 것이었다. 엑스포 참여 기업들에게 부스 디자인으로 사용할 자사의 아트 콜라보 제품 이미지를 보내달라고 했다.

물론 반드시 아트 콜라보 경력이 있어야만 아트 콜라보 엑스포에 참여할 수 있는 것은 아니다. 하지만 참여한 기업의 거의 대부분이 아트 콜라보 경력이 있기 때문에 세운 원칙이었다. 그런데 아트 콜라보레이션 경력은 없지만 관심은 무척 많다는 기업에게서 연락이 왔다. 아트 콜라보 엑스포에 참여해서 아트 콜라보를 함께할 아티스트를 만나고 싶다는 것이다.

부스 디자인에 적용할 아트

칸딘스키×지아이전자, 드라이기 입간판

콜라보 이미지가 필요했다. 해당 기업의 제품에 가상으로라도 아트 콜라보레이션을 한 이미지를 제출하라고 요청했지만 그들은 난감해했다. 행사 준비 막바지에 다다랐을 무렵 드라이기회사는 덜렁 회색 드라이기 한 개의 이미지만 보내왔다.

행사장의 디자인 원칙상 그 사진을 그내로 쓸 수는 없는 상황. 시간은 다급하고 할 일은 넘쳤지만 아트 콜라보를 강행하였다.

"드라이기에 어울릴 작품! 뭐가 좋을까? 그래, 칸딘스키로 하자. 바람이 느껴지고 자유로운 표현과 뜨거운 추상의 아버지! 칸딘스키다."

칸딘스키의 뜨거움이 뜨거운 바람을 불러일으키다

칸딘스키는 추상미술의 아버지로 대상의 재현과 모방을 통해 미술을 해방시킨 위대한 화가다. 우리는 흔히 위대한 예술가는 평생 그림만 그린 사람일 것이라고 생각하지만 꼭 그런 건 아니다.

그림을 배우고 전공한 사람만을 인정하는 관습은 여전히 존재하지만, 역사에 획을 그은 예술가들 중에는 미술을 전공하지 않은 사람도 많다. 놀랍게도 법대 출신들이 많다. 결국 예술사에 획을 긋는 것은 감성과 감각, 예술적 재능만으로 하는 것이 아니라 머리도 똑똑해야 한다는 반증일까?

에드가 드가도 법을 공부하다 미술로 전향했고, 칸딘스키 또한 그렇다. 있는 집 자제, 명망 있는 집안의 자제로 태어나 미술가로 순탄하게 진입하기는 힘들게 마련 어려서부터 첼로, 피아노를 배

우고 그림도 그렸지만, 좀 사는 집안의 교양 교육 수준이었다.

칸딘스키는 법학과 경제학을 공부했고 성공적인 법학자로 자리 매김까지 했던 터였다. 러시아 모스크바 출신인 그는, 자신의 터전에서 개최된 모네의 전시를 보고 감명받아 뒤늦은 30세가 되어서야 화가로의 전향을 결심한다. 32세에 뮌헨 미술대학의 문을 두드렸으나 거절당하고, 2년 뒤에야 입학한다. 그렇다면 왜 뮌헨이었을까? 당시 그곳이 새로운 예술을 태동시키기 위해 아방가르드 화가들이 모여드는 장소였기 때문이다.

러시아의 민속미술과 구성주의, 프랑스의 신인상주의와 표현주의, 야수파, 독일표현주의 등 당대 미술을 흡수하면서 그만의 작품세계를 구축한다. 대단히 논리적이면서도 선과 색채만을 활용한 아이디어 발상으로 추상의 세계를 발전시켰으며, 44세 때 최초의 추상화 〈무제〉를 세상에 선보인다.

인상, 즉흥, 구성, 노랑, 빨강, 파랑 등 작품 제목에서 알 수 있듯이 대단히 표현적이고 추상적인 작품세계를 펼쳐왔다. 그런 그의 작품은 헤어 스타일링의 무한한 가능성을 상상하도록 하기에 충분해 보였다. 드라이기의 바람과 스타일링의 판타지에 어울릴 만한 그림을 골라야 했다.

드라이기 기능의 좀 더 과장된 이미지를 상상하며, 제품에 초집중하고 작품을 발굴해야 한다. 파트너 찾기다. 드라이기의 효과와 기능을 극대화시켜줄 파트너.

'색채는 건반이고, 눈은 망치다. 영혼은 많은 줄을 가진 피아노다. 예술가란 그 건반을 이것저것 두들겨 목적에 부합시키고, 그 행위로 사람들의 영혼을 진동시키는 사람이다' 라는 칸딘스키의 작품 철학 덕분에 우리의 영혼은 무한한 상상을 하게 된다.

영혼의 현을 울리는 예술가의 감성과 손길. 그 울림을 통해 우리 맥박은 뛰고 심장은 고동친다. 그로 인해 살아 있음을 느낀다.

COLLABOINSIDE

기업이 예술을 활용할 때
필요한 7가지 방법

융합을 시도할 때는 가급적 유유상종을 피해야 한다. 융합은 이질적인 것들의 결합일 때 더욱 효과가 크다. 서로 잘 맞는 사람들, 서로 잘 어울리는 것들의 융합은 신선함을 주기 어렵다. 또한 '창조'적 이슈를 도출하기 힘들다.

사람들의 만남에서도 그렇잖은가. 나와 비슷한 사람들과 어울리면 편하기는 하지만, 사실 발전과 변화에는 별다른 도움이 되지 않는다. 그러나 전혀 다른 분야의 사람, 전혀 다른 기질의 감성 지닌 사람을 만나면 어떤가. 아주 생경한 대화와 경험들을 하게 되고, 획기적인 각성을 통해 변화가 생긴다.

콜라보레이션이 말처럼 간단한 건 아니다. 대기업은 전시장이나 공연장 운영, 오케스트라 운영을 포함한 메세나, 후원, CSR 활동 등으로 예술과 소통해왔지만, 중소 중견 기업은 여전히 예술과의 협업이 부담스럽다. 비용과 효과도 당장 예측하기 힘들고, 근본적으로는 예술이 어렵다는 선입견이 둘 사이에 거리를 만들기 때문이다. 소통이 쉽지 않았다.

예술은 기업에게 무엇을 줄 수 있으며, 기업은 예술로 어떤 효과를 얻을 수 있을까? 단순히 목표의 조율을 넘어선 상생의 답이 나와야 한다. 예술가들이 기업에 재능을 제공하고 정당한 보상을 받고, 중소 중견 기업들이 예술을 통해 이윤과 발전을 도모할 수 있는 몇 가지 방법을 정리했다.

[첫째, 예술가와 소통하라]

꾸준히 아트 콜라보레이션을 하던 한 중소기업 대표는 국제 수출박람회 출장을 갈 때면 그간 소통했던 아티스트들과 동행한다. 무역과 유통의 현황을 보여주고 예술가들이 쏟아내는 엉뚱한 발상과 아이디어를 듣고 미래를 설계하기 위해서다. 현실적인 저용은 기업에서 하면 된다. 창조적 융합을 위해서는 이질적·도발적인 발상이 있어야 하는데, 그것이야말로 예술가들의 몫이다. 창의적 아이디어와 남다른 기획. 그것이 결국 자본 아닌가.

[둘째, 기업이 버리는 것을 예술가에게 기부하라]

기업에서 버릴 것, 못쓰게 된 것들이 예술가들에게는 무궁무진한 창작의 재료다. 예술가에게 재료를 기부해보면 무가치한 것이 작품으로 탄생하는 놀라운 현장을 목격하게 될 것이다. 기업의 폐품을 예술가에게 기부하는 것은 가장 효율적인 호환이다.

[셋째, 기업의 자투리 공간을 예술가에게 제공하라]

기업의 여유 공간이 예술가에게는 귀한 창작의 공간이 된다. 기업이 아틀리에를 제공하면 예술가가 기업에 상주하게 되고 자연스럽게 소통의 기회가 늘어난다. 기업은 예술가를 어떻게 활용할 수 있을지 아이디어를 얻고, 더불어 사내에 예술품을 감상할 오아시스도 생기는 셈이다.

[넷째, 기업 홍보물을 예술가에게 맡겨라]

명함, 브로슈어, 간판, 작업복 혹은 유니폼, 기업 정체성을 반영한 남다른 이미지 개발을 예술가에게 맡겨볼 것을 권한다. 예술가의 본능은 독창성이다. 남다른 무엇인가를 도출하고 싶다면 예술가에게 직행하는 게 가장 빠르다.

[다섯째, 지역 소통은 예술가와 함께하라]

공장 운영이나 사업 콘텐츠를 확보하는 데 있어 특정 지역과의 소통이 필요할 때도 있다. 그때 벽화나 공공 설치물 등 예술활동을 제안하고 실행하면 지역민과의 소통에 대단히 긍정적인 작용을 한다. 예술로 먼저 손을 내미는 것 자체가 상생의 캐치프레이즈다. 갈등과 위기를 줄이는 데 예술보다 더 적절한 대안은 없다.

[여섯째, 예술 콘텐츠를 교육 프로그램으로 활용하라]

예술 교육 프로그램은 이해관계의 충돌 없이 부서 간의 협업을 경험하는 데 대단히 좋은 도구다. 예술 작업을 함께하면서 얻어진 팀워크는, 그 출발과 과정 그리고 완성에 이르기까지 소통의 잠재력을 끌어올린다.

[일곱째, 제품에 예술을 결합하라]

제품에 예술가의 손길 혹은 예술가의 작품을 입히거나 작품으로 탄생시키는 데 주저하지 말자. 제품에 스토리와 아름다움을 보태는 아트 콜라보레이션 제품은 스스로 부가가치를 높일 뿐 아니라, 대중에게 흥미로운 이야깃거리를 제공하는 탁월한 수익 모델이다.

그렇다면 어떻게 해야 예술가를 만날 수 있을까? 어떤 예술가부터 만나야 하는 것일까? 기업은 어떤 방식으로 접근할 수 있을까?

이 일을 돕기 위해 예술인 복지재단(http://www.kawf.kr/social/sub05.do)이 예술인 파견 지원을 시작했다. 기업, 기관, 지역이 신청하면, 맞춤형으로 문화예술과 관련된 새로운 일을 개발하고 그 협업을 적극적으로 지원한다. 6개월간 정부지원금을 받아 예술가가 기업, 기관, 지역에 파견되는 방식이다. 예술가는 정부로부터 지원금을 받고 기업, 기관, 지역은 예술의 맛을 보게 되니 서로가 윈윈하는 좋은 시스템이다.

지속성장을 원하는 기업이라면 이 시대가 원하는 문화와 예술의 중요성을 간과해서는 안 된다. 기업은 예술가에게 일을 맡기고, 예술가는 제품에 새로운 가치를 부여하는 것, 이것이야말로 창조적 융복합의 시작이다. 일단 만나고, 소통하는 데서부터 시작해보길 권한다.

예술 기반 경영은 곧 국내에서도
기업의 경쟁 우위를 결정하는 핵심역량이 될 것이다.

—장대철, 카이스트 경영대학 교수

기업들의 문화 참여는
단지 사회에 대한 기여의 의미에서 더 나아가
우리의 삶을 변화시키며
더 나은 세상을 만들어갈 것이다.

—서진석, 백남준아트센터 관장

혼자서는 멀리 갈 수 없다

CHAPTER 3

예술에
SOS를
쳐라

맘헬스케어 × 조재임

중학생 시절, 스위스에서 한 여자 아이가 전학을 왔다. 키는 170센티미터가 넘고 피부는 까무잡잡했으며 개성 있는 얼굴에, 영어를 무척 잘했다. 그래서인지 쿨한 외모에 늘 조용한 그 모습이 왠지 모를 신비함을 풍겼다.

그러던 아이가 스타로 등극하는 일이 벌어졌다. 당시 한국에서는 스키가 대중 스포츠화되기 전이라, 상류층만 즐기는 귀족 스포츠처럼 여겨지던 시절이었다. 그 아이는 겨울방학 동안 열린 중학교배 스키대회에서 우승했고 개학 후, 일약 스타로 등극했다. 스위스에서는 스키가 대중 생활스포츠였기에 꽤 실력을 쌓아두었던 터라, 한국에서의 우승 확률이 높았던 모양이다. 검은 피부의 그 아이는 흰 눈 쌓인 스키장에서 마치 한 마리의 독수리처럼 보였다.

검정색이 주는 상징들

검정색은 패션계나 예술계에서 세련됨, 쿨함, 존재감, 도회적임, 심플함, 모던함으로 상징되며 매우 숭고하게 여겨지는 컬러다. 실제로 예술가, 건축가, 디자이너들 중 검정색 옷만 입는 사람들도 많다. 스티브 잡스가 고집스럽게 검정색 상의를 입은 것도 이와 무관하지 않다. 그의 검정색은 미니멀함, 명쾌함, 쿨함, 불변의 파워를 상징한다.

영화 〈매트릭스〉에서 에이전트들의 의상을 보자. 검정 망토는 불사신을 연상시키는 영원, 불멸, 파워의 컬러였다. 신부님들이 검정색 사제복을 입는 것도 이와 연관되어 있다. 블랙은 영원의 상징으로 죽음과 부활, 속죄의 중개자 그리고 겸손과 봉사자의 상징이다. 죽음과 공포의 색이기도 한 검정은 실제로 장례문화와도 긴밀히 연결돼 있다.

이처럼 검정은 밝음과는 거리가 먼 색이다. 그래서일까. 안전을 강조하는 제품들에 검정색이 많이 쓰인다. 자동차의 몸체가 아무리 컬러풀해지고 디자인이 멋지게 바뀐다 해도 바퀴의 색은 늘 검정색이다. 바퀴를 잡아주는 휠의 디자인은 다양하게 변화하고 있지만, 타이어의 색을 바꾼 차는 본 적이 없다.

물론 더러움 방지를 위해서도 검정색은 별 불만 없이 선호되는

조재임, 〈바람숲〉, 2013

색이다. 하지만 타이어에는 안정성과 견고한 내구성을 위해서 카본블랙이라는 검은 분말 형태의 물질이 들어가는데, 이 분말이 들어가면 타이어는 검정색이 될 수밖에 없다고 한다.

일상생활에서는 검정색 때문에 곤란을 겪는 일도 더러 생긴다. 나는 통증을 덜어주기 위해 사용하는 압박보호대 때문에 애를 먹은 적이 있다. 행사 준비를 하다 손목을 다쳐 압박보호대를 해야 하는 상황이었다. 한데 그 검정색 보호대가 두드러져 패션을 망칠 뿐 아니라, 그걸 본 사람들마다 손목이 괜찮은지 물어와서 곤혹스러웠다.

나뿐만이 아닐 것이다. 짱짱한 탄력과 보호감은 신뢰할 만하지만 시꺼먼 색감이 부담스러워 더운 날 흰 와이셔츠 속으로 비치는 검은색 허리보호대를 가리기 위해 양복 재킷을 벗지 못했던 적 없는가? 아마 많은 이들이 무릎보호, 손목보호대를 가리지 못해 착용을 포기하고, 고통을 방치했던 적이 있을 것이다. 몸이 아픈 것보다 이 검정색 압박보호대가 주는 심리적 압박이 더 크다는 것이 늘 아쉬웠다.

검정색이 죽음, 병, 고통과 연관될 때 그 색은 우리를 더욱 슬프게 한다. 맘헬스케어는 바로 그 점을 개선하는 방법을 찾기 위해 앞장선 기업이다. 허리보호대, 무릎보호대, 손목보호대, 신발 깔창 등에 통증 완화 기능 자석까지 부착해 탁월한 기능을 갖췄지만 여기에 안주하지 않았다. 소비자들이 겪는 또 다른 불편함을 개선하고자 예술과의 콜라보를 자원했다.

손목보호대는 반드시 검정색이어야 할까?

소비자들에게 손목보호대는 검정색 제품이라는 인식이 자리 잡은 터라 약간의 변화만으로도 큰 감동과 차이를 만들어내는 효과가 있었다. 맘헬스케어는 반 고흐의 〈별이 빛나는 밤〉의 회오리치는 밤하늘 이미지를 보호대에 부착된 자석을 중심으로 적용했다. 보이지 않는 자석의 기운을 시각적으로 형상화하는 시도를 한 것이다. 또 추상표현주의의 뿌리기 기법을 주로 사용하는 조재임 작가의 그림과 콜라보해 생동하는 에너지를 담는 시도를 했다.

여성들의 경우, 중년을 넘어서면 대개 손목 시큰거림의 고충을 겪는데 보호대를 찾을 때는 이미 통증이 심해진 경우가 많다. 이런 상황을 미리 대비할 수 있다면 상태가 악화되는 것을 막고 제품의 판매 활로도 확보되니 일석이조다. 그래서 통증이 시작되기

맘헬스케어×조재임 고흥

전에 미리 착용하는 생활필수품이 될 수 있도록 소비자들의 인식 전환 방법을 모색했다.

패션 소품이 되면 생활필수품이 된다. 최근 검은 마스크가 유행하기 시작했다. 먼지 방지, 감기 보호 차원을 넘어 패션 완성용으로 착용하는 사례가 늘자 판매가 증가했다. 단순한 기능에 머물러 있던 비행 취침용 목 베개 역시 패션 소품으로 구비하기 시작하면서 다양한 색과 패턴의 제품이 나오고 있다. 최근에는 아예 가방 외부에 장식처럼 매달고 다니기도 한다. 모자도 패션의 완성을 위한 소품으로 자리매김했다. 요즘 단순히 햇빛을 가리기 위해 모자를 쓰는 사람이 몇이나 있을까?

꽤나 묵직한 헤드폰을 목에 걸고 다니는 청년들을 거리에서 쉽게 만날 수 있다. 음악을 듣기 위해? 역시 아니다. 그 또한 패션이다. 나를 멋지게 완성시켜준다는 믿음이 패션 필수품을 만들고, 사람들은 충성스럽게 그것들을 지니고 다닌다.

아무리 그래도 압박보호대가 어찌 패션 소품이 되겠느냐고? 그러한 선입견의 압박을 풀어내는 게 크리에이터가 할 일이다. 보호의 기능과 더불어 나를 멋져 보이게 해주는 패션 소품으로 인식의 전환을 가능케 해주는 것. 이제 헬스 케어에도 예술이 필요하다. 예술이 더해져 대중들에게 사랑과 관심을 받는 현상, 이미 입증된 방식 아닌가.

독식은 순간이지만

동행은 오래간다

메리스랩 × 컬쳐홀릭

    간소한 음식과 의상, 단순하고 담백한 관계, 미니멀한 살림과 삶에 대한 열망 때문이었을까? 소박한 밥상과 간결한 삶의 철학, 단순하게 사는 법 등 미니멀리즘이나 심플 라이프와 관련된 책이 나오면 나는 어김없이 사서 읽었다.

    업의 특성상 작품을 위한 재료나 혹은 내 눈길을 끄는 물건들을 보면 그냥 지나치지 못해 모으고 쌓아두는 내게 간소한 삶은 그림의 떡이다. 불가능하기에 오히려 미니멀한 삶은 동경의 대상이 되었다. 미니멀한 삶을 제안하는 책들을 사들이며, 다시금 짐을 쌓아가는 아이러니를 겪고 있긴 하지만.

비워야만 채워진다

　단순한 삶을 이루려면 투철한 자기 억제와 자기 질서를 가져야
한다. 보지 않아도 좋을 것은 보지 말고, 듣지 않아도 좋을 것은 듣
지 말고, 읽지 않아도 좋을 것은 읽지 말며, 먹지 않아도 좋을 음식
은 먹지 말아야 한다. 그래서 될 수 있는 한 가려가면서 적게 보고,
적게 듣고, 적게 입고, 적게 먹어야 한다. 그래야 인간이 성숙해지
고 승화될 수 있다.

-법정 스님, 《산에는 꽃이 피네》 중에서

　내게 법정스님의 가르침은 충격이었다. 많이 보고, 많이 읽고,
많이 만나고, 많은 여행과 경험을 하라는 가르침에 따라 성장했건
만 이건 상반되는 가르침이 아니던가.

　미술 작업을 하다 보면 작업실이며 집에 온갖 재료들이 가득 쌓
인다. 남이 버린 것도 쓸모 있게 보이면 사방에서 끌어 모아다가
창고에 차곡차곡 쌓으니 빈틈이 금세 사라진다. 특히 나는 연결,
관계, 소통이라는 주제에 관심이 많았다. 그런 주제를 형상화하는
데 필요한 못, 지퍼, 똑딱단추, 경첩, 플러그 등의 재료들이 한가득
이었다. 게다가 목공, 철공, 재봉틀에 필요한 온갖 공구들을 휘두
르다 보니 작업을 위한 공간 확보도 고민이었다.

　그래서 나는 늘 부러웠다. 먹을 갈아 붓으로 사람을, 세상을, 풍
경을, 우주를, 영혼을 종이 한 장에 담아내는 화가들이. 간소하고

단아한 작업 속에 모든 것을 담아내는 이들을 동경했다. 더 부러운 이들이 있다. 펜으로 한 편의 글을 써서 세상을, 시대를, 사상을 담아내는 문인들과 철학가들이다.

다양한 구상을 하고 아이디어가 떠오를 때마다 재료를 사서 실험하다가 끝맺지 못한 적이 얼마나 많았던가. 창작 욕구의 발산인지, 배설인지 모를 어수선한 나의 삶이 너무 무겁고 복잡했다. 빼곡히 들어찬 재료에 둘러싸여 공간 확보에 허덕이는 나의 모습이 불만스러웠다. 그래서 나의 궁극적인 소망은 비우기, 버리기다.

모자라는 것이 있어야 갖고자 하는 희망이 있다는 법정스님의 말처럼, 비워내야 채울 수 있는 것 아니던가. 개인적인 관계에서조차 너무 많은 것을 가진 사람에겐 다가갈 방법이 없다. 부족함이 있어야 채워주고, 틈이 있어야 가까워지는 법. 콜라보 역시 마찬가지다. 완벽하지 않기에, 빈 부분이 있기에 서로가 도움을 줄 수 있다.

나누고 공유할수록 더 커지는 마법

〈공룡이 살아있다〉는 문화기업 컬쳐홀릭의 스테디셀러 공연이다. 이 회사는 종이 조립으로 입체 조형물을 만드는 등고선 종이 모형회사 메리스랩과 만나 또 다른 콜라보에 성공했다. 종이 모형물, 즉 다양한 공룡 조립물들은 공연과 상관없는 과학 창의 학습물이었고, 공연은 조형상품과는 상관없는 공룡 공연이었다.

공룡 공연을 팀딩킨 회사는 공연을 마친 후 관객들이 사가지고 갈 기념품 개발이 절실했고, 모형회사는 공룡과 연관된 판매처를 눈 빠지게 물색 중이었다. 각자의 자리에서 사업성과를 창출하기 위해 고심하던 두 회사는 만남과 동시에 서로가 원하는 것을 채워줄 수 있다는 기쁨을 나누었다.

공연을 보고 나오는 순간, 관객들은 그 추억의 시간을 기억할 뭔가를 원한다. 이때가 공연과 관련된 상품을 구매하려는 소비욕이 가장 높아지는 타이밍이고, 소비자에게 최대한의 만족도를 안겨주며 제품을 판매할 절호의 찬스다. 마침 공연의 주인공인 공룡들은 메리스랩의 작품 속 공룡과 일치하는 종류가 많았다. 그러니 공연의 흥행과 종이 모형 제품을 팔 수 있는 기회가 정비례할 것은 불 보듯 뻔했다.

각자의 비전이 만나 서로를 만족시키는 시너지를 내는 순간, 그것이야말로 운명적 만남이 아니던가. 그러나 이때 아주 잘못된 판단을 하는 경우도 간혹 있다. 자신의 이익에 눈이 멀어 상대의 사업까지 가로채버리는 경우다. 이것도 내가 하고, 저것도 내가 하면 두 배의 이익을 얻을 거라는 욕심으로 황금 거위의 배를 가르고 알을 빼내려는 탐욕. 하지만 성공을 독식하려다 잘된 케이스는 거의 보지 못했다. 상도의도 없는 기업과 파트너십을 맺으려는 기업 또한 없을 것이다.

이정재와 정우성의 결합으로 화제가 된 광고가 있다. 그들을 한 씬, 하나의 광고 안에서 보는 것만으로도 대중들은 열광했다. 치고 올라오는 젊은 꽃미남들을 단번에 눌러버리는 맨파워를 보여

준 것이다. 각자의 인기와 역량도
최고지만 둘이 함께함으로써 울
트라 파워 인기를 증명해 보인 셈.
대중들의 사랑을 유지하고 지속시
키는 해법이 콜라보에 있음을 보여
주는 아주 좋은 사례다.

식품업계에도 비슷한 일이 벌어졌다. 바로 '골빔면'의 등장. 사
뭇 정체 분위기였던 동원 골뱅이와 팔도 비빔면이 콜라보한 골빔
면은 다양하게 쏟아져 나오는 신규 면 제품들을 단박에 누르고
상위로 올라섰다. 대중들은 신제품과 새로운 광고에 관심을 가지
게 마련이다. 아무리 맛이 있고 제품이 좋아도 식상해지는 현상
을 막지 못하면 관심과 애정은 멀어진다.

놀랍게도 이 둘은 신제품 개발이나 유명 모델 영입 등의 과도
한 홍보 마케팅 없이도 대중들의 관심을 끄는 영리한 결합을 이
뤘다. 무엇보다 판매로 연결되며 새로운 바람몰이를 해냈다. 이
러한 골빔면의 흥행몰이가 있었으니, 두 선수들이 행보를 멈출
리 없다. 동원참치와 팔도 비빔면의 콜라보 2탄 '참빔면'이 다시
한번 흥행으로 이어졌다. 파트너를 찾아라. 손발이 척척 맞는 굿
파트너. 호흡이 잘 맞는 파트너와의 콜라보가 사장되어가는 제품
에 부활의 기회를 준다.

일을 하다 보면 무수히 많은 파트너들을 만나게 된다. 각자의
영역과 전문성을 존중하고, 협력적 파트너십을 맺으며 공생한다

면 더 건실한 성장을 담보할 수 있다. 세상은 자기 욕심만 채우려는 이들에게 결코 너그럽지 않다. 이제 우리는 나만의 성공, 나만의 이득이 아니라 함께하는 성공, 함께 얻는 이득을 고민해야 할 때다.

꿈을
함께 나누면
배가 된다

유진로봇×김영세, 박신영, 한창우

긴 생머리에 늘씬한 몸매를 소유한 배우 전지현은 엘라스틴 샴푸 모델로 맹활약했고, TV 프로그램 〈진짜 사나이〉에서 강인한 체력을 확인시켜준 이시영은 스포츠 브랜드의 광고모델로 발탁되었다.

늘씬한 몸매의 소유자인 배우 강소라는 20킬로그램 감량 전의 사진이 공개되면서 다이어트의 신으로 등극해 미에로 화이바, 켈로그 등 다이어트 제품의 모델로 당당한 자격을 갖추었다. 변함없는 미모의 배우 이영애는 2018년 현재까지 14년 연속 화장품 '후'의 모델로 활동하고 있다.

컬링의 승리를 업고 달린 청소 제품 광고

지난 평창동계올림픽에서는 '컬링'이 온 국민의 관심과 사랑 속에서 연일 회자되었다. 고백컨대 나는 평창동계올림픽 전까지 컬링에 대해 잘 알지 못했고, 경기 자체의 풍경이 낯설기만 했다. 컬링은 2001년부터 대회에 나가 좋은 성적을 거둔 종목이었고, 심지어 2007년 동계아시안 게임에서는 남녀 각각 금메달을 획득한 한국의 대표 종목이었건만 잘 알지 못했다.

"아니 지금 뭐하는 거지?"

"나만 그런 거야? 청소하는 것처럼 보이는 거?"

아니나 다를까. 컬링의 우승 소식과 더불어 유튜브에는 로봇청소기와 대걸레를 활용한 대중들의 패러디 동영상들이 인기몰이를 시작했다. 그리고 발 빠른 로봇청소기업체의 컬링 활용 광고가 터져 나왔다. 역시 속도를 낼 수 있는 것은 자본력이 따르는 대기업이다.

컬링이 급부상해 대중의 관심이 쏠린 것은 로봇청소기의 대중화를 위해 남다른 고민을 하던 기업들에게는 결코 놓칠 수 없는 좋은 기회였을 것이다. 한국 대기업들 틈바구니에서 당당히 버티고 있는 중소, 중견기업들 중에서 유진로봇도 여기에 동참했다.

우리나라의 전자제품 분야에서 중소기업이 살아남기는 무척 힘들다. 더구나 로봇 관련 제품에서 중소기업이 경쟁력을 갖기란 거의 불가능하다고 한다. 그런 상황에서 기업을 일궈 버텨낸 것만으로도 유진로봇은 놀라운 기업이다.

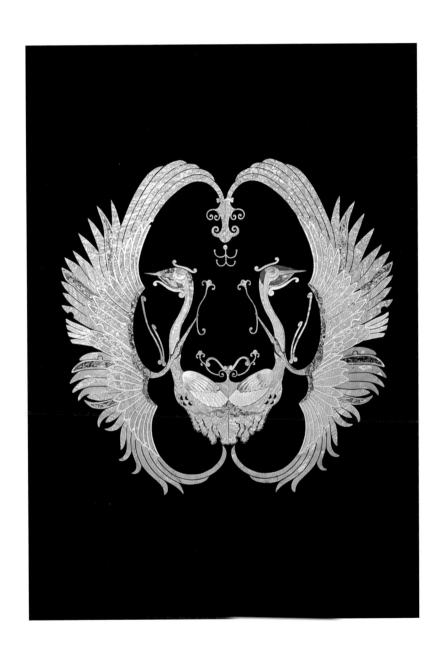

박신영, 〈우리의 꿈, 지게, 옻칠〉

신경철 대표와 대화를 나누며 중소기업이 로봇 관련 제품을 제조한다는 것이 얼마나 힘겨운 일인지 알았고, 고민되는 앞날의 무게를 느낄 수 있었다. 소비자의 입장에서 우리가 주로 어떤 브랜드 제품을 소비하는지 떠올려보면 그 고민을 쉬이 짐작할 수 있다.

그래서 중소기업 제품이라는 선입견을 멋지게 떨쳐내려면 좋은 성능, 높은 가성비, 멋진 디자인을 갖춰야 할 수밖에 없었다. 유진로봇은 가격 경쟁력과 고성능을 갖춘다는 전제하에 소비자들에게 사랑받기 위한 디자인을 꾸준히 고민해오고 있었다.

이미 김영세 디자이너와 협업한 제품을 출시한 바 있고, '아이클레보' 라인을 만들어 디자인과 미감이 더욱 돋보이는 제품군을 따로 개발하며 소비자들의 관심을 이어가고 있었다. 그러한 고민을 했던 기업이기에, 2013년 첫 만남에서도 아트 콜라보레이션과 관련한 소통은 원활하게 이루어졌다.

"단지 보기 좋은 디자인이 아니라, '내놓고 싶은 제품'으로 역발상을 하면 좋겠어요. 다른 청소 제품은 수납장에 보관되는데 반해, 로봇청소기는 늘 거실 한편에 자리 잡고 있거나 때로는 일상의 공간을 휘젓고 돌아다니는 애완 제품이기도 하잖아요. 남 보기에 괜찮은 수준이 아니라, 아예 손님이 올 때 청소기가 돌아다니는 걸 자랑하고 싶을 정도로 멋진 제품을 탄생시키면 좋겠어요."

열린 소통이 가능했던 유진로봇은 역발상 제안에 매우 흡족해하며, 내가 제안한 예술가와의 소통을 기꺼워했다.

작가는 나전칠기 작업을 하는 박신영. 한국의 미와 고급스러움,

두 마리 토끼를 잡을 거라는 기대가 가득했다. 그리고 기대만큼 그의 작품은 명작이었다. "와우, 이 작품으로 만든 청소기는 청와대를 청소해야 할 것 같아요."라는 말이 절로 나왔다. 기품이 가득 담긴 품격 있는 제품이 될 수 있을 것 같았다.

그러나 한 가지 문제가 있었다. 예술가의 손길로 탄생한 나전칠기 로봇청소기는 제작하는 데 상당한 비용이 들었다. 높은 가성비를 유지하며 대량생산할 방법을 찾다가 길을 잃고 말았다. 어쭙잖은 자개풍의 제품은 모두 원하지 않았다. 고민 끝에 대중적으로 보급할 수 있는 제품을 만들자는 쪽으로 방향을 틀었고, 삼각형으로 작업하는 한창우 작가로 선회했다.

콜라보로 얻는 진정한 수익은 꿈의 확장이다

유진로봇의 아이클레보는 독일 3대 가전 잡지 〈엠포리오 매거진〉에서 로봇청소기 성능 1위에 선정되었다. 게다가 2015년 관세청 집계 기준 국내 로봇청소기 수출액의 43퍼센트를 차지하는 등 해외 시장에서의 입지도 굳혀나가며 전 세계 30여 곳에 수출하는 상품이 되었다.

바로 이 아이클레보 제품에 한창우 작가의 작품을 콜라보하여 로봇기술과 예술의 만남을 통한 아름다운 생활 아트가전을 만들어보기로 했다.

한정판으로 출시한 '아이클레보×한창우' 시리즈는 화면 가득 원색의 삼각형이 만개한 작품 '플라워'를 활용했다. 제품의 특성상 좌우 흔들림과 진동이 수반되는 청소기에 원색 플라워 작품을 입히자 표면이 보석처럼 빛나 더욱 생명력을 갖는 듯했다.

평면 형태의 작품이 청소기의 진동과 움직임으로 더욱 화려해졌다고나 할까. 작품이 제품으로 재탄생하는 순간이었다. 제품은 우리를 위해 존재하지만, 때로는 제품이 우리를 더욱 돋보이게 하고 더불어 삶을 더욱 폼나게 만들어주기도 한다.

기업이 디자이너를 통해 상품으로 출시하지 않고 예술가와 동행하며 제품을 출시하는 것은 크게 2가지 이유 때문이다. 예술가 고유의 작품성 그리고 작품 인생에서 우러나온 스토리텔링이 필요해서다. 기업이 혼자 만들어낼 수 없는 부분을 예술가를 통해서 얻고, 결합시키고, 그 결합으로 성공을 이뤄 수익분배를 하는 것.

그것이 어찌 경제적인 부분에서만의 수익이라고 할 수 있겠는가.

　기업은 브랜드 가치를 상승시키며 지속적으로 꾸준히 성장해나갈 수 있고, 예술가는 제품을 통해 대중과 폭넓은 소통을 하게 된다. 또한 작업을 해나가는 데 필요한 수익과 명성의 기반을 구축해나갈 수 있다. 이것이야말로 서로의 목표와 꿈의 공유요, 철학과 실천의 결합이며, 손을 맞잡고 더 확장된 꿈길을 여는 창조적 시도 아니겠는가.

저울질은 그만,
우선 내편을
만들어라

향원 × 고흐

서로 다른 주체가 만나 콜라보를 한다는 것은 결코 쉽지 않다. 아트 콜라보레이션도 마찬가지다. 상업성을 중시하는 기업과 예술적 의미를 중시하는 예술가의 지향점이 첨예하게 대립하는 경우가 많다. 그래서 아트 콜라보는 시너지가 높은 만큼 그 과정이 결코 쉽지 않은 편이다.

신뢰를 얻어야 협력도 가능하다

아트 콜라보를 하기 위해 만나는 기업들이 예술을 대하는 태도는 4가지로 분류된다.

첫째, 예술과 소통은 해보고 싶은데, 어떻게 해야 할지 두렵고 난감해한다. 둘째, 예술에 관심이 많아서 이미 예술가들과 접촉하고 시도를 해보았지만 소통에 실패하고 안 좋은 기억을 갖고 있다. 셋째, 이미 예술가들과 소통하며 기쁨과 성과를 맛보았고 더 많은 기회를 만들어보고자 노력하고 있다. 넷째, 예술과의 소통에 그다지 관심이 없고 무지하다.

대구에서 비누를 수출하는 기업 향원의 대표를 만났을 때 느낀 첫인상은 두 번째 케이스에 해당했다. '향원'이라는 로고도 서각가를 통해서 디자인했으며, 패키지는 일본 일러스트레이터의 작품을 적용했다. 한국의 A라는 예술가에 지대한 관심을 갖고 접촉했으나 서로의 저울질로 마음에 상처만 받은 상태였다. 그래서인지 코트라의 아트 디렉터인 내가 예술가와의 중개를 얼마나 제대로 해줄 것인지 의심이 가득했다.

"저희에게 어울릴 만한 예술가로 누가 좋을까요? 추천 한번 해보시겠어요?"

일종의 한젬마 테스트였다. 나는 성심껏 여러 가지 제안을 했다. 그 과정은 신뢰를 얻기에 필요한 과정이었다. 슬그머니 마음의 문이 열리자 향원 측에서 역제안을 해왔다. 예술가 A와 콜라보를 하고 싶은데 성사시켜줄 수 있느냐는 것이었다. 밉지만 미련을 떨칠 수 없어 늘 마음속에 품고 있던 그 예술가.

다행히 그 예술가는 내가 잘 아는 지인이었고, 기업의 요구대로 추진해볼 수 있었다. 물론 그 전에 왜 그 작가의 작품을 선호하는

지에 대해 알 필요가 있었다. 나는 심도 깊은 대화를 나누면서 그 예술가와 협업했을 때 기업 입장에서의 장단점도 설명해주었다. 그런 합리적인 토의 과정은 예술가와의 머리싸움과 저울질로 인해 쌓였던 불쾌한 앙금을 씻어내는 과정이 되었다.

이후 그들이 원했던 예술가와 내가 새롭게 제안한 예술가들을 비교하기 시작했고, 몇 차례의 미팅을 통해 지금 향원은 코트라 아트 콜라보의 왕팬이 되었다.

"저희는 무조건 코트라 아트 콜라보 팀의 제안을 수용합니다. 너무 고맙고 정말 좋습니다."

고흐의 그림에서 비누 향을 맡다

한국적인 아름다움에 대해 고민해온 향원은 서각가 이영수 님의 서체로 음각을 한 비누를 만들어 제품을 업그레이드시켰다. 또한 식물을 모티브로 제작한 비누를 싱가포르 국립식물원에 납품하는 등의 성과를 올렸다. 이러한 콜라보 경험을 바탕으로 한걸음 더 나아가 미술관 입점을 목표로, 식물을 모티브로 반 고흐의 대표작 중 하나인 〈꽃 피는 아몬드 나무〉와 콜라보를 시도했다.

일단 유명세로 단연 톱이다. 게다가 맑은 우윳빛과 청명한 하늘빛깔이 어우러져 순수와 맑음을 더없이 제대로 보여준다. 거기에 반 고흐 특유의 뭉클거리는 에너지가 비누와 매칭되니 농후한 비누거품을 상징하는 듯하다.

〈꽃 피는 아몬드 나무〉는 반 고흐가 가장 의지하고 사랑했던 동

생 테오가 아이를 낳았다는 편지를 받고 그린 그림이다. 고흐는 생 레미 정신병원에서 면면히 삶을 이어가는 와중에 조카의 탄생 소식을 듣는다. 심지어 이름도 자신과 같은 빈센트.

이스라엘에서 1월에서 2월 초 가장 먼저 피어나 봄의 시작을 알리는 아몬드 나무 꽃은 절망과 추위를 뚫고 피어나는 희망의 상징이다. 새 생명의 탄생을 축하하기 위해 이보다 좋은 선택은 없었을 것이다. 신경쇠약으로 심신이 피폐해진 상황에서도 밑바닥에 남은 모든 에너지를 끌어올려 뿜어낸 희망의 찬가인 셈이다. 이러한 반 고흐의 예술혼은 축하한다는 백 마디 말보다 더 뭉클한 감동을 준다. 그는 떠났지만 그의 예술혼은 오래도록 남아 우리를 홀리고 있다.

아트 상품으로도 워낙 인기가 많은 〈꽃 피는 아몬드 나무〉이지만, 비누와의 만남에서는 시각뿐 아니라 후각을 자극해 그 향마저 피어오르는 듯하다. 불현듯 궁금해진다. 아몬드 꽃의 향기는 어떤 것일까? 내가 알고 있는 하얀 거품의 기억을 모두 떠올려 향원의 비누 거품을 상상해본다. 아몬드처럼 고소하려나?

'향기는 멀어질수록 맑아진다'는 뜻의 '향원'은 2007년 설립되어 국내뿐 아니라 일본과 싱가포르에 제품을 수출하고 있다. 현재는 어려운 상황에서도 희망을 잃지 말고 꽃을 피우라는 의미를 지닌 〈꽃 피는 아몬드 나무〉의 메시지를 품고 전 세계로의 도약을 준비 중이다. 비누 자체를 예술로 만들겠다는 향원의 바람이 먼 곳까지 널리 퍼져 향기롭게 피어오르길!

고틀 향 × 미니

혼자서는 멀리 갈 수 없다

등잔 밑이 어둡다.

일상에 숨겨진

보물을 찾아라

▼

코리아티엠티 × 김소영

초등생 시절, 봄 학기가 되면 방과 후 교문 앞에서는 할아버지가 늘 병아리를 팔았다. 단 한 번도 그냥 지나치지 못했다. 안타깝게도 그 생명체는 우리 집에서 하루를 넘긴 적이 없었다. 밤새 시끄러운 삐약삐약 소리 때문에 병아리를 화장실에 가두고, 아침이면 시체맞이를 반복했다. 다시는 병아리를 집에 들이지 않으리라 마음먹었지만, 교문 앞에서 병아리를 보면 나는 늘 기억상실증에 걸린 것처럼 변함없이 병아리를 데려왔다.

누군가가 내게 강아지나 고양이를 주려 하면 그냥 지나친 적이 없었다. 지하철역에서 파는 토끼, 백화점 판매대 한편에서 시선을 빼앗는 물고기, 장수풍뎅이도 빠짐없이 맞아들였다. 그중에서 가장 꾸준히 가장 다양하게 기른 것은 강아지다. 어느덧 강아지들의 품종별 성향도 파악했고, 선호하는 강아지를 선택하는 안목도 생겼다. 한번 인연을 맺으면 책임을 져야 하기에 쌍방이 만족도를 높일 수 있는 만남이 중요했기 때문이다.

순박하고 우직한 곰 같은 기업, TMT

동물을 좋아해서인지 나는 사람을 보면 동물에 빗대는 성향이 있다. 늑대 같은 인간, 호랑이 선생님, 쥐새끼 같은 놈. 양 같은 인성, 여우 같은 깍쟁이, 곰 같은 미련탱이, 개 같은 인간, 고양이 같은 인간.

하지만 개의 경우는 좀 다르다. 다양한 품종을 경험했고 그 성향의 차이를 알다 보니, 싸잡아 '개 같은' 인간이라고 하기에는 부족할 수밖에. 푸들 같은 발랄형, 몰티즈 같은 촐싹형, 똑똑한 진돗개, 여우 같은 포메라니안, 영악한 치와와 등 품종별 특성에 따라 세분화된다.

그런가 하면 개와는 전혀 다른 고양이 유형의 인간이 있다. 뭐랄까? 낯가림이 심하고, 까칠하고, 도도하며, 경계심이 강한 성향의 인간. 그중에서도 톱 오브 더 톱의 고양이과를 나는 이렇게 부른다. 페르시안 고양이.

어느 날 대구에서 상경한 양 같으면서 곰처럼 순박하고 우직한 TMT의 대표를 만났다. 안경 케이스를 수출하는 기업이었는데, 수출하는 국가와 납품 장소에 대한 이야기를 듣다가 깜짝 놀랐다. 반고흐미술관과 클림트미술관의 아트숍에 입점해 있다는 것이 아닌가. 이야기를 들어보니 반고흐미술관의 아트숍에 입점하기까지 피눈물 나는 과정이 있었다. 홧김에 포기해버릴 법한 순간들이 많았을 텐데, 미술관의 까다로운 요청을 수용하며 수정과 보완을 반복했다고 한다. 그 묵묵함과 꾸준함이 결국 입점 수락으로 이어졌다. 처음 입점이 힘들지, 한번 입점하면 꾸준한 거래가 가능한 유럽시장은 결국 지금도 꾸준한 효자매출을 내주는 곳이라 했다.

반고흐미술관과 클림트미술관에 입점했다면 아트숍의 최고봉을 섭렵한 셈이다. 하지만 막상 TMT는 그곳들의 위대함과 남다름은 깨닫지 못한 채 그저 거래처 중의 한 곳, 고마운 거래처라는 생각만 하고 있었다.

"어머나 세상에, 이 정도 프로필이면 전 세계 대표 미술관 어디든 입점할 수 있어요. 각 미술관의 명화를 안경 케이스에 담아 전 세계 대표 미술관들에 입점시키세요. 한국의 중소기업, 전 세계 대표 미술관에 명화 안경 케이스를 입점시키는 기업! 이건 완전 뉴스감이에요. 한국의 멋진 중소기업 후보감입니다."

나의 흥분은 그간의 고생이 축적돼 있던 대표의 사기를 충전시킨 듯했다. 미팅 후 뉴욕으로 출장 간 대표에게서 이런 문자가 왔다.

"출장길에 미술관을 탐방하기 시작했어요. 미술관 아트숍들에 입점시키려는 목표가 생겼어요. 진심으로 감사합니다. 정말 멋진 목표입니다."

김소영, 〈마네의 피리 부는 소년 패러디〉, 2015

일상의 친구 고양이, 작품 속으로 들어가다

이후 TMT는 전 세계 명화들을 안경 케이스에 입혀서 현지의 바이어들을 만나는 전략을 적극적으로 구체화시켰다. 고전 명화에서 나아가 현대 명화 그리고 한국 예술가와의 소통 시도를 목표로 발걸음을 옮겼다. 그리고 김소영 예술가와의 아트 콜라보레이션을 희망했다.

유명한 명화들에 고양이를 주인공으로 대입시키는 패러디를 시도한 김소영 작가. 현대인들이 사랑하는 고양이를 주인공으로 선택한 작품세계가 남다른 작가다. 사실 이 고양이는 자신의 주변에 흔히 볼 수 있는 길고양이를 주인공으로 한 것이라고 했다.

김소영×코리아테엠티, 안경 케이스

한없이 측은하고 불쌍한 고양이를 위해서 자신이 해줄 수 있는 게 뭘까 고민하다가, 자신의 재능을 활용해 도움을 주기로 결심한 것이란다. 그림 속의 멋진 주인공으로 재탄생시켜서 길고양이에 대한 애정과 관심을 끌어올려보겠다는 예술가의 아름다운 마음이 작품세계에 가득 담겨 있다.

얼마 전 일본을 방문했더니 고양이를 주제로 한 전시가 어찌나 많던지. 역사적으로 고양이를 사랑하는 일본인들의 일면을 만날 수 있었다. 일식집이나 이자카야에서 한 손을 흔들어대는 고양이 인형을 본 적이 있을 것이다. 일본에서는 고양이가 복과 재물을 불러오는 상징이라 쉬이 만날 수 있다. 김소영 작가와 콜라보한 안경 케이스는 어쩌면 일본 시장을 공략하기 위한 것이 아닐까.

다소 일상적이지 않은 명화지만, 거기에 고양이가 결합함으로써 우리에게는 한결 친숙한 느낌으로 다가온다. 고독하고 외로운 삶에서 반려견, 반려묘만큼 우리 마음을 위로해주는 친구도 없지 않은가. 그들을 보는 순간 우리 마음은 이상스러울 만큼 포근해진다.

변신은

창조성을

증폭시킨다

▼

미아트 × 베르메르

"급해요, 시간이 없습니다. 가능한 빨리 아트 콜라보레이션을
할 수 있을까요?"

한류 박람회 참가를 앞둔 기업이었다. 화장품에 유명 캐릭터와
연예인 사진을 담은 쿠션팩트(휴대용 수분 파운데이션) 샘플을 나에
게 다급하게 내밀며 물었다. 하지만 저작권 비용을 감당할 수 없는
캐릭터와 스타의 이미지는 그림의 떡. 바이어가 마음에 들어한다
고 해도 저작권 해결을 감당하기 힘든 레벨의 캐릭터와 스타였다.

중소기업은 소비자들이 뭘 원하는지 잘 알고 있어도 여건이 따
라주지 않아 콜라보를 포기하는 경우가 대부분이다. 소비자를 만

족시키는 콜라보를 하기 위해서는 어마어마한 비용 부담을 감당해야만 하는데 현실이 발목을 잡는 것이다.

예뻐지려고 쓰는 화장품, 케이스도 예뻐야 한다

기존 제품을 보니, 여타의 디자인 이미지를 담은 제품들을 출시하고 있었지만 디자인이라고 하기 힘든 수준이었다. 한마디로 예쁘지 않았다. 예쁜 척 무척 애를 쓰고 있는데 전혀 안 예뻤다.

보기 좋은 떡이 먹기도 좋다는 말이 있지 않은가. 같은 값을 주고 산다면 누구라도 예쁜 것을 마다할 리 없다. 하물며 뷰티 제품이 아닌가. 화장품은 예뻐지기 위한 여성들의 필수품이지만 동시에 예쁜 제품을 소장하려는 구매욕도 따른다. "케이스가 예뻐서 샀어."라거나 "디자인이 예쁘니까 왠지 질도 좋을 것 같더라."라는 이야기를 심심찮게 들었을 것이다. 그래서인지 필수 화장품은 제품 케이스가 예쁜 것을 선택하는 경향이 강해지고 있다.

하지만 이 회사의 경우 예술가를 매칭시켜 작업을 하기에는 시간이 부족했다. 급히 변신을 해야 할 때는 다이어트나 성형은 무용지물이다. 이럴 때는 역시 패션으로 커버하거나 메이크업을 활용하는 것이 좋다. 스타일만 바꿔도 전혀 다른 이미지로 변신할 수 있다.

제품이 변신을 시도할 때도 사람이 패션과 메이크업을 바꿔 이미지 변신을 하는 것과 비슷한 방식을 쓸 수 있다. 게다가 시간이 급할 때 가장 좋은 방법이기도 한데, 바로 명화가 그 답이다. 사후

70년 넘은 작가의 작품을 고르면 저작권료를 지불할 필요 없고, 무료로 사용할 수 있다. 초스피드로 최선의 효과를 낼 수 있는 셈이다.

현존하는 예술가와의 매칭은 만남과 소통, 상호간 이해와 협력, 의견 조율에 시간을 많이 할애해야 하므로 급한 상황에서는 적절치 않다. 급할수록 해결책은 간단해야 한다. 마침 미아트(현 스타일71 주식회사)는 몇 가지 강점을 갖고 있었다.

첫째, 이미지를 보석으로 입히거나 이미지 위 커버에 보석을 입히는 특허를 갖고 있었다. 보석을 선호하는 여성들의 성향을 노린 전략이었다. 화장품 케이스나 커버에 이미지를 입히는 경우는 많이 있지만 보석을 박아 이미지를 입히는 것은 미아트만의 전유물이었다.

둘째, 그 작업 시간이 매우 짧고 유연했다. 어떤 이미지든 이삼 일이면 작업이 가능했고, 하루만에 만들어내는 경우도 있었다.

셋째, 이미지 화소가 작아도 케이스 제작이 가능했다. 인쇄용의 고화질 이미지를 구하느라 겪어야 하는 까다로운 구입 절차와 구매 과정 등이 필요치 않았다.

당시 미아트 화장품의 케이스는 팝적으로 가볍게 통통 튀는 이미지에 반짝이를 입힌 커버 일색이었다. 나는 무게감과 고급스러움을 플러스시킬 수 있는 접근법으로 명화를 골랐다. 귀족 시리즈, 플라워 시리즈, 러브 시리즈 등 고급스러우면서도 유명한 여인들의 초상화와 화려하고 아름다운 꽃 명화들을 골라주었다.

여성들이 좋아하는 느낌, 여성들의 로망, 여성들의 취향을 고려한 선택이었다. 명화들을 올리고 나니 명화가 담긴 윗면을 제외한 흰 옆면 몸체가 안 어울렸다. 명화라면 고급 액자를 입어야 하는 것처럼 화장품도 고급스러운 마감이 필요해진 것이다.

검정, 골드로 몸체를 바꾸었고 그렇게 미아트는 신데렐라가 되어갔다. 신분 상승한 여인들은 그에 걸맞게 다른 조건들도 바뀌게 되는 법. 아트의 맛을 본 미아트는 이제 이전의 상태로 돌아갈 수 없는 수준이 돼버렸다.

소비자의 숨은 욕구를 끌어내주는 아트 콜라보레이션

한류 박람회에서 명화와 콜라보한 제품이 히트를 치자, 미아트는 아트 콜라보레이션의 열성적인 팬이 되었다. 차기 제품을 위해 예술가들을 고르기 시작했다. 시간을 두고 여러 예술가들과의 아

트 콜라보레이션을 하기로 마
음먹은 것이다.

　팝아트 스타일, 일러스트 스
타일, 캐릭터 디자인, 정통 회
화 스타일 등등. 커버가 바뀔 때
마다 선호 계층이 바뀌었다. 내
용물은 그대로 두고 커버 이미
지만 바꾸었을 뿐인데, 이미지
에 따라 고객은 달라졌다. 순식간에 중년용, 20대용, 모범생용, 파
티용 등등 선호 스타일에 따라 제품을 고를 기회는 더욱 확장되었
다. 당연히 미아트의 소비자층도 확대되는 효과를 누렸다.

　백에서 이 케이스를 꺼내는 순간 '젊은 언니 같은 느낌'을, 저 케
이스를 드는 순간 '청담동 며느리 같은 느낌'을 줄 수 있다. 또 다
른 제품은 '화끈한 여전사' 폼이 날 것 같다. 이렇게 <u>화장품 케이
스도 원하는 성향대로 고르면, 내가 전하고 싶은 메시지를 대신해
주는 시그널이 될 수 있다.</u> 가방에서 스윽 화장품을 꺼낸 것뿐인
데 주변사람들은 나를 해석하기 시작한다. 사람들은 대체로 보이
는 대로 해석하는 법이니까.

　혹시 변신하고 싶은가? 이미지를 활용해 메시지를 전하고 싶은
가? 그렇다면 해석되고 싶은 대로 방향을 설정하면 된다. 이런 욕
구를 제대로 충족시켜주는 제품을 만들기 위해서 적절한 아트 콜
라보레이션이 필요한 것이다.

인생도
비즈니스도
타이밍이다

조광페인트 × 최한진

"사실은 제가… 그간 조광페인트만 썼는데요. 오늘 이 자리에
조광페인트도 참석을 했네요."

삼화페인트도 아니고, 노루페인트도 아니고, 조광페인트. 최한
진 작가는 조광페인트로만 작품을 만들어온 작가다. 기업들과 예
술가들이 한자리에 모여 콜라보 상대를 찾는 부산의 매칭 프로그
램에서 최한진 작가의 고백으로 행사장은 탄성이 터졌다.

"와, 좋겠다. 조광페인트는 좋겠다."

첫 미팅을 하는 자리에서 상대가 느닷없이 그동안 흠모해왔노
라고, 이렇게 만날 줄 몰랐노라고 말한다면 어떨까.

운명 같은 만남은 존재한다

오랜 기간 짝사랑하던 상대가 눈앞에 나타나는 기분은 어떨까? 마음을 고백하는 이와 고백을 받는 이의 심성이란, 아마 우수에서 단 둘만이 존재하는 듯한 느낌이 아닐는지.

왜인지 모르게 그 순간 내가 사랑하는 개그맨, 이동우 씨의 사연이 떠올랐다. 어느 날 갑자기 시력을 잃은 믿을 수 없는 현실에 저항하고 반항하고 끝내 어두워진, 빛이 사라진 현실을 받아들여야 했던 그. 처참한 현실에 죽음까지 생각하던 그에게 눈을 기증하겠다는 사람이 나타났다. 동우 씨는 그 어떤 눈도 받을 수 없는 상태였지만, 그 인연으로 만난 기증자는 전신 마비에 오로지 눈만 남은 사람이었다. 그나마 눈이라도 줄 수 있어 다행이라는 그는 동우 씨에겐 분명 천사였을 터다. 믿을 수 없는 현실 앞에서 동우 씨는 천국과 사랑을 만나 반성과 감동을 했다고 한다. 운명 같은 만남으로 그들은 절친이 되었다.

"제게 안구목걸이를 만들어주세요. 2개의 안구를 만들어주시면, 친구랑 저랑 하나씩 나눠 걸고 싶어요."

동우 씨 부탁으로 나는 안구를 만들었다. 흰자 부분은 상아를 사용했고 눈동자 부분은 검은 오닉스를 사용했는데, 결과물은 과학 실험실에나 있을 법한 생체의 모양새였다. 그럼에도 그들의 우정, 소망, 희망을 담은 목걸이를 만들 수 있다는 것에 그저 감사하고 기쁠 뿐이었다.

이렇게 서로가 필요한 타이밍에 만난 그들은 세상 더없는 우정을 나누었다. 그리고 몇 년 후 오랜만에 동우 씨를 만났던 날, 내 앞에서 한통의 전화를 받던 동우 씨는 하염없이 눈물을 쏟았다. 오로지 눈만 남았던 그가 사경을 헤매는 중이었는데 기력을 회복하고 있다는 소식이 날아들었던 것이다. 그는 기쁨으로 충만한 눈물을 하염없이 쏟아냈다. 하필 그 타이밍에 내 앞에서.

조현진×조광페인트

이 풍경을 바라보며 나도 눈물을 주체할 수 없었다. 그런 상황을 맞닥뜨리고 보니, 세상에는 정말 운명 같은 만남이 있다는 생각이 들었다. 그들의 운명적인 만남. 어쩌면 그 하나가 사라지면 세상이 사라질 것 같은 그들의 사랑과 우정. 눈을 주고 싶었던 친구와 눈보다 더 큰 사랑과 우정을 확인한 그 둘은 아마 그 무엇으로도 가르지 못할 운명적 인연이 되리라.

하늘이 맺어준 듯한 작가와 브랜드의 인연

군이 요청한 것도 아닌데 고집스럽게 한 브랜드의 제품만 사용했던 작가와 그 사실을 알게 된 브랜드와의 끈끈한 우정. 이 또한 이동우 씨 이야기와 크게 다르지 않다. 운명적인 끌림과 만남 덕분에 시작된 그들의 콜라보는 계약이나 돈으로 환산할 수 없는 깊은 교감으로 채워졌다. 덕분에 브랜드의 광고 주인공이 된 최한진의 작품은 너욱 낭낭해 보였다.

최한진 작가가 조광페인트만을 고집하는 데는 이유가 있을 것이다. 색감이든 질감이든 간에 작가가 구현하는 작품세계에 딱 맞는 특성을 지닌 재료라는 뜻이다. 이럴 경우 그 페인트는 작가의 작품 재료 그 이상의 의미를 갖는다. 창작의 과정에 기여하는 동참자가 되는 것이다. 그런 의미에서 조광페인트와 최한진의 만남에는 남다른 유대가 깔려 있다. 깊은 교감을 통해 그들이 빚어내는 색감은 어떤 페인트보다 아름다웠다.

조광페인트는 자사 페인트만 사용해서 창작된 최한진 작가의 작품을 조광페이트 통에 실음으로써 둘의 콜라보를 견고히 했다. 콜라보는 나 같은 중매쟁이가 찾아서 연결해줄 때만 이뤄지는 건 아니다. 때로는 운명적인 연인처럼, 하늘이 맺어준 친구처럼 이렇게 만나지기도 하는 법이다.

허를 찌르는
상상의 문을
두드려라

LG냉장고 × 하상림

내 친구 K의 이야기다. 갑작스레 새로운 주택으로 이사를 하게 되면서 간단한 집 공사를 하려는데 옆집에서 민원을 넣었단다. 민원 내용은 대문을 교체하지 말라는 것. 황당할 법하다. 사유인즉, 친구네 집 대문을 멋지게 바꾸면 상대적으로 자기네 집이 허름해 보이니 대문 교체를 하지 말라는 것이었다. 물론 그 민원은 합당한 사유가 아니므로 K는 공사를 했다.

쉬이 접할 수 없는 황당한 이야기이긴 했지만, 그만큼 우리 삶의 터전에서 대문이 중요한 위치를 차지하고 있음을 반증하는 에피소드이기도 하다.

대문은 그 집의 첫인상이다

예로부터 대문은 집의 얼굴에 해당했다. 강원대학교 건축학과 김도경 교수의 글에 따르면 "대문은 사람과 물건이 드나드는 입구로, 집의 얼굴이자 상징으로서 집에서 가장 중요한 존재 중 하나였다."고 한다. 풍수적으로나 기능적으로 그 위치 또한 중요시했다. 마치 다양한 기능과 의미를 담아내는 캔버스와도 같다.

복을 기원하는 의미가 담긴 조각으로 문을 장식하였고, 좋은 기를 받아들이기 위해 부적과 주술적인 물건들을 붙이거나 걸어놓기도 했다. 손잡이에도 용맹한 사자나 장수를 기원하는 거북이 형상을 담아 넣었다. 그뿐인가. 한 해의 행운과 건강을 기원하는 글귀를 붙이는 세시풍속은 지금도 종종 주택의 문에서 볼 수 있다. 이처럼 문이란 삶의 의미와 그곳에 사는 사람의 개성을 담아내는 비어 있는 공간, 즉 캔버스처럼 무엇으로든 채울 수 있는 공간이다.

그렇다면 반드시 집의 대문에만 해당하는 이야기는 아닐 것이다. 어떤 사물의 얼굴과도 같은 부분, 그런 역할을 하는 것은 또 있다. 바로 '냉장고 문'이다. 냉장고는 집 안의 상당 부분을 차지하고 있으며, 커다란 냉장고 문은 집 안에서 문 속의 문 기능을 한다. 어찌 보면 하나의 입체 액자 같기도 하다.

그래서 우리는 냉장고의 크기에 꽤 신경을 쓴다. 집이 크면 냉장고도 커야 하고, 냉장고가 크면 왠지 이제 살 만해졌구나 하는 느낌도 든다. 최근 냉장고는 라이프스타일의 변화에 맞춰 냉동실의 기능이 강화되면서 크기가 더욱 커지고, 김치 냉장고 기능까지 포함되더니 이제는 정수기와 인터넷 모니터까지 부착했다. 활발한 콜라보와 함께 냉장고의 기능은 계속해서 업그레이드 중이다.

하상림×LG전자, 사인 냉장고

그뿐인가. 기능만으로 우리를 유혹하던 냉장고에 꽃이 담기기 시작하면서 냉장고는 생활을 파고드는 캔버스가 되었다. '냉장고 문이 저렇게 큰데, 왜 저기에 그림을 담을 생각을 하지 못했을까?' 처음 냉장고에 꽃 그림이 등장할 때 허를 찔린 기분이었다. 이 냉장고는 꽤 빠르게 호응을 얻었다. 더불어 꽃 그림을 그린 하상림이라는 화가가 급부상하며 일약 미술계의 스타로 등극했다.

그림을 입은 냉장고, 삶의 분위기를 바꾸다

오랫동안 흰색만을 고집해온 냉장고는 백색 가전의 대표 주자였다. 마치 위생과 청결의 대명사인양, 냉장고는 하얘야 한다고 철석같이 믿었던 듯하다. 늘 흰 와이셔츠만 입던 남편이 꽃무늬 하와이안 셔츠를 입었을 때, 그 변화 자체로 멋졌던 기억이 있다. '남편에게도 저런 모습이?' 라는 생각과 함께 신선한 기운이 내게로 몰

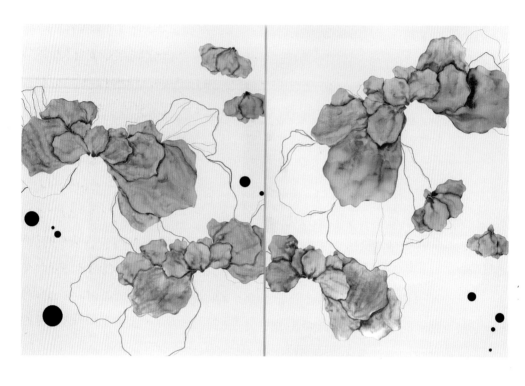

하상림, 《UNTITLED-W07029》(좌), 《UNTITLED-W07030》(우), 2007
사진 제공: 갤러리2

려왔다. 꽃을 담은 냉장고의 등장도 내게는 그런 느낌이었다.

냉장고에 커다란 꽃그림이 함박 피어 다가온 순간, 우리는 기다렸다는 듯 환호했다. 실제로 출시 당시 200만 원을 호가한 이 제품은 2년 만에 누적 판매량 200만 대를 기록했다. 정확한 액수는 알 수 없으나 하상림 화가도 이 냉장고 덕에 상당한 돈을 벌었다는 소문이 무성했다.

하지만 그런 항간의 소문보다 중요한 것은 냉장고 덕에 유명해진 작가의 작품을 이전보다 훨씬 많은 곳에서 만날 수 있게 됐다는 점이다. 아파트 모델하우스를 비롯해 수많은 레스토랑 및 공공장소의 벽면을 차지하는 주인공으로 자주 눈길을 끌었으니 작품 판매수익도 상당할 것이다.

하상림 화가를 기점으로 함연주 미술가, 김영세 디자이너로 이어지는 '아트 디오스' 시리즈가 선풍적인 반응을 일으켰다. 삼성전자에서는 맞불을 놓기 위해 앙드레 김을 내세우는 등 경쟁이 치열했다. 꽃 하면 누가 뭐래도 앙드레 김이기에 경쟁은 팽팽했지만, 익숙한 앙드레 김보다 신선한 하상림 화가의 꽃에 사람들은 더 열광했다.

그런 흐름은 냉장고에서 세탁기, 에어컨으로 이어졌다. 공기청정기, 정수기, 로봇청소기, 선풍기 등을 비롯해 최근 가전제품들이 컬러풀해지고 다양한 그림이나 문양들을 과감하게 활용하는 데는 아트 디오스가 견인차 역할을 했음을 부인할 수 없다. 관점을 바꿔 새로운 시도를 함으로써 시장을 리딩한 것이다.

그림이나 문양이 들어간 벽지를 포인트로 활용하는 인테리어 효과를 '아트 월'이라고 한다. 이처럼 아트 디오스는 전자제품으로만 존재하던 냉장고를 소형물, 설치예술품으로 그 역할을 확산시켰다. 그림이 있는 냉장고는 지루한 부엌에 활기를 불어넣었다.

그뿐 아니라 벽 상단에 달려 방안을 볼품없게 만들던 애물단지 에어컨도 명화를 넣자 한편의 멋진 액자로 변신했다. 이처럼 지혜로운 아트 콜라보레이션은 제품의 단점을 보완하고 새로운 쓰임을 만드는 멋진 효과를 만들어낸다.

LG는 제품에 명화 콜라보를 한 것에서 나아가 명화 CF를 시리즈로 제작했다. 고흐, 고갱 등 대가들의 명화에 자사 제품을 자연스럽게 끼워 넣어 제품의 고급스러운 면을 강조했다.

한번 상상의 문이 열리면 성장은 빨라지는 법. 요즘 냉장고는 다양한 기능이 추가되면서 몸집이 더욱 커지고 있다. 그래서인지 이사할 때 분해해서 이동시킬 수 있는 제품도 나왔다. 바로 이 지점에서 또 다른 아이디어를 낼 수 있다. 가정에서 외관이나 디자인이 싫증나 냉장고를 자주 바꾼다면 비용 손실이 크다. 이때 문짝 옵션을 준다면 어떨까? 문짝만 바꿀 수 있는 서비스가 제공된다면, 냉장고 전체를 바꾸지 않고도 적은 비용으로 주방 분위기를 확 바꿀 수 있다.

문짝 아트 콜라보레이션 서비스! 상상만으로도 즐겁다. 냉장고 문짝 교체 렌털 서비스까지 하면 어떨까? 자동차도 래핑으로 느낌을 싹 바꿀 수 있지 않은가. 냉장고 문짝에 그림 입히기 옵션을

두면 새로운 사업 아이템이 될 것도 같다. 이처럼 콜라보를 통해
사업의 기회는 무궁무진하게 만들어낼 수 있다. 창조적 아이디어
가 무한 세포분열을 하며 더 깊고 폭넓게 창조성을 확장하듯이.

역발상의 힘,
콤플렉스를
돋보이게 하라

한진피앤씨 × 미켈란젤로

"영화 보러 갈래요?"

연애 초기 영화 관람은 손잡기 시도의 날. 어둠 속에서 슬금슬금 손을 더듬어 찾고 어느새 손을 잡는다. 그 뻔한 코스 앞에서 난 늘 무너졌다. 내 못난 손이 콤플렉스였기 때문이다. 큰데다가 거칠고 우악스럽기까지 했다. 상대가 고운 손을 가진 남자라면 나는 더욱 움츠러들었다.

대체 왜 사랑을 시작하면 손부터 잡는단 말인가. 나는 늘 이 코스가 맘에 들지 않았다. 설렘이 움트는 순간, 제일 자신 없는 손을 상대에게 잡혀야 하다니. 내가 손을 빼는 것은 상대가 싫어서가 아니라 손이 너무 못생겨서 드는 미안함 때문이었다. 튕기는 게 아니라 움츠러들었던 것이다. 속사정도 모르고 오해를 받곤 했지만.

그래서인지 못생긴 손을 가꾸고 다듬기보다는 아예 포기해버렸다. 그러자 내 손은 더욱 거세지고 거칠어졌다.

왠지 내 손이 고와질 것 같아

한진피앤씨에서 신상품의 패키지 시안을 논의하러 나를 찾아왔다. 얼굴 마스크팩의 선풍적 인기에 힘입어 손 마스크팩 개발을 준비하고 있었다.

"제품 한번 써보세요. 진짜 성분 최고거든요."

이 못난 손에 그 좋은 제품을 쓰기가 너무 미안했다. 동시에 '내 손도 예뻐질 수 있을까?', '못생겼지만 고와지면 조금은 예뻐지려나?' 그런 욕심이 슬그머니 피어올라 팩에 손을 쓱 끼웠다.

'그래, 얼굴이 그닥 예쁘지 않아도 피부가 고우면 예뻐 보이지 않던가.'

순간 희망과 의욕을 불끈 차올리며 명화를 고르기 시작했다. 내가 고른 작품은 미켈란젤로의 〈아담의 창조〉. 인간에게 숨을 불어넣어 생명을 주시는 하느님. 그 손과 손끝으로 생명의 불어넣음을 전달하는 창의적 발상이 담긴 작품이다.

그 작품으로 손의 새로운 탄생을 상징화할 수 있겠다 싶었다. 못생긴 나의 손에도 새로운 아름다움과 생명 그리고 희망을 불어넣어주었으면 하는 바람을 담아서. 남들에게는 별 것 아니지만 나에

게는 손이 새롭게 태어나는 순간의 경이로움이 천지창조에 버금가기에, 충분히 의미 있는 작업이었다. 잘 선택한 명화 한 점, 그 경이로운 제목이 제품에 생명을 입혀주는 마법이 되는 것이다.

명작, 인간의 욕망으로 재창조되다

미켈란젤로는 원래 그림보다 조각가로 더 잘 알려진 예술가다. 〈다비드〉, 〈피에타〉가 그 대표작이다. 그는 "나의 작업은 조각이 아니다. 불필요한 것을 제거해 돌 안에 갇힌 생명을 찾아주는 것이다."라고 자신의 작업정신을 밝힌 바 있다.

조각가로 더 잘 알려져 있긴 하지만 이 천재적인 예술가는 탁월한 재능을 무한하게 발산하며 한 사람이 이룩했다고 하기 어려울 정도로 다양한 분야에서 업적을 남겼다. 로맹 롤랑은 "천재를 믿지 않는 사람, 혹은 천재가 어떤 것인지를 모르는 사람은 미켈란젤로를 보라."라고 말하기도 했다.

천장화 〈아담의 창조〉는 그가 성경에서 영감을 받고 세상에 메시지를 전달하기 위해 그 자신이 신의 도구가 되어 그려낸 명작 중의 명작이다. 하지

미켈란젤로 × 한진피엔씨, '위생장갑 포장지 | 시안'

만 세월이 흐른 지금, 그의 그림은 성당을 찾는 이들을 맞이하는 멀리 있는 벽화라기보다는 일상 가까이 놓인 작품이다. 그리하여 손 팩의 포장에 이미지로 담겨 인간의 손을 아름답게 가꾸고자 하는 욕망에까지 그 창조의 힘이 닿게 된 것이다. 비록 샘플 작업을 시도한 후 상용화는 보류 중이지만, 나는 이 제품을 아트 콜라보의 경이로운 사례로 손꼽는다.

인생은 짧고 예술은 길다. 인생은 시대에 갇히지만 예술은 시대를 넘나든다. 역시 예술은 시간과 공간을 초월하는 힘을 지녔다. 〈아담의 창조〉는 어떤 시공간으로 날아가 창조의 생명을 불어넣을까? 이 상상 여행의 목적지가 궁금하다.

황금 보기를
황금같이 하라

▼

펜잘×클림트

　'골드퀸'이라는 용어가 있다. 탄탄한 경제력을 바탕으로 건강과 외모, 삶의 질을 개선하는 데에 아낌없이 투자하는 40~50대 여성들을 일컫는 용어다. 이들은 남편과 자식만을 챙기던 이전의 중년 여성들과 달리 자신에게 적극적으로 투자한다. 홈쇼핑 방송 편성과 화장품·패션업계의 신규 브랜드 론칭에 직접적인 영향력을 행사하는 등 불황기 유통가의 큰손 역할을 하는 것으로 알려져 있다.

　사실 경제활동에서 여성들의 파워는 상당하다. 일반적으로 집을 최종 선택하는 것도 여성이요, 그림을 사는 컬렉터로서의 결정권자도 여성이다. 그뿐 아니라 시장의 주 소비층도 여성, 여행지의 결정권자도 여성이다. 세상이 여성들의 선택에 의해 돌아가고 있다고 해도 과언이 아니다.

누가 나의 고객인지 이해하고 분석하라

기업들도 여성을 타깃으로 각종 제품을 개발하고 마케팅에 열을 올리고 있다. 제약회사도 마찬가지다. 두통약 펜잘은 제품 케이스에 클림트의 명화 〈아델 블로흐 바우어의 초상〉을 입힌 후, 여성 소비자층을 섭렵하는 결과를 도출해냈다. 제품의 핵심 타깃이 여성임을 감안해서 그들의 이목을 끌만한 패키지 디자인을 한 것이 주효했다.

종근당은 '약효도 명품이 있다'는 구호를 내세웠다. 진통제 시장의 주요 소비자가 20~30대 여성이라는 점에 착안해 '핸드백에서 꺼내는 예술'이라는 콘셉트로 명화를 사용했고, 고급스러운 패키지로 여성들의 핸드백 한켠을 차지한 것이다.

이들 회사는 명화가 지닌 명시성과 주목성, 유명세를 홍보 포인트로 삼아 빠른 속도로 시장 점유율을 높였다. 뻔한 약품 케이스가 아니라, 익숙한 명화로 포장된 약은 왠지 모를 안정감과 선호도를 불러일으켰다. 게다가 여성들이 선망하는 고급스러움을 잔뜩 품은 골드 박스 아닌가(물론 노란색에 가깝게 보이기는 하지만, 인도에서는 노란색이 행복의 상징이요, 중국에서는 황제의 색인 것처럼, 우리에게도 긍정과 영광, 역동성이 느껴지는 색이다).

백금은 그 아름다운 색채와 희귀성 그리고 불변성으로 인하여

문명의 발상과 역사를 함께했다고 일컬어질 만큼 일찍부터 사랑
받아왔다. 금은 녹슬지 않는 순수, 가치를 비롯해 권력과 부귀의
싱징으로 사용되었다. 금관은 영원히 빛나는 하늘의 빛을 나타낸
다 하여 왕이나 종교 지도자들이 썼고, 신의 영광에 대한 표현으로
도 활용됐다. 또한 사후세계의 장식으로 각지에서 독특한 문화적
유산을 남기고 있다.

여성을 사로잡는 황금빛 유혹

미술사에서 금색을 가장 많이 사용한 예술가는 단연 클림트가
아닐까 싶다. 금세공사 아버지와 오페라 가수 어머니 사이에서 태
어난 오스트리아인 클림트. 그는 빈의 응용미술학교를 졸업한 후,
남동생과 함께 벽화를 그리는 스튜디오 '예술가 컴퍼니'를 개업해
서 주로 왕궁, 저택, 극장 등에 장식화를 그렸다.

클림트는 벽화 작업으로 훈장을 받을 만큼 공공의 업적을 인정
받았고, 단연 시대의 부와 명예를 누린 화가였다. 그는 당대 성행
하던 프랑스를 중심으로 한 신미술보다는 고전 명화에 관심이 많
았으며 이국적인 것에서 영감을 얻었다. 이탈리아의 모자이크 벽
화를 좋아했고, 동양적인 미학 특히 일본의 미감에 관심이 많았다.
게다가 의학과 생물학에도 조예가 깊어서 관련 이미지를 작품 속
여러 문양들에 반영했다.

영화 〈에곤 쉴레〉에는 당대 최고의 대가 클림트가 풋내기 화가
인 에곤 쉴레를 돕고자 자신의 모델을 내어주는 조력자로 등장한

구스타프 클림트, 〈아델레 블로흐 바우어의 초상〉, 1907

다. 클림트는 싱글이었지만 여성 편력은 화려했다. 펜잘의 케이스에 등장한 모델 아델 블로흐 바우어 부인을 비롯해 사교계 여인들뿐 아니라 수많은 모델들과 깊은 관계였다고 한다. 클림트가 죽은 후 14명의 여인들이 친자 확인 소송을 냈다는 것만으로도 그의 여성 편력이 얼마나 대단했는지 짐작할 수 있다.

여성을 사랑하고 여성들이 사랑할 그림을 남긴 클림트. 그의 생은 사라졌어도 여성을 사로잡는 금빛 가득한 그림은 영원히 남아 있다. 심지어 여성들의 통증을 덜어주는 약의 케이스에 담겨 여성 품에 안기는 그의 예술은 참으로 일관되고 치밀하고 지속적이다. 예술가의 작품성과 소비자를 공략하는 기업의 전략이 딱 맞아떨어진 참으로 정확한 아트 콜라보 아닌가.

펜잘은 기존 제품에 포장만 바꾸는 전략만으로도 소비자들과의 소통력을 증대시켰다. 통증을 완화하는 그저 그런 진통제가 아니라 여성을 사랑하고 여성과 교감한 예술가의 영혼으로 고통을 치유한 것이다. 이처럼 소비자의 성향과 니즈를 제대로 간파한 후 이루어지는 콜라보는 그 어떤 광고보다 세련되고 효과적이다.

클림트×펜잘

힘을 합치면
태산도
옮길 수 있다

화음 콘서트 × 칸딘스키

"칸딘스키 후손이 칸딘스키 듀오로 활동 중인데 모녀랍니다. 어머니가 피아니스트인 이리나 칸딘스키, 딸이 바이올리니스트인 안나 칸딘스키입니다. 한국에서 공연할 계획이 있는데, 한젬마의 칸딘스키 그림 설명과 함께 공연을 진행하고 싶습니다."

결정이 쉽지 않았다. 명화 해설, 특히 특정 화가의 이야기는 상당히 깊은 학습과 연구가 뒤따라야 하기 때문이다. 대개 이런 경우, 나는 서양 미술사학자나 서양 미술평론가 분들을 연결시켜주곤 한다.

그런데 내가 갈등하며 망설였던 건 '끌림' 때문이었다. 칸딘스키 후손과의 만남이라니…. 그들과 호흡할 수 있는 기회를 놓치고 싶지 않았다. 많은 시간을 할애해야 할 뿐 아니라 어쩌면 분에 넘치는 일일지도 모른다. 그럼에도 두려움은 뒷전에 두고 덥석 그 유혹의 손길을 잡았다.

"할게요, 하겠습니다."

칸딘스키를 통해 음악, 미술, 관객이 하나로 소통하다

이스라엘 성지순례 기간 중 벌어진 일이었다. 귀국하면서 관련 미팅이 시작되었고, 주최 측인 잡지사는 2019년 1월 표지모델 촬영, 인터뷰, 공연을 모두 연결시켜 진행하고 싶어했다. 나의 해외 일정으로 모든 게 촉박해진 상황. 프로젝트에 참여하는 이들의 일정을 맞추는 것부터 결코 쉬운 과정이 없었다.

하지만 포기할 수 없었다. 칸딘스키 그림으로 옷을 만들어 입고 사진을 찍으면 좋겠다는, 참으로 맘에 드는 생각이 떠오른 이상. 왜 이렇게 아이디어는 샘솟는지, 불현듯 '칸딘스키'라고 쓰인 작품 액자가 걸려 있던 카페가 떠올랐다. 다행히 카페에 그 액자가 그대로 걸려 있었고, 흔쾌히 섭외에 응해주었다. 우리 모두가 모인 그날 그 장소에는 칸딘스키 포스터 액자와 칸딘스키 옷을 입은 한젬마가 준비완료 상태였다.

모두가 열에 들떠 환호성을 질렀다. 뜨거운 마음으로 한자리에 모인 우리는 어찌나 흥분했던지, 그날 찍은 사진이 무려 1,500장 이나 될 정도다.

촬영을 마치고 비로소 칸딘스키 스터디가 시작되었다. 추상화의 아버지, 음악을 그리려 한 화가, 색과 선과 형태로 오케스트라의 웅장한 사운드 스케일을 담아내고자 했던 작가. 그의 작품세계는 파고들수록 늪과 같아서 헤어나올 수가 없었다.

법을 전공했으나 법학과 교수 제안을 뿌리 친 채, 30세의 나이에 미술인의 길을 선택했던 칸딘스키. 빛을 그린 모네의 그림에서 색과 추상의 세계를 발견하고, 자유롭게 표현된 바그너의 화음에서 그림이 보였다는 그는, 자신만의 미학과 철학을 전개하고 계속 연구해나갔다. 미술사에 획을 그은 《예술에서의 정신적인 것에 대하여》와 《점·선·면》이라는 책을 비롯해 수많은 논문과 칼럼을 쓰며 활발히 저술활동을 했다.

알면 알수록 더 궁금해지는 마법 같은 끌림 덕분에 모든 일을 뒷전으로 미루고 한 달 내내 칸딘스키와 함께 지냈다. 그 와중에 칸딘스키 듀오는 공연할 곡을 정해서 알려왔다. 차이코프스키의 〈그리운 고향의 추억〉, 스트라빈스키의 〈요정의 입맞춤〉, 시닛케의 옛 스타일의 모음곡. 그 곡들 사이사이로 해설을 해야 했기에, 내가 준비하는 설명은 모두 이 작곡가들의 곡과 연결되어야 했다.

무대에 오르는 순간까지 나는 터질듯 복잡한 상태였다. 마지막 리허설을 해보니 분량이 넘쳤다. 정성들여 스터디한 내용의 상당 부분을 버리고 최소한만 남겼다. 그래야 전체 흐름을 깨지 않고 상대와 대화하듯 밸런스를 맞출 수 있다.

화음 콘서트는 대성공이었다. 연주와 나의 설명은 번갈아가며 호흡했다. 결국 콘서트는 인터미션도 없이 2시간을 훌쩍 넘겼고, 사람들은 자리를 채운 채 앙코르와 스탠딩 박수까지 쏟아냈다. 2시간 동안 나의 칸딘스키 설명만 지속됐다면 분명 관객들은 흥미를 잃고 졸았을 것이다. 아무리 뜨거운 열정을 내뿜고 기발한 소통법을 발휘했을지라도 그랬을 것이다. 클래식 연주만 2시간 듣는다는 것 또한 무리다.

콜라보레이션은 2를 만들기 위한 1+1이 아니다. 서로 다른 하나가 만나 둘이 되는 것이 아니라, 각각 존재했을 때는 줄 수 없었던 즐거움과 신선함, 남다른 가치로 전혀 새로운 것을 창조하는 일이다. 그리고 그것은 단지 칸딘스키에 대한 정보 수집이나 이해, 음악의 감동을 넘어선다. 새로운 여행지에서 경험한 낯설면서도 충만함과 비슷한 느낌 아닐까 싶다.

공연계는 지금 콜라보로 진화 중

시각적 효과 덕에 아트 콜라보에서 미술 분야가 선두를 달리는 건 사실이다. 하지만 서로가 연결되고 융합되면서 협업이 중요해진 시대성을 반영해 모든 분야에서 콜라보레이션의 움직임이 활발히 일어나고 있다.

공연계만 해도 그렇다. 이미 오래전부터 융복합의 콜라보레이션이 활발하다. 공연이라는 것이 워낙 다양한 악기와 음악가들이 함께하게 마련이지만, 그럼에도 그것과는 또 다른 형태의 콜라보레이션이 진행되고 있다.

2013년 LG아트센터에서 선보였던 〈레플리카〉는 당시 아직은 불안한 융합과 콜라보레이션의 시류에 매우 고무적인 의미를 부여하는 결정판이었다. 크리에이터 남궁연 연출, 현대무용가 이용우, 조형준, 공영선, 사진작가 강영호, 국악타악연주자 민영치, 싱어송라이터 물렁겐, 발레리나 김주원의 콜라보. 서울대 작곡과 교수 최우정, 안무가 정영두, 미디어아티스트 하석준, 사운드 디자이너 김영선, 지휘자 이병욱, 소프라노 한상은, 테너 김병오, 오케스트라 앙상블 TIMF, 서울대 성악과 재학생들의 합창까지. 각 개인의 이름만 들어도 개성 넘치는 쟁쟁한 분야의 대표주자들이 한자리에 모여서 판을 만들었다.

잘난 두 사람이 결혼해서 성공적인 인생을 사는 게 아니다. 부족한 둘이 만나 더욱 행복해질 수 있는 비결은 서로에 대한 이해와

이희문×프렐류드×놈놈, 한국남자 프로젝트

양보, 협력에 있다. 이처럼 잘난 멤버들이 자기를 뽐내기보다는 상대를 배려하고 양보하며, 조화를 이루어 화합하겠다는 의지로 멋진 작품을 창조해냈다.

그뿐인가. 2017년 세계무대에 콜라보 뉴스가 터졌다. 9월 미국 공영라디오 NPR의 'Tiny Desk Concert'에 출연한 민요록밴드 '씽씽'. 초대받은 음악가들이 DJ의 책상이 있는, 마치 스튜디오 룸처럼 연출된 공간에서 공연하는 형식이었다. 방청객들이 가득한 작지만 개성 넘치는 무대다.

아델, 요요마, 레전드 등 세계적인 음악가들이 출연하며 인기를 끌고 있는 핫 스테이지. '씽씽' 출연 후 공연 영상이 유튜브에서 100만 조회 수를 넘은 것은 순식간이었다. '씽씽'은 곡을 콜라보시켰고, 멤버도 콜라보 멤버였다.

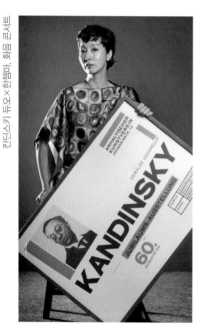

칸딘스키 뮤어×한젬마, 홀음 콘서트

〈베틀가〉, 〈옹헤야〉, 〈사설난봉가〉 등 한국 전통 민요를 디스코, 레게, 스가펑크, 블루스, 테크노 등으로 혼합 편곡했다. 이희문, 추다혜, 신승태 소리꾼 3명과 베이스 장영규, 기타 이태원, 드럼 이철희 등 각 분야의 쟁쟁한 선수 6명이 모여 프로젝트 형으로 만든 팀이었다(현재는 다시 각자 활동한다).

국악계의 이단아에서 국악의 세계적 스타가 된 이희문을 비롯해 소리꾼들의 파격적인 스타일링 또한 한몫했다. 그들은 여장 남자의 섹시 크레이지 스타일링으로 눈길을 사로잡았다. 전통 음악이 굿과 연결되어 있고, 남자 박수무당이 여장한 채 춤추고 소리하는 점을 뿌리에 두고 현대화시켰다고 한다. 가장 본질적인 것은 지키되 전통의 틀을 넘어 글로벌화시킨 씽씽의 파워는 단연 멋진 융합, 콜라보에서 나온다.

장르 간의 융합, 서로의 개성이 만나 더 멋진 화음으로

장르끼리의 융복합도 적지 않은 관심을 받는다. 기관이나 분야가 동행하려면, 복잡한 이해관계가 얽혀 뜻한 바대로 이뤄지기 힘든 벽이 있게 마련이다. 그런 점에서 〈충무로 뮤지컬 영화제 프리페스티벌 2015(Chungmuro International Musical Film Festival 2015)〉의 개최는 영화와 뮤지컬의 완벽한 콜라보레이션을 보여준다. 영화계 주요 인사, 뮤지컬 대표 스타가 한자리에 모인 새로운 결의에 가까운 시도인 셈이다.

2013년 지산 월드 록 페스티벌은 국내 록 페스티벌 최초로 음악과 미술이 결합된 아트 프로젝트 'MUSIC×ART GALLERY'를 선보였다. 페스티벌의 무대 미술이나 장식 차원이 아닌 팝 아티스트 마리킴과 아트놈의 작업이 음악과 융합한 사례다. 지산 월드 록과

팝 아트의 아트 콜라보레이션이었다.

특히 마리킴은 걸그룹 '2NE1'과 콜라보레이션을 진행하면서 유명세를 타기 시작했다. 아트 콜라보레이션에 대한 인식이 부족했던 당시 그녀는 디자인 워크가 아닌 자신의 브랜드를 건 동행의 방식을 선택했다. 앨범을 위한 디자인에 머물지 않고, 특정 예술가의 작품과 콜라보함으로써 동행의 의미를 강조한, 아트 콜라보의 새로운 방식과 방향을 보여준 셈이다.

"'2NE1'과의 콜라보레이션은 YG의 양현석 사장님이 직접 연락하셔서 시작하게 됐어요. 그때 양 사장님이 저에게 돈을 얼마 받을 거냐고 물어보셨는데, 돈을 받지 않겠다고 대답했습니다. 이 콜라보레이션이 우리나라 예술계에서 아주 중요한 의미를 가질 것이라고 생각했기 때문이에요. 돈을 받으면 일종의 갑, 을 관계가 형성되죠. 이러한 관계 속에 갇히기 싫어서 돈을 받지 않겠다고 한 것입니다."

덕분에 그녀는 자신의 이름을 2NE1과 같은 급으로 내세울 수 있었고, 돈보다 더 큰 가치를 얻었다.

그런가 하면 지코와 아이유가 콜라보레이션한 곡의 탄생처럼 가수들의 콜라보레이션도 자주 이뤄진다. 예전에는 그냥 듀엣이라고 했을 텐데 이제는 콜라보레이션이라고 한다. 그만큼 각자의 개성을 강조한 결합임을 나타내는 것이다. 멋진 개성이 만나 충돌하지 않고, 서로를 보완하며 아름다운 화음을 내는 것, 생각만으로도 즐겁지 아니한가.

콜라보에
장애란
없다

최일권×세비앙, 선일금고

예술 중학교에 진학한 후 나는 오로지 미술 전공만을 꿈꾸며 청소년기를 보냈다. 그러다 처절하리만치 치열한 고민이 시작된 건 미술대학에서 서양화를 전공하고 대학원까지 진학한 시점이었다. 나는 어쩌다 미술을 전공했을까? 과연 내 인생에서 미술이 최선의 선택이었을까? 어떤 미술을 해야 하는 것일까? 미술이란 과연 무엇인가?

이런 고민들로 밤잠을 설치기 일쑤였다. 미술을 포기할 수도 있었지만 어쨌든 되돌리기엔 너무 늦었다는 생각뿐이었다. 다행히 당시의 절실한 고민이 나에게 단단한 초석을 마련해주었다. 비온

248

뒤에 땅이 굳듯이, 오랜 고민을 통해 미술과 인생에 대한 내 생각
이 분명해지자 오히려 자신 있게 외도를 선택할 수 있었다. 오지
랖이 넓은 나는 미술 프로그램 신행, 책 출산, 아트 콜라보 등 다양
한 일을 하고 있다. 이는 남들보다 조금 앞선 시도이자 새로움을
향한 도전의 몸부림이다.

내가 일을 선택하는 기준은 새로운 것과의 접목, 즉 미술로 세
상과 콜라보함으로써 소통의 기회를 더 많이 만드는 데 일조할 수
있느냐 하는 것이다. 나아가 나의 궁극적 목표는 미술로 봉사하는
삶이다.

인간과 세상을 이롭게 하는 착한 예술

나는 미술을 빌미로 세상을 혼돈스럽게 하는 것에 반대한다. 나
쁜 마음을 담아 쏟아내는 나쁜 미술, 예술이라는 명분으로 바르지
못한 삶의 태도를 정당화하거나, 낭만의 탈을 쓰고 자신의 욕망을
마구 분출하는 것을 나는 과감히 비난한다. 너무나 유명한 세계적
예술가임에도 그 삶이 혐오스러워 작품까지 싫어진 경우도 많다.

예술작품의 작품성은 작가의 삶과 분리해 인정할 수밖에 없는
측면도 있지만, 삶의 악의성과 비도덕성이 예술가라는 이유로 용
서되고 스토리텔링의 힘을 입어 유명세를 만들어내는 것에 대해
서는 매우 유감스럽게 생각한다.

나는 착한 미술이 좋다. 좋은 미술, 훌륭한 미술은 세상과 인간
을 이롭게 해준다. 그런 점에서 한국의 피카소라 불릴 만큼 열정

적인 장수 예술가로 당대 명성을 누렸던 한국 최고의 화가 운보 김기창 선생을 무척 존경한다. 살아생전 뵌 적은 없지만, 돌아가신 후 남겨진 으리으리한 전통가옥과 운보의 집이라 불리는 미술관을 방문한 뒤 그분의 작업과 예술세계에 뒤늦게 심취했다.

운보 김기창 화백은 근대 한국 미술사의 최고 거장 중 한 분이다.

바보산수, 청록산수로 알려졌고 수묵화로 재해석한 가톨릭 성화는 단연 일품이다. 세종대왕, 김정호, 을지문덕 등 역사적 위인들의 영정 제작을 통해 한국 최고의 작가로 자리매김했다. 대걸레로 그림을 그린 수묵추상화 또한 그분의 기백과 위력을 각인시킨 대표적 작품이다.

예술가로서 보여준 작품성도 으뜸이지만 그분의 삶에서 더욱 빛나는 점은 자신의 장애를 '장애'로 삼지 않았다는 점이다. 8세 때 장티푸스에 걸린 선생은 할머니가 끓여주신 한약을 잘못 복용해 후천적 청각장애와 언어장애를 얻었다고 한다. 하지만 장애도 선생의 예술혼과 박애정신을 사그라뜨리지는 못했다.

운보 선생은 훗날 서울 역삼동에 청각장애인을 위한 복지센터인 청음회관을 설립했으며, 자신의 장애를 희망과 기회로 바꾸기 위해 장애인들을 위한 교육에도 매진했다. 그런 일면을 보면 작품세계만큼이나 삶 역시 남다른 감동을 주는 분이다.

직접 뵙지는 못했지만, 제자이자 청각장애인 화가 최일권 선생과의 만남을 통해 운보 선생이 지닌 혼의 향기를 맡을 수 있었다. 매주 꼬박꼬박 장애 학생들의 그림 수업을 도맡아서 나눔과 봉사

정신을 발휘하는 최일권 화백. 담대함과 섬세함이 조화를 이루는
뛰어난 작품성을 선보이는 최일권 선생은 주로 화조, 즉 주변에서
쉽게 보는 꽃과 새 그리고 나무와 야생농물, 가죽들을 그린다.

장애가 더 이상 장애가 되지 않는다는 점을 운보 선생에게서 배
우고 실천한 분이며, 더불어 자신과 같은 장애인을 돕는 사회활동
을 개척한 사람이다. '이웃과 함께 건강하고 아름답게 살자. 나눌 힘
이 있을 때 나누며 살자, 가족에게 인정받는 사람이 되자'는 신념
을 늘 실천하며 살고 계신 분이다. 또한 '자신이 장애인이라는 이
유로 누군가가 나의 문제를 해결해줄 것으로 생각하지 말고 스스
로 문제를 해결할 수 있는 힘을 키워야 한다'고 강조하는 분이다.

다름을 받아들이는 것이 콜라보의 시작

장애미술인들과 하는 콜라보 전시는 함께하는 기업들에게는 단
지 제품개발뿐 아니라, 사회적 책임을 지는 기업으로서의 책무를
다하는 장이기도 했다. 예술작품을 고르는 데 목적을 두기보다 장
애미술인들이 기업과의 소통을 통해 사회에 기여하고 활약하는
기회를 마련하는 데 의의를 둔 전시였다. 사실 기업 입장에서는
어떤 작품이어도 상관없었을 전시였는데 최일권 화백의 작품은
놀라운 만족도까지 안겨주었다. 탁월한 작품성과 밀도 높은 그림
은 전시장에서도 군계일학이었다.

욕조제품을 생산하는 기업 세비앙은 최일권 화백의 수묵 꽃그
림을 선택해 샤워기 받침대와 콜라보했다. 하얀색 바탕에 파랑과

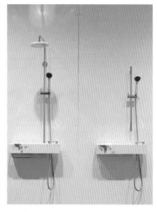

최일권×인성

빨강의 수묵 꽃그림이 수놓아졌는데, 여백의 미를 잘 살린 데다 그림이 주는 느낌 때문인지 물에서 꽃향기가 날 것만 같았다.

금고회사로 유명한 선일금고는 최일권 화백의 부엉이 그림, 독수리 그림과 콜라보를 선보였다. 낮밤으로 든든히 금고를 지켜줄 것 같은 신뢰감을 더욱 강조하는 작품이었다.

수준 높은 작품, 무엇보다 제품과 코드가 잘 매칭되는 작품을 선정하여 조화로운 콜라보를 한 덕분에 기업들의 만족도가 높았다. 제품 개발 측면에서뿐만 아니라 사회참여적인 활동을 했다는 점에서도 만족도는 배가되었다. 아직도 장애인에 대한 편견 때문에 채용을 부담스러워하는 기업들로서는 장애미술인의 그림을 활용해 그들에게 한발 더 다가서는 기회를 마련하는 자리였다.

올림픽에도 패럴림픽이 있듯, 장애인 창작 아트페어도 매년 열린다. 남의 일로 치부하거나 외면하지 말고 관심을 가져보는 것은 어떨까? 장애인이라는 편견을 없애고 보면 그들이 펼쳐내는 예술 세계 또한 전혀 다를 것이 없다.

　나와 다르지만 그 다름을 이해하고 수용하기, 경계하지 않고 있는 그대로 받아들이기. 그것이야말로 삶의 콜라보를 위한 첫걸음인지도 모른다. 착한 예술, 착한 마음이 모이면 그 따듯한 행보가 이 사회를 더욱 아름답게 성장시키는 '콜라보 마인드'로 자리 잡을 것이다.

최일권×선일금고

선한 소비가
선한 세상을
만든다

블랙야크×업사이클링 프로젝트

나는 우리농이라는 마켓에서 장을 본다. 직거래 유통방식의 마켓으로 주문을 하면 정해진 요일에 배달되는데 더욱 특별한 점은 배송 박스를 다시 수거해간다는 점이다. 덕분에 포장 비닐과 박스 쓰레기를 줄일 수 있다. 그럼에도 불구하고 여전히 우리 집에서 나오는 쓰레기의 양은 엄청나다. 매일 나오는 저 많은 쓰레기들은 다 어디로 가는 것일까? 재활용과 쓰레기 처리는 잘 되고 있는 것일까?

전 세계 플라스틱 폐기물의 72퍼센트를 수입했던 중국은 1992년부터 종이와 플라스틱 폐기물 수입을 중단했다. 판지와 금속 등

기타 재활용 쓰레기에 대해서도 '오염도 0.5퍼센트 이하'라는 엄격한 수입 기준을 제시함에 따라 전 세계가 쓰레기 대란을 겪고 있다. 지구가 쓰레기로 몸살을 앓고 있는 현실을 더 이상 도외시할 수 없는 상황이다.

그런데도 유통배달 서비스의 발달과 더불어 과대 포장으로 쓰레기가 급증하고 있다. 재활용 쓰레기의 재사용을 위한 비용 역시 점점 더 올라가고 있는 추세다. 지구를 살리자는 취지의 리사이클, 에코로 오히려 추가 소비를 하고 있지는 않은지, 고민할 일이다.

친환경이란 애초에 쓰레기를 줄이는 행동이 먼저 있어야 하고, 가능하면 생활 속에서 친환경 재료와 리사이클링을 실천해야 한다. 그리고 리사이클링 제품을 또다시 소비하는 유혹에 대해서 엄격히 자각해볼 필요도 있다.

패션 브랜드들의 에코 콜라보레이션

이와 관련해서 지각 있는 브랜드들은 다양한 방식으로 친환경 메시지를 전달하고 있으며, 브랜드 가치와 이미지 제고를 위한 리사이클 프로젝트들을 선보이고 있다. 게다가 리사이클 프로젝트의 경우 대부분 아트 콜라보레이션이라 더 눈길을 끈다.

최근에는 리사이클에서 업사이클이라는 용어로 진화했다. 업사이클이란 '업그레이드'와 '리사이클'의 합성어로, 버려진 물품이나 쓸모없는 상품에 디자인을 가미하고 활용성을 더해 기존보다 가치 높은 새로운 제품으로 재탄생시키는 것을 말한다. 이런 작업에 아트 콜라보레이션이 적극 활용되고 있다.

블랙야크는 런던 크리에이티브 팀과 업사이클링 프로젝트 'MIJUKO×BLACKYAK'를 진행했다. 2016년부터 신진 아티스트들과 협업해온 '아트 오브 더 유스'도 그 프로젝트의 일환이다. 지금 전 세계는 패션의 '지속가능'에 주목하고 있다. 이 지향점을 같이 하되, 젊고 신선한 감성을 덧붙이자는 뜻에서 블랙야크는 신진 작가들에 주목하는 것이다.

이 협업에 참여한 크레이에티브 팀 'MIJUKO'는 재활용 원단을 활용해 아웃도어 아이템과 영국의 클래식 감성을 더해 '고프코어룩' 스타일을 완성시켰다. 고프코어는 '고프(Gorp)'와 '놈코어(Normcore)'의 합성어로, 아웃도어에서 영감을 받은 놈코어 스타일을 말한다. 버려지는 원단에 다시 생명을 불어넣으며 '지속가능'이라는 철학과 서로 어울리지 않을 것 같은 소재와 디자인으로 아티스트의 실험 정신을 담아냈다.

김영훈 블랙야크 마케팅본부 이사는 "지속가능이라는 키워드로 만들어진 작품은 젊고 신선한 감성에 브랜드의 지향점을 자연스럽게 녹여낼 수 있는 좋은 기회가 됐다."면서 신진 아티스트들과의 지속적인 협업을 약속했다.

MCM은 문화예술적 소통 철학과 더불어 미래를 준비하는 다양한 행보를 통해 자사의 리사이클 메시지를 표출하고 있다. MCM은 업사이클링 브랜드 '에코사이클'과 함께 에코패션 콜라보레이션을 진행했다. 업사이클은 그룹 블랙 아이드 피스의 리더이자 프

혼자서는 멀리 갈 수 없다

로듀서인 래퍼 윌 아이 엠이 '코카콜라'와 함께 만든 회사다. 이 콜라보를 통해 MCM 캡슐 컬렉션의 클러치, 토트백, 백팩, 힙색, IT 기기 액세서리 등이 출시됐다.

이 컬렉션의 제품들은 PET병이 사용된 리사이클 캔버스를 활용해 제작됐다. 그리고 제품을 제작하는 데 PET병이 몇 개나 활용됐는지, 그 개수를 적은 라벨이 부착되어 있다. 에코사이클은 다양한 브랜드와 손을 잡고 콜라보레이션 제품을 출시하고 있지만, 안타깝게도 국내에서 제품을 구하기 힘든 편이다. 한정판으로 판매되는 희귀 아이템이기 때문인지 그 인기가 상당하다.

지구 환경을 걱정하는 목소리가 사회 각계각층에서 나오고 있으며, 예술가들은 자신의 작품을 통해 메시지를 전한다. 패션디자이너들 역시 예외는 아니다. MCM은 박선희 교수와의 리사이클링 패션전을 개최했으며, 박윤수 디자이너의 빅팍(BIG PARK) 2018 F/W 컬렉션은 자연재해와 붕괴에 대한 발언을 담은 'SAVE THE WOLF'를 테마로 정했다.

이청청, It's not justICE

그 외에 라이 이청청 디자이너는 'It's not justICE'를 주제로 지구온난화에 의해 파괴되는 북극을 소재로 한 쇼를 열었다. 그가 연 쇼는 그 제목부터 창의적이었다. 처음 북극을 주제로 작업을 시작했을 때는 오로라, 빙산 등 아름다운 북극을 모티브로 담아보겠다는 취지였다고 한다. 그런데 소재들을 서칭하는 과정에서 코카콜라 광고에서 봐왔던 포동포동하고 귀여운 북극곰이 아닌 말라비틀어져 죽어가는 북금곰 사진들이 발견되면서 애초 의도했던 방향을 틀게 되었다고 한다.

공평하지 못한 환경의 위기, 위험에 빠진 환경에 대한 메시지를 패션의 주제로 삼았다. 다루는 주제는 그러하지만 최대한 아름다운 방식으로 다루려 했다. '아름다움을 되찾자. 우리는 아름다움을 추구하고 싶지 않은가. 그러나 현실을 보라. 깨어나야 한다'를 온몸으로 전한 것이다.

기업의 사회적 책임을 마케팅으로 풀어내다

그런가 하면 CSR(기업의 사회적 책임) 차원에서 기업들의 참여도 적극적이다. 대표적 사례로 스와로브스키의 '스파클링 위크' 이벤트를 꼽을 수 있다. 브랜드와 상관없는 어떠한 시계이건 헌 시계를 기부하고 스와로브스키를 구입하면 20퍼센트 할인 혜택을 제공한다는 이벤트로, 매장에 기부된 시계는 서울시가 운영하는 서울새활용플라자(단지 재활용이 아닌 디자인을 더해 재탄생하는 새활용 산업의 전과정을 원스톱으로 이뤄내는 복합문화공간)에 전달되어 색다른 제품이나 작품으로 재탄생 시키는 '새활용 프로젝트'다. 윤리적 소비에 앞장서겠다는 기업철학을 담은 행보다.

패션전문그룹 던필드는 생태 환경 개선을 위한 노력의 일환으로 한강변에 나무 700그루를 심는 행사를 벌였다. 이를 시작으로

'던필드그룹 망원 한강 숲'을 조성할 계획이며, 쾌적하고 건강한 생활환경을 만들기 위한 다양한 노력을 기울일 계획이라고 한다.

코오롱인더스트리 역시 문화예술 발전에 동참하자는 취지로 4년째 '웜하트 캠페인'을 진행하고 있다. 장애인의 예술활동을 돕는 여러 비영리 단체들을 후원해왔으며, 국내외 아티스트들과의 콜라보레이션으로 웜하트 티셔츠를 제작해 판매하고 있다. 그 수익금의 일부는 소외된 문화 예술인들의 작품활동을 돕는 데 사용하고 있는 등 착한 캠페인으로 늘 화제를 모은다.

〈Fashionbiz〉에 실린 기사에 따르면 제일모직이 운영하는 CSR 플래그십스토어 '하티스트 하우스'에서 사용하는 쇼핑백은 친환경 생분해 플라스틱 소재로 제작됐으며, 장애인 재활근로 작업장에서 생산한 제품이라고 한다. 이 쇼핑백은 환경보호뿐만 아니라 향후 고객이 기부 물품을 담아와 매장에서 함께 나눔 활동에 참여(Bag to Share)할 수 있도록 제작됐다.

재능 기부와 나눔 릴레이를 더 확장하기 위해 유명인과의 재능 기부 콜라보도 진행했다. '쇼핑이 기부가 되는 공간'이라는 하티스트의 모토는 모두가 즐겁게 기부할 수 있는 문화를 퍼뜨리며 국내 CSR 활동을 활성화시키고 있다.

기업들의 이러한 노력은 소비자들의 마음을 움직이고 해당 브랜드에 대한 이미지 제고에도 큰 영향을 미치고 있다. 그 브랜드의 제품을 구매하면 '선한 소비'를 하고 있다는 자긍심을 심어줘서 브랜드 충성심을 높이는 역할도 하는 것이다.

COLLABOINSIDE

아트 콜라보레이션의
활용 유형과 적용 방식

[활용 유형]

그림차용	제품에 예술작품을 입힌다.
특별상품	예술작품과 같은 한정품 생산으로 소비욕을 증대시킨다.
포장	제품을 담은 용기에 예술가의 이미지와 스토리를 담는다.
전시홍보	전시작품으로 제작하여 홍보마케팅한다.
인테리어 활용	매장 디스플레이나 박람회 부스 디자인에 활용한다.
광고	브로셔, 미디어 홍보, SNS, 온라인을 통해 스토리와 이미지를 활용한다.

[적용 방식]

이미지 활용	제품에 이미지를 입히는 가장 대표적인 아트 콜라보 방법 ▶특징 : 활용 범위 넓음, 대량생산 가능
예술가 직접 제작	제품에 작가가 직접 작업하여 독창적 제품을 생산하는 방법 ▶특징 : 한정 생산, 주문제작 가능

기업은 예술을 향해, 예술은 기업을 향해
창조적인 시각과 마인드로 접근할 때
이런 시도들이 진정으로 풍요로운 결실을 맺을 것이다.
−이주헌, 미술평론가

제품은 공장에서 만들어지지만
브랜드는 소비자의 마음속에서 만들어진다.
−월터 랜도, 랜도 어소시에이츠 설립자

CHAPTER 4

콜라보의
초가치 효과 1.
예술성

현대카드 :

틀과 경계를

뛰어넘다

현대카드×가파도 프로젝트

섬을 떠올리면 나는 인상 깊은 스토리 3가지가 떠오른다.

첫째, 섬을 사준 여자 이야기다. 2013년, 안젤리나 졸리가 브래드 피트의 50세 생일에 200억 원이 넘는 하트 모양의 섬을 선물했다는 소식이 전해졌다. 섬을 선물했다는 것도 인상 깊었지만, 그 섬이 하트 모양인 것을 사진으로 확인하니 더 기억에 남았다.

1만 3,000평의 섬에는 헬기 착륙장이 있었다. 그뿐인가. 예술적 안목과 취향이 상당한 컬렉터 브래드 피트가 가장 좋아하는 건축가 프랭크 로이드 라이트의 건축 작품도 있었다. 이혼 후 지금 그 섬의 소유는 누구일지 궁금하다.

둘째, 예술로 살아난 섬 이야기다. 여행과 예술에 관심이 있는 이들이라면 다 아는 나오시마 섬. 1980년대까지 구리제련소로 왕성하게 돌아간 산업과 공업의 도시. 그러나 산업폐기물과 오염물질로 결국 주민들이 떠나 버려진 섬이다.

교육출판기업인 '베네세 그룹'은 1985년부터 약 25년간 6,500억 원을 투자하여, 사람들이 외면하고 떠난 이 섬에 생명과 활기를 불어넣었다. 그 결과 나오시마 섬은 젊고 활기찬 문화예술의 섬으로 탈바꿈한다. 세계적으로 손꼽히는 일본 건축가 안도 다다오의 건축과 쿠사마 야요이의 호박 설치 작품을 기점으로 섬의 집들을 전시장으로 살렸다. 그리고 곳곳에 여러 미술관(베네세하우스 미술관, 지추 미술관, 이우환 미술관)을 설립했다. 2004년부터 '베네세 아트 사이트 나오시마 예술 프로젝트'로 예술의 섬, 친환경의 섬으로 불리기 시작하더니 2015년에만 50만 명의 관광객이 방문했다. 최근 들어 한국인들의 나오시마 섬 관광 소식이 넘쳐나는 것을 보면 해외관광객도 늘어나는 추세인 것으로 보인다.

셋째, 나오시마 섬과 견주어지는 한국의 섬 이야기가 있다. 정확히 말해 섬을 살리는 카드회사 이야기다. 일본에서 교육출판기업이 나섰다면 한국에서는 신용카드회사가 나섰다.

섬에서 문화를 꽃피운 가파도 프로젝트

카드업계 후발주자였던 현대카드는 2001년에 1.8퍼센트에 불과한 시장점유율로 출발했다. 그러나 크리에이티브한 광고를 내

세우며 2006년 성공적인 시장 진입을 하더니, 2009년에는 시장점유율 3위인 S카드를 추월했다. 당시 카드업계에선 전혀 신경 쓰지 않던 카드 디자인에 의미를 부여했고, 파격적인 행보로 국내 카드업계의 광고 패러다임을 바꾸었다. 그 과정에서 현대카드가 문화예술 마케팅의 선두주자 자리를 차지하게 된 것은 어쩌면 당연한 일이다.

2005년에 문화예술과 비즈니스를 접목하기 시작한 뒤로, 스타들의 내한공연인 '슈퍼콘서트', 다양한 분야의 스포츠 선수들을 선보이는 '슈퍼매치', 전 세계 명사 초청 강연인 '슈퍼토크' 등을 아우르는 '슈퍼시리즈', 연극, 전시, 무용, 영화 건축 등 다양한 문화예술 아이콘을 찾아 소개하는 '컬처 프로젝트'로 이어졌다.

현재 디자인, 여행, 음악, 미술, 요리 등의 콘텐츠를 담은 라이브러리와 복합문화공간을 운영하고 있다. 정보 플랫폼의 공공 디자인워크인 '서울역 아트쉘터'는 미국 IDEA(International Design Excellence Awards)에서 환경 부문 금상, 독일 레드닷 어워드에서 본상, 국제포럼 디자인상에서 본상을 석권했다.

소상공인을 위한 디자인, 마케팅, 홍보, 컨설팅을 제공한 사회공헌 프로그램인 '드림실현 프로젝트'는 미국 IDEA에서 서비스 디자인 부문 금상을 수상했다. 더불어 전통시장을 활성화하기 위한 사회공헌 활동도 펼쳤다. '전통시장 활성화 프로젝트'의 일환으로 '봉평장 프로젝트'(2014년)와 광주 '송정역시장 프로젝트'(2016년) 등이 진행됐다. 그리고 6년여에 걸친 새 단장 끝에 지난 2017년 4

월 가파도가 문을 열었다. 가파도는 현대카드 아트 마케팅의 끝판
왕이라 해도 과언이 아니다. 최근 예술가 레지던시까지 생기면서
나오시마와 비교되고 있지만 현대카드의 포부는 이를 넘어선다.
나오시마처럼 단순한 아트섬이 아닌, 제주시, 현대카드, 가파도
주민, 그리고 지역 재생에 참여하는 각 분야 전문가들과 예술가들
이 협업해 섬에 새 생명을 불어넣겠다는 것이다.

이런 멋진 콜라보를 통해 가파도가 살아나면서 섬의 문화적 가치는 점점 커지고 있다. 물론 섬만 살아난 것은 아니다. 현대카드 역시 섬이 살아나는 만큼 동반 성장하고 있다.

진정한 예술은 예술 너머에 있다

일찍이 문화예술 분야에 조예가 깊은 현대카드는 콜라보 선수다. 이마트와 손잡고 현대카드 디자인의 주방용품을 선보이는 '오이스터 프로젝트'를 선보인 바 있고, 기아자동차와 함께 콘셉트카 '마이택시'를 선보였다. 현대카드는 생산자와 소비자의 경계에 얽매이지 않고, 다자와 손을 잡는 콜라보를 통해 점점 진화하는 중이다. 그뿐 아니라 수많은 전문가들이 만날 수 있는 가교 역할도 하고 있다.

1949년, 처음으로 신용카드를 만들어 첫 선을 보인 사람은 프랭크 맥나마라다. 그러나 최초로 신용거래를 했던 시기는 한참 거슬러 올라간다. 최초의 신용거래자는 바빌로니아인과 로마인이다. 그들은 점토 조각에 거래할 상품의 종류와 양을 표시했고, 이걸 증표로 물물교환을 했다고 한다.

수천 년 전의 점토 조각이 현재의 사각 플라스틱으로 바뀌었고, 거기에 디자인이

현대카드×가파도물미역

가미되면서 외양이 달라지고 있다. 그러나 그 작은 사각형의 플라스틱 안에는 우리의 욕망, 경제활동, 신용이 녹아들어 꿈틀댄다. 단순한 플라스틱 조각이 아닌 것이다. 오래전 바빌로니아인들의 점토 조각이 그저 흙부스러기가 아니었듯이.

　"진정한 예술은 예술이라는 것 너머에 있고, 진리는 종교라는 울타리 밖에 있으며, 사랑은 껴안는 행위 너머에 있다."는 네덜란드 출신의 명상화가 프레더릭 프랑크의 말이 떠오른다.

BMW :

아트카의 향연,

자동차가 캔버스가 되다

BMW×제프 쿤스, 데이비드 호크니 외

나라마다, 지역마다, 또 출신 학교나 직업군마다 성향이 조금씩 다르듯, 자동차 역시 고객들의 취향에 따라 선호하는 브랜드가 달라진다. 브랜드마다 자동차가 표방하는 특성이나 이미지가 차별화돼 있고, 자신의 제품을 소비할 핵심 타깃을 정해놓고 그에 맞는 브랜드 홍보를 하기 때문이다.

자동차가 단지 운송수단에만 머물던 시절은 지나갔기에 자신의 개성을 드러낼 수 있는 차를 찾는 것은 어쩌면 당연한 현상이다. 물론 성향과 기호 때문에 무리해서 비싼 가격도 치른다. 때로는 막연히 비싸서 더 좋아 보이는 것은 아닌가 싶기도 하지만, 사실 비싼 데는 또 그만큼의 이유가 있다.

브랜드 아이덴티티의 완성은 비주얼

차에 대해 잘 모르는 어린 딸이 비주얼과 본능적 감각에 의존해 가격 순위대로 등수를 매기는 모습에 무척 놀란 적이 있었다. 브랜드도 모르고, 차량 정보나 가격 정보도 없는 아이가 외관만으로 거의 정확한 순위를 매기고 있었다. 비주얼만으로도 차량의 성능과 가치를 담아내고 있다는 증거다.

이제는 어느 회사가 더 믿음직스럽고, 역사가 깊으며, 성능이 좋은가를 따지기보다 어느 브랜드가 더 매력적이냐가 중요한 선택 포인트가 되었다고 해도 과언이 아니다. 그래서 브랜드 아이덴티티가 중요하다. 우리는 자동차를 사는 게 아니라 라이프 스타일을 사고 자동차가 표방하는 가치를 사기 때문이다.

한국의 브랜드 쏠림 현상과 유행은 유난하다. 어떤 브랜드가 인기를 끌기 시작하면 너도 나도 그쪽으로 몰리는 경향이 강한 편이다. 2000년대 중반은 한국에서 BMW의 인기가 치솟기 시작했던 시기다. 나 또한 그 인기에 편승했던 기억이 있다.

대학교에 진학하면서 바로 운전면허증을 땄고, 엄마 몰래 자동차를 훔쳐 탈출하곤 했다. 그 시기를 거친 후 생긴 나의 첫 차는 빨간 티뷰론! 나름 스포츠카였다. 하지만 신났던 시간도 잠시, 공항 주차장에서 에어백이 터지고 얼굴이 KO를 당한 복싱 선수마냥 만신창이가 되는 사고로 폐차 지경까지 갔다. 그리고 드디어 새

차를 살 기회를 맞았다.

큰맘 먹고 SUV BMW를 선택했다. 하지만 주유비도 부담스럽고, 사이드미러에 작은 흠만 생겨도 엄청난 수리비용을 감당해야 했다. 배고픈 폼생폼사 시절이었다.

비주얼에 빠져 소비를 하다 보면 지갑이 가벼워지게 마련. 고가의 자동차들이 계속 눈에 들어와 밟혔다. 그러다 눈에 띈 것은 리미티드 에디션 무광 미니. 한국에 단 5대만 판매 허용이 났다는 그 멋진 차에 빠져 허우적거린 적도 있다. 다행이었을까. 계약 체결 사인 직전, 목 디스크가 심한 나의 신체 조건과 차의 승차감이 맞지 않는다는 조언으로 간신히 유혹에서 벗어날 수 있었다.

독일에서 지내던 시절에는 빈티지 자동차 경매시장을 알고 나서, 앤티크 자동차를 몰고 싶은 마음에 심한 열병에 빠진 적도 있었다. 집은 없어도 자동차는 있어야 한다는 말이 나를 점령하던 시절이었다.

어찌 보면 자동차는 패션의 완성, 라이프의 완성인지도 모른다. 일단 차가 있을 때와 없을 때, 삶의 패턴 자체가 완전히 달라지니 말이다. 차는 어디든 떠날 수 있는 행복을 안겨주고, 혼자만의 공간과 시간을 마련해주며, 좋아하는 음악을 큰 소리로 들을 수 있는 자유도 준다. 연인이 있다면, 둘만의 밀회를 즐기기에 더없이 완벽한 공간 아닌가.

이런 멋진 삶을 담아줄 그릇으로서의 자동차에 대한 로망. 분명 그 로망이 확산되는 데는 BMW 아트카의 영향이 컸으리라. BMW

① 제니 홀저×BMW 아트카, 1999
② 에른스트 푹×BMW 아트카, 1982
③ 세자르 만리케×BMW 아트카, 1990
④ 앤디 워홀×BMW 아트카, 1979
⑤ 알렉산더 콜더×BMW 아트카, 1975
⑥ 켄 돈×BMW 아트카 Ken done, 1989
⑦ 로이 리히텐슈타인×BMW 아트카, 1977
⑧ 데이비드 호크니×BMW 아트카, 1995
⑨ 제프 쿤스×BMW 아트카, 2010

가 만들어낸 아트카 뉴스를 보면서 성장한 내가 BMW에 대한 예술적 판타지와 멋을 느끼는 것은 일면 당연하다.

예술을 입은 자동차, 환상의 세계로 질주하다

BMW의 아트카 프로젝트를 살펴보자. 1975년 알렉산더 콜더(우리에겐 모빌 작품으로 더 잘 알려진)와의 아트 콜라보레이션을 시작으로 1976년 추상표현주의의 거장 프랭크 스텔라, 1977년 팝아트의 거장 릭턴스타인, 1979년 앤디 워홀, 1986년 로버트 라우션버그, 1990년 키스 해링, 1991년 A. R. 펭크, 1995년 데이비드 호크니, 1999년 제니 홀저… 그리고 17번째 주자 제프 쿤스와 했던 2010년의 아트 콜라보레이션.

대중성과 스타성이 탁월한 제프 쿤스는 에펠탑을 배경으로 자신의 아트카를 선보이는, 영리한 홍보를 했다. 아트카 전시 또한 파리 퐁피두센터에서 하며 사람들의 이목을 집중시켰다.

한국에서도 BMW의 아트카 시리즈를 선보인 바 있다. 2007년 아트선재센터에서 열린 '아트카 월드 투어 한국 전시'에 앤디 워홀, 프랭크 스텔라, 켄 돈, 로이 릭턴스타인이 작업한 아트카 4대가 전시되었다. 제프 쿤스가 만든 17번째 아트카는 2011년 9월 KIAF(Korea International Art Fair)를 통해 선보였다. 이후 BMW는 가장 국제성을 가진 KIAF를 통해 매년마다 그해 신차를 선보이며, 자동차를 넘어 작품으로 인정받고 싶어하는 BMW의 소망을 실천하고 있다.

　예술의 미래와 궁극적 목표가 그 틀을 깨고 넘어서는 데 있다면, 아트 콜라보를 통해 기업들이 추구하는 것 또한 마찬가지일 것이다. 그렇다면 예술을 입은 자동차의 미래는 선입을 깨고 벗어난 환상의 세계로 우리를 안내하는 데 있지 않겠는가.

　오늘날, 자동차를 단순한 교통수단으로 여기는 사람은 많지 않다. 인간이 운전할 필요도 없다. 알아서 목적지로 안내해준다. 그뿐 아니라, 전화, 컴퓨터, 인터넷 사용 등 일체가 가능해진 멀티유스 공간으로 진화하고 있다. 우리에게 자동차는 업무, 휴식, 여행이 모두가 가능해지는 공간이며, 패션이고 라이프다.

　자동차는 굳이 예술가와 협업을 하지 않아도 이미 그 자체로 예술품의 디자인을 갖고 있다. 그래서 클래식 자동차는 세월이 흐를수록 가치를 올리고, 그 아름다움은 수많은 경매를 통해서 거래된다. 대중적인 판매보다는 홍보 전략의 일환으로 만드는 아트 콜라보레이션된 특수 차량들이 뉴스를 만들며 자동차 브랜드들의 생명을 연장시키는 중이다.

　지금은 많은 자동차 브랜드들이 예술과의 협업을 필수적으로 여기고 있으며, 협업하는 방식도 함께 진화하고 있다. 단연 그 작업을 시작한 것도, 선두에서 리딩하는 것도 BMW다.

　인생은 짧고 예술은 길다더니 자동차는 낡아도 아트카가 만드는 이슈는 영원할 모양이다. 자동차가 예술과 동행하며 멋진 신세계로 무한 질주하는 것을 기대해보자.

한국도자기 :
자연, 명화, 드라마를
담아라

한여요, 한국도자기×신사임당

우리 집은 서울 한복판 대로변에 위치한 주상복합 초고층 빌딩. 창밖으로 시내가 한눈에 보이는 시원한 전망도 좋고, 문 열고 나서면 택시와 상점들이 즐비했다. 도심의 북적임을 느끼는 것도 꽤 괜찮았고, 교통 요지에 있어 어디든 갈 수 있는 한마디로 살기 편한 동네였다. 아이를 낳기 전까지는.

아이를 낳고 나자, 더없이 편하다고 생각했던 도심이 좋지만은 않다. 공기오염, 소음공해, 교통안전, 교육환경 등 마음에 걸리는 게 한두 가지가 아니었다. 내가 선호하던 주택환경이 순식간에 서질 환경으로 바뀌어버렸던 것이다. 내 맘 안에서.

자연과 더불어 정겹고 따숩게

사랑하던 사람의 단점이 보이기 시작하면 어느 순간 정이 뚝 떨어지듯 도심 생활에 정이 떨어졌다. 배는 하루가 다르게 불러오고, 몸은 더더욱 무거워져가고, 나는 그곳이 싫었다. 태어날 아기에게는 건강한 자연이 있는 환경을 선사하고 싶었다.

흙과 꽃나무가 있으면 좋겠다. 작은 텃밭이라도 안겨주고 싶다. 가급적 조용하고 차가 다니지 않는 안전한 곳이면 좋겠다. 주변에 공원이나 산이 있다면 얼마나 좋을까. 좋은 음식재료를 살 수 있는 슈퍼가 있으면 좋겠다. 유흥업소가 없는 곳이면 좋겠다. 내 바람 대로라면, 내가 사는 주거 환경을 완전히 뒤집어야 하는 상황이었다.

아이를 뱃속에 품고 흙이 있는 곳으로 집을 보러 다녔지만, 결국 출산 전까지 원하는 집을 구하지 못했다. 아이를 낳고 층간소음 문제로 시달리던 끝에야 겨우 이사할 수 있었다. 우여곡절 끝에 계약한 집은 마당이 있는 집이었다. 어찌나 지렁이가 많던지, 좋은 토양이라는 증거지만 좀 징그러웠다.

아이는 그림책에서 본 뱀인 줄 알고 "뱀이다, 뱀이다!" 하며 손으로 잡아오기 일쑤고, 꽃을 따서 먹는가 하면 소꿉장난 그릇에 한 움큼 담아오기도 했다. 텃밭 가꾸기에 동참한 딸은 씨앗을 심거나 모종을 심을 때 흙 속에서 나타나는 애벌레들을 무척이나 좋아했다. 벌레만 보면 기겁하는 나와 달리, 손바닥에 올려놓고 한참을 쓰다듬어주고 뽀뽀까지 하는 딸. 그 모습에 질겁하다가 나는

문득, 스스로에게 물었다. "왜 벌레를 그렇게 싫어하는 거지? 도대체 무슨 이유 때문에 벌레를 무서워하고 증오하게 된 것일까?"

유치원 다녀오면 방으로 달려가 애벌레와 이야기하고, 사랑을 쏟으며 애지중지하는 딸을 보면서 나도 조금씩 달라졌다. 나를 둘러싼 자연에 한 발 더 다가갔고, 어느새 친근함과 애정을 느끼게 되었다. 내가 다시 태어나는 시간들이었다.

딸에게 식물과, 꽃, 열매의 색감을 보여주고 싶다는 열망으로 시작한 풋내기의 텃밭 정원 가꾸기. 슬그머니 욕심을 내서 농부학교에 입학했고 본격적인 농사를 배우며 상추, 토마토, 고추, 호박, 가지를 넘어서, 땅콩, 토란, 더덕, 오이, 가을 무, 배추, 김치까지 섭렵해갔다.

어느덧 우리 마당은 새와 벌레들에게 최고의 인기 장소였고, 보답이라도 하듯 우리 마당을 찾아 아름다운 소리들을 나누어주었다. 새들이 터를 마련하고 새끼를 품고 식구를 늘려가는 모습 또한 진풍경이었다. 그러는 사이 우리 가족은 풀벌레를 만나고 관찰할 기회가 늘면서 자연에 대한 관심의 폭도 같이 커졌다. 〈내셔널지오그래픽〉 잡지를 정기구독하고, TV 시청도 디스커버리, 내셔널지오그래픽 등 자연 관련 채널이나 〈동물의 왕국〉, 〈정글의 법칙〉과 같은 프로그램에 고정되었다.

자연과 삶을 담은 예술 작품들

신사임당의 그림을 보면 마당에 풀벌레가 많았고, 무엇보다 자

심플인싸×한정작가

심플인싸×한여여

녀를 키우면서 아이의 시선으로 풀벌레를 바라보고 자주 소통했음을 짐작하게 된다. 한국에 이런 나비가 있단 말인가 싶을 정도로 아름다운 나비와 나방이 등장하고 개구리, 여치, 사마귀, 잠자리, 쇠똥구리도 선을 보인다. 그들은 마당에서 아이들과 시간을 보내며 만났던 아름다운 추억의 주인공들이 분명하다.

게다가 잘 익은 사과를 한 쌍의 쥐가 갉아먹는데, 호령하지 않고 정다운 시선으로 그림에 담은 모습에서 아이들의 순수한 마음을 느낄 수 있다. 자녀를 키우면서, 아이들과 함께 마당을 지켜보지 않았다면 과연 이런 묘사를 할 수 있었을까?

그녀의 그림 속에 등장하는 벌레, 곤충들은 한결같이 정겹고 한 식구마냥 친근하다. 한 폭에 담긴 채소와 꽃, 그들 주변에 함께하는 벌레들의 앙상블이 참으로 따뜻하고 조화롭다. 저자의 시선과 성정이 고스란히 느껴지는 대목이다.

아내, 며느리, 어머니로서 훌륭하게 역할을 수행했을 뿐 아니라 시와 서화에도 능통한 슈퍼우먼 신사임당. 47세의 생에 굵게 획을 그은 여인. 그녀의 그림을 보면, 1인 다역에 완벽을 기하느라 바쁜 일상에 쫓기며 살았던 냉철한 여성으로 보이지 않는다. 더없이 깊은 사랑과 섬세한 시선과 따뜻한 지혜로 한 가정을 채웠던 통 큰 그릇의 여인이 느껴진다.

이영애 주연의 〈사임당 빛의 일기〉는 드라마적인 성공은 크게 거두지 못했지만 사임당의 그림은 새삼 주목을 받게 되었다. 드라마 방영을 계기로 한여요는 사임당의 〈초충도〉를 활용하여 그릇을 출시했다. 그보다 앞선 2014년에 〈초충도〉를 현대적으로 재해석한 디자인의 한국도자기 그릇도 드라마 방영을 계기로 재조명받았다.

드라마가 히트를 쳤다면 이 그릇이 수출시장에서 더욱 뜨거운 반응을 얻었을 텐데, 한한령 사태로 수출이 불발되는 안타까움을 겪어야 했다. 그러나 위기는 언제나 기회가 되는 법. 드라마 방영을 계기로 초충도 시리즈를 접목한 그릇이 탄생했고, 중국시장 진출은 실패했지만 다른 국가들로의 진출을 모색하는 기회가 되었다. 드라마는 실패했지만, 신사임당과 〈초충도〉는 영원하다. 자연과 생물에 대한 조선 여인의 따뜻함은 세월을 초월하리라 믿는다.

신사임당의 그릇에 담기는 음식은 자연 그대로의 모습이 가득하다. 풀벌레와 나누는 음식처럼 따뜻함과 아름다움이 살아 숨 쉰다. 그릇이 자연이 되고 이야기를 담는 풍경이 되는 것, 그것이야말로 아트 콜라보의 힘이 아닐는지.

당신의 그릇에는 어떤 그림이 담겨 있는가. 당신은 어떤 그림과 함께 식사를 하는가?

보네이도 :
시간을 뒤섞은 새바람,
빈티지 열풍

보네이도 코리아×하태임 외

최근에 나는 빨간 자개장을 매입해, 모던 가구를 빼내고 거실 반 토막을 자개장에 내주었다. 다소 위험한 시도였지만, 결과는 예상 외로 멋졌다. 주변의 모던함과 멋스럽게 어우러지면서 사뭇 깊이 가 더해지는 분위기로 바뀌었다.

오래된 새로움, 익숙한 낯섦이 우리를 매혹시킨다

나에게는 나랑 똑같이 나이를 먹은 제품이 2개 있는데, 선풍기 와 피아노다. 선풍기는 고장이 나서 회전이 안 되고, 피아노는 조 율을 해도 제 소리를 못 내는 회복 불가능한 늙은이가 되었다. 구식 취급을 받던 이 오래된 물건들이 어느 순간 추억과 향수를 불러일으키며 소장품으로서의 가치를 획득한 빈티지가 되어가고 있다.

태어날 때부터 나와 함께한 낡은 선풍기는 쿨링 프렌즈로 사람들의 탄성과 관심을 끄는 주인공이 되었다. 피아노는 엄마의 혼과 교감하기라도 하듯 딸이 가보로 이어받아 연습하는 중이다. 이들은 그저 낡고 오래된 물건 이상의 의미를 지닌다. 여기서 중요한 건 물건 그 자체가 아니다. 그것이 갖는 시공간적 맥락, 거기 담긴 스토리, 그리고 주변과의 호흡에서 오는 콜라보레이션 효과에 주목해야 한다.

현대화를 명분으로 우리 삶은 모던함과 세련미를 추구하더니, 그 안에 다시 새로운 스타일을 부여하려 한다. 오래된 것, 향수와 그리움, 깊이와 역사성을 담아 전에 없던 새로움으로 재탄생한다. 이런 흐름 속에서 많은 이들이 레트로 스타일의 냉장고, 도자기 그릇, 클래식 패션에 열광하기 시작하지 않았는가.

2019년 트렌드 중 하나로 새로운 것(new)과 오래된 것(retro)이 합쳐진 뉴트로(newtro)가 주목받고 있다. 이는 단순한 과거의 재현이 아니다. 과거를 현재로 끌어와 그 본질은 유지하되 현대적 시각으로 재해석한다는 데 핵심이 있다. 전통과 빈티지 스타일이, 현재와 현대성이라는 멋진 콜라보 파트너를 만나 새 생명을 얻은 것이다.

최근 핫플레이스 중 한 곳은 바로 익선동. 북촌보다 익선동에 열

광하는 이유는 무엇일까? 북촌이 가급적 전통을 유지하는 쪽이라면, 익선동은 근대의 현대화가 이뤄진 곳이라고 할까. 근대성을 살리되 현대적으로 재해석한다는 점에서 매력이 넘친다.

예스럽지만 현대성이 깃들어 있고, 전통 고가구들이 있지만 유럽풍이 섞여 있으며, 겉은 한옥이지만 내부는 완전 신식이다. 향수가 느껴지는 그곳에는 20대가 가득하고, 의외로 기성세대는 찾기 힘들다. 그 풍경을 보면서 '대체 이 청춘들은 왜 이곳을 좋아하는 것일까?'를 고민했다. 그 끝에 얻어낸 답은 레트로.

젊은 신세대들에게 이곳은 향수의 대상이 아니다. 어쩌면 전 세계 어디를 가도 찾을 수 없는, 한국에서만 볼 수 있는 유일무이 신세계인지도 모른다. 이처럼 재해석된 현대성, 즉 익숙함 속에서 발견하는 신선함과 새로움이 그들을 매혹시키는 것이다. 뉴트로의 발란스가 묘하게 긴장감을 주며 자꾸 손짓한다.

오래될수록 가치는 올라간다

빈티지 가구가 유행을 타기 시작한 것은 1980년대부터다. 원래 빈티지란 와인의 원료가 되는 포도를 수확하고 와인을 만든 해를 지칭하는 단어인데, 지금 이 단어는 '오래되어 가치 있는 것'이라는 의미로 쓰이고 있다. 빈티지 스타일에 아트 콜라보레이션을 한 최고 사례는 보네이도 선풍기다.

보네이도는 1930년대 보잉사 기술진들에 의해 항공기 제트엔진 기술을 적용한 보네이도 시제품을 만들면서 탄생했다. 그 스토리부터가 제품에 신뢰감을 주고, 옛것에 대한 향수와 정서, 시간의 무게감을 자아낸다. 빈티지를 소유한다는 것은 그 시대의 역사나 문화를 소유한다는 것과 같은 무게와 가치를 지닌다.

새로운 발상을 하는 것만이 아트 콜라보의 답은 아니다. 보네이도는 사실 옛 추억의 이미지, 향수, 동경, 전통과 역사성을 잘 살려 그 스타일이 각광받고 있다. 빈티지 스타일은 재생산하는 것만으로도 사랑받고 있는 제품이다. 대부분의 선풍기는 시즌이 끝나면 창고로 들어가지만, 이 빈티지 선풍기는 더위가 물러가도 눈에 잘 보이는 곳을 차지하고 앉는다. 귀티 나게 시선을 잡아주는 역할을 수행하기 때문이다.

게다가 재생산된 제품이어서 가격도 무척 착하고 합리적이다. 이렇게 훌륭한 제품이 그 자리에 안주하지 않고 한발 더 나아가 새로움을 추구하니 놀랍다. 아트 콜라보레이션을 꾸준히 하면서 단순한 인테리어 소품으로서의 역할을 넘어, 어느새 미술관에서 만나는 작품으로 그 가치를 확장해가고 있다.

보네이도 시그니처팬은 1940년대 보네이도의 초기 모델을 현대적으로 재해석한 모델이다. 빈티지한 디자인에 기존 모델과 동일한 성능을 갖춰 인기가 높은 인테리어 소품이다. 1차 아트 콜라보는 개성 넘치는 다양한 분야의 예술가 31명과 했다. 이 콜라보레이션으로 아트팬 시리즈를 출시했다. 2차로는 하태임의 컬러밴드 작품을 적용해 '예술의 바람을 담는 기업'의 이미지를 포장 박스에 입혔다. 이후에도 보네이도의 아트 콜라보레이션은 꾸준히

진행 중이다.

빈티지 스타일만으로도 아름다운데, 콜라보를 통해 독창성을 더했으니 사랑받지 않을 이유가 없다. 계절이 바뀌어도 창고에 넣을 필요가 없는 선풍기. 빈티지한 외관을 뽐내도록 사시사철 내놓을 수 있는 보네이도 선풍기는 탐나는 아이템임에 분명하다.

빈티지 소품이 주는 힘을 느껴본 적 있는가? 현대적인 것으로는 흉내 낼 수 없는 옛 미감이 섞이며 풍겨 나오는 깊이와 감성. 선풍기가 내보내는 바람에서 아주 오래전의 이야기가 들려올지도 모를 일이다. 시간이 흐를수록 멋스러움은 더해지고, 기능은 사라져도 미감은 더욱 빛난다. 타임믹스 포에버!

설화수 :

한국의 미로

세계를 make up

설화수×서하나

"한국 여자들은 전부 동안이에요. 나이보다 한참 어려 보이는 비결이 궁금해요."

"어쩜 얼굴에 잡티 하나 없이 피부가 그렇게 곱죠?"

한국 여인들이 동안에 피부가 곱다는 이야기는 꽤 자주 듣는 말이다. 여러 이유들이 있겠지만 무엇보다 대한민국의 여인들은 미적 감각이 좋고, 자신을 가꾸는 데 부지런하다. 몸매 관리며 피부 관리에 신경을 쓰며 자기 관리에 철저한 편이다. 아마 세상에서 자외선차단제를 가장 열심히 바르는 이들일 것이다. 또한 패션 유행과 트렌드에 민감하고, 자신에게 어울리는 것을 찾아 발 빠르게 소화해내는 능력도 있다.

한국적 미감에 흠뻑 빠진 글로벌 세계

사실 이목구비의 완성도가 예쁜 얼굴의 척도가 되기는 하지만 피부가 큰 몫을 해내기도 한다. 피부의 결이 곱고 빛이 나면 아름다움이 배가 되는 건 당연한 일이다. 그래서인지 다른 나라 사람들에 비해 한국의 여성들은 피부 관리에 꽤나 열성적이다.

어릴 적 집으로 방문하던 화장품 판매원이 마사지를 해주고, 서비스로 가제수건을 주었던 기억이 있다. 이후 시대가 변해 아파트 단지마다 마사지 숍이 등장했다. 10회 쿠폰을 끊고는 유효기간이 지난 후 가보면 마사지 숍은 사라지기 일쑤. 나 또한 돌이켜보면 마사지 스케줄이 마치 인생의 필수적인 아이템처럼 자리했던 듯하다.

피부 관리에 특화된 한국 화장품이 최근 국내뿐 아니라 해외에서도 상당한 인기를 끌고 있다. 한동안 한국의 대표 상품은 '김'이었는데, 최근에는 '마스크팩'이 그 자리를 대체했다고 할 정도다. 해외에 갈 때 마스크팩을 선물하면 무척 좋아하고, 해외 방문객들의 마스크팩 소비도 상당하다고 한다. 실제로 한국의 중소기업 중 화장품 관련 기업들은 대부분 마스크팩 개발을 앞다투고 있다.

하지만 이런 현상은 그리 오래 되지 않았다. 한류 붐이 일면서 한국의 문화 예술, 화장품 등이 전 세계적으로 관심의 대상이 되었으나 예전에는 상황이 달랐다. 우리 문화가 수준 낮은 것으로 치부

되며 도외시되던 때도 있었으니 말이다. 불과 20~30년 전만 해도
가요는 촌스럽기 짝이 없고, 팝송을 들어야 유행을 좀 아는 듯 여
겨졌다. 할리우드의 영화가 득세하고, 한국영화는 에로물의 상징
으로 일축되기도 했다. 그뿐인가? 지금은 패스트푸드로 취급받는
프랜차이즈 음식점들이 핫한 고급 레스토랑으로 대우받기도 했
다. 당시엔 햄버거도 생일을 기념해 먹는 이벤트용 음식이었다.

이런 현상은 예술계도 마찬가지다. 과거에는 동양화보다는 서
양화, 한국 전통무용보다는 발레, 국악보다는 오페라가 고급 예술
로 인정받았다. 서구의 예술만이 교양 있고 수준 있는 문화예술로
인식되는 편견이 한동안 예술계를 지배했다.

하지만 지금은 어떤가? 분위기가 사뭇 달라졌다. 케이팝이 전
세계로 뻗어나가며 대한민국을 알리는 데 앞장서고 있다. 국내에
서는 한국의 영화가 할리우드 영화보다 소비 우위를 차지한다. 실
력 있는 한국 영화감독과 배우들이 당당히 할리우드로 진출하는
중이다. 요리사들 역시 글로벌 마켓을 겨냥해 한국 음식을 세계화
하기 위한 레시피 개발에 한창이다. 한국적인 것이 세계 시장에서
호응을 얻으며 우리의 위상까지 달라지고 있다.

예술 분야에서는 '한국적 미감 찾기'에 열정을 쏟고 있다. 국립
무용단의 작품 〈향연〉이 그 대표적 사례다. 한국 전통 무용을 옴니
버스 형식으로 모아 연출했고, 거기에 국악을 현대적 감각으로 입
힌 이 작품은 2015년 초연 이래 연일 매진 신화를 기록 중이다. 또
그간 전통 무용에 관심이 덜했던 젊은 층에게서 열띤 호응과 찬사

를 받고 있다.

전통이 현대의 손길로 더욱 아름다워지다

화장품 역시 고가의 외국 제품이 선호되던 때가 있었으나 이제
는 판도가 뒤바뀌었다. 드라마나 가요에서 시작된 한류의 붐이 화
장품으로 확대되고 있다. 한류문화에 열광하는 국가들은 한국 화
장품 소비에 미친 듯 지갑을 연다. 심지어 한국 연예인이 쓴다고
소문난 화장품 리스트를 갖고 와 면세점 화장품을 싹쓸이해가는
통에 1인당 구매 수량을 제한할 정도라는 소식도 돌았다.

이런 흐름 속에서 한방 뷰티 브랜드로 인기를 끌고 있는 설화수
는 한류를 이끄는 대표적인 브랜드다. 매화의 미학을 브랜드 이름
으로 만든 '설화수'는 한국을 넘어 글로벌 무대에서 한국의 미를
대표하는 제품으로 인식되고 있다. 아시아의 진귀한 원료와 현대
의 피부 과학을 접목시켜 조화와 균형을 찾아주는 '홀리스틱 뷰티
브랜드'라는 정체성이 시장에서 먹힌 것이다. 2017년 9월에는 프
랑스 파리의 '갤러리 라파예트(Galeries Lafayette) 백화점'에 한국
브랜드로서는 유일하게 단독 매장을 오픈하기도 했다.

설화수의 브랜드 전략은 화장품 개발에만 머물지 않는다. 한
국의 전통미를 찾고 후원하는 메세나 활동을 꾸준히 하고 있다.
2006년부터 '설화문화전'이라는 문화 메세나 활동을 고집스럽게
후원하며 브랜드의 정체성을 공고히 다져나가는 중이다. 전통과
현대의 결합을 통해 젊은 세대들이 전통과 공감하고 소통하도록

돕는다는 취지에서 펼치는 활동이다. 전통 공예가와 현대 작가들이 함께 전시하며 전통의 아름다움과 그것의 현대적 해석이 탄생하는 기회로 삼아 기업의 철학을 널리 알리고 있다.

전통문화를 계승하고 전 세계로 전파하기 위한 활동은 2017년 'BEAUTY FROM YOUR CULTURE'라는 글로벌 캠페인으로 이어졌다. 이 캠페인을 통해 리미티드 에디션 제품을 출시하는 것은 물론 그 수익금은 무형문화재 전통장인을 후원하는 데 쓰인다. 또 소비자들이 제품 구매와 더불어 설화수의 메세나 활동에 동참할 수 있도록 하고 있다.

설화수는 남들이 해외 제품을 선망하고 그것을 모방할 때, 눈을 돌려 한국의 전통에서 아름다움의 원료를 찾아냈다. 그리고 그것을 세계로 확산시키는 전략을 썼다. 전통과 현대를 접목해 한국의 미를 알린다는 콘셉트가 빛을 발하며 기업의 성장과 발전으로 이어진 것이다.

서울공예박물관×설화수, '천년의 숨결'

지금 전 세계가 한국 화장품을 선호하며 소비에 뛰어들고 있다. 제품의 퀄리티도 중요하지만, 소비를 자극하는 남다른 콘셉트가 중요함을 간과할 수 없다. 그런 점에서 볼 때 설화수의 무릉도원 리미티드 에디션은 너무도 설화수스럽다. 우리 선조들의 이상향 '무릉도원'을 모티브 삼아서 전통 민화를 현대적으로 풀어낸 것 또한 전통과 현대의 극적인 만남을 보여준다.

시장이 원하는 콘셉트를 파악하고, 거기에 맞춰 전통과 현대의 콜라보로 매번 새로움을 창출하는 전략. 한국의 미를 전 세계에 알리는 설화수의 '코리안 아트 콜라보레이션' 행보를 지켜보는 것은 행복한 일이다. 우리의 전통이 과거 속에 묻혀 있지 않고 현대의 손길로 다시 태어나는 여정을 지켜보는 것은 설렘 그 자체다. 무엇보다 설화수의 아트 콜라보는 한국을 알리는 애국 프로젝트나 마찬가지기에.

COLLABOINSIDE

아트버타이징,
아트 콜라보레이션

2018년은 '아트버타이징'이라는 신조어가 등장하며 눈길을 끌었다. 물론 새로운 단어가 탄생했다고 해서 그 현상이 새롭게 탄생했다는 의미는 아니다. 이미 오래전부터 존재해왔던 경향이나 시도들이 물밑에서 조용히 흐르다가, 조금씩 자리를 잡고 하나의 경향으로 굳어지면 불시에 존재감을 터뜨리기도 한다. 그러면 그제서야 언어가 따라붙는다.

'아트버타이징'(Artvertising)이란 예술(Art)과 광고(Advertising)의 합성어로 미술, 음악 등 예술적 요소가 메인이 되는 광고를 지칭한다. 아트버타이징의 대표적인 사례로는 LG의 명화캠페인 광고를 들 수 있다. 아트버타이징은 소비자에게 노골적으로 다가가 홍보하지 않고, 감성을 자극함으로써 은밀하게 스며든다. 아트가 가진 고급스러움과 세련됨을 무기로 예술의 경지로 승화시키겠다는 목표를 갖고 있다.

그런데 여기엔 아이러니가 있다. 소비자들에게 친근하게 다가가기 위해 예술을 활용한다고 하는데, 예술은 원래 어려운 것이라는 견해가 일면 존재하기 때문이다. 예술이란 어려운 것, 일상적이지 않은 것이란 인식이 팽배했던 시절도 있다. 그런데 예술이 대중에게로 다가가 일상적으로 활용되는 시대가 되었으니, 아이러니하면서도 재밌는 현상이다.

기업들이 전시장을 운영하거나 예술가 후원 등을 통해 이미지를 제고하고, 제품 선호도를 높이며, 소비자들에게 신뢰를 구축하는 전략은 많이 쓰는 방법이다. 또 제품 포장 등에 아트를 활용하거나 유명 예술가와의 협업으로 리미티드 에디션 제품을 출시하는 아트 콜라보레이션이 대중화되었다. 소비자들은 아트 콜라보 뉴스를 즐기기 시작했고, 더 나아가 컬렉터처럼 다양한 콜라보 제품을 사서 향유하는 이들도 있다. 그뿐인가. 소비를 촉진하는 광고마저도 예술을 다각도로 활용하는 아트버타이징이 대세다.

예술과 광고가 만난 아트버타이징. 제품과 예술이 만난 아트 콜라보레이션. 이 모두를 포함하는 아트 마케팅은 계속 창조되고 진화하는 중이다. 인생은 짧고 예술은 길다더니 제품의 수명이 점점 짧아지는 지금 많은 기업들이 아트 마케팅을 활용한 수명 연장에 에너지를 쏟고 있다. 기업들은 예술이 지닌 품격과 영원성을 통해 지속성을 유지하고 가치가 상승하길 꿈꾼다. 그리하여 또 하나의 예술이 되고 싶어하는 브랜드의 욕망이 꺼지지 않는 한. 아트 콜라보레이션은 무한 발전할 수밖에 없다.

고전은 녹슬지 않는다. 시간이 흐를수록 새로워진다. 재해석의 여지를 품은 원석들이 산재해 있다. 고전뿐 아니라 새롭게 등장하는 현대 예술도 마찬가지다. 예술이 어찌 예술가만의 몫이겠는가. 그것을 활용하고 소비하는 세계가 있기에 예술은 존재의 의미를 가지며, 더 아름다워지고, 강력한 힘을 발휘한다.

단순히 공동이익을 추구하는 데 그치는 것이 아니라
기획에서 생산 및 유통 방식에 이르기까지
협업하는 형태를 완성할 때,
장기적인 가치 창출의 문이 열릴 것이다.

−홍성태, 한양대학교 교수

21세기는 창의성의 정수인 예술과 문화의 융성으로
역사상 가장 풍요롭고 가치 있는 삶을 영위할 것이다.

−존 나이스비트, 미래학자

콜라보의
초가치 효과 2.
히스토리

CHAPTER 5

보부코리아 :
상대 맞춤형으로
소통하라

▼

보부코리아×인도 전통문양

"아뇽하쩨요우"

파란 눈의 외국인이 어설픈 발음으로 건네는 인사 한마디는 단번에 상대의 마음을 열게 하는 위력이 있다. 상대에게 다가가고자 하는 진심이 느껴져서다. 이때 우리는 발음에 개의치 않는다. 그 태도만으로 이미 백 마디 말 이상의 소통이 된 것이다.

매너를 지키며 눈에 띄는 법

국내에서 국제 행사가 자주 개최되고, 한국인들이 해외 행사에 초대되는 등 세상은 글로벌하게 움직이고 있다. 이런 국제 행사에서는 한국인으로서의 정체성을 드러내는 것과 상대 국가에 대한 예우 차원에서 해당 국가 스타일을 활용하는 것 사이에 밸런스가 필요하다.

전통 한복을 입되 해당 국가의 상징적인 색이나 문양의 것을 고르는 것도 한 방법이다. 나는 국제 행사 때를 대비해 블랙에 골드색 전통문양이 담긴 당의와 총 천연 녹색의 강렬한 한복 등을 구비해놓고 있다. 국제 행사에서 화려하고 개성 있게 돋보일 수 있도록. 그리고 현지화를 위해서는, 필요한 걸 현지에서 직접 마련해 콜라보시킨다. 이상봉 디자이너의 한글 모티브 의상도 국제 행사에 어울리는 매우 센스 있는 의상 중 하나다. 내가 이처럼 국제적인 행사에서 전통과 한국성을 어떻게 구현할지 고민하게 된 데는 인도의 영향이 컸다.

매년 참석하는 3박 4일의 국제 행사가 있는데, 거기엔 전 세계 각국의 사람들이 모인다. 행사 마지막 날 만찬은 각자 드레스업을 하게 되는데, 대부분의 사람들이 최신 유행하는 스타일의 트렌디한 드레스를 입는다. 그런데 유독 인도사람들만은 전통의상을 고수했다. 남자들은 양복을 입기도 하지만 여성들은 반드시 정통 인도 의상을 갖추어 입었다.

인도 전통 의상은 색이 강렬한데다 개성이 강한 의상이어서 화려하다는 서양식 드레스들 틈에서도 존재감을 뿜어낸다. 남다른 모습이 눈길을 끌지만, 때로는 지나치게 인도 정통 스타일만 고집하는 게 아닌가 싶기도 했다. 이를 반면교사 삼아 나는 팝적인 요

소를 섞어 조금은 유연하게 한복을 콜라보한다.

그런 측면에서 보면, 서양 의상 패턴을 갖추면서 한글이 들어간 이상봉 디자이너의 옷은 유연한 국제성을 갖춘 의상으로 제격이다. 이질적 거부감 없이 서로 다른 요소들을 능숙하게 뒤섞는 솜씨 때문이리라.

이러한 경험이 인도로 수출하는 제품의 아트 콜라보레이션 디렉팅에 도움이 되었나. 인도는 자국의 관습, 종교, 문화를 고수하려는 성향이 강하고 서양의 문화조차 자신들의 것으로 완전히 바꿔서 수용한다. 여러 측면에서 인도 스타일을 고집하는 편이다.

한류에 대한 선호도가 높은 아시아 즉 중국, 베트남, 대만, 일본 등은 현지화보다는 그냥 한국 스타일 그대로를 존중하고 선호하는 편이다. 하지만 인도 진출을 앞둔 기업의 전략을 짤 때는 인도 스타일로 전면 바꿔서 현지화 준비를 해야 했다. 자국 문화에 대한 프라이드가 높은 인도인에 대한 예의와 매너를 갖춘다는 의미에서 인도 스타일을 적용하는 것으로 가닥을 잡았다.

상대를 공략하려면 먼저 상대 마음을 얻어라

인도는 외양 꾸미기에 관심이 무척 많은데, 노출이 제한적이라는 특성이 있다. 그래서 노출된 신체를 장식하는 것에 대단히 관심이 많고 이와 관련한 소비가 강하다. 예를 들면, 손톱 장식을 위한 네일 아트라든가, 색조 화장품, 특히 눈 화장 색조와 라이너, 컬러 속눈썹, 컬러 렌즈 등 최대한의 장식과 컬러링을 한다.

물론 한국 화장품에 대한 선호도 덕에 기초 화장품이나 헤어 케어 제품에도 관심이 높다. 그러나 한국 것이라는 당당함으로만 시장에 접근하는 건 전략 부재다. 그보다는 '우리 한국이 인도를 사랑해요'라는 표현이 필요하다. 어쭙잖은 말로 하는 간단한 인사일지라도 최대한 예의를 갖추어야 한다는 뜻이다.

인도는 전통과 현대가 분리돼 있지 않다. 전통 그대로를 지키고 있으니 그들을 공략하기 위해 굳이 먼 과거에서 아이디어를 소환할 필요도 없다. 인도의 미술은 대부분 종교성이 강하고 독특한 전통문양이 가득하다. 여기에 착안해 인도의 전통문양을 화장품 패키지 디자인에 적용하되, 색감에서 팝아트적인 느낌을 가미했다. 인도인들에게 익숙하면서도 그들이 좋아하는 강렬한 색감으로 관심을 받을 수 있도록 한 것이다.

한국 사람들은 흰색을 좋아한다. 흰 바탕, 흰 옷, 전통적으로 여백과 비움을 선호한다. 책 표지 디자인도 일단 흰 바탕 위에 구상하고, 집이나 건물의 벽도 흰 벽을 선호한다. 일단 흰색으로 바탕을 깔고 장식과 설치를 하는 데 익숙한 터라, 벽 전체를 화려한 컬러와 문양으로 가득 채우는 양식은 무척 불편해한다.

대부분의 한국 화장품 패키지는 참으로 심플하고 단아하다. 하지만 그런 분위기 그대로 인도시장에 진출했다가는 너무 밋밋해서 눈에 띄기 힘들다. 화려한 색감과 문양으로 가득한 인도시장에서 튀겠다는 건 욕심일 수 있다. 그렇다 하더라도 그들의 미감에 익숙하게 느껴지고, 편하게 다가가기 위해서는 좀 더 화려해져야 했다. 우리 입장에서는 다소 불편하다고 여겨지는 수준의 화려한 장식이 보태시는 게 효과적이다.

인도에서 개최된 수출박람회에 다녀온 기업의 만족도는 높았다. 일단 인도사람들이 대단히 많은 관심을 보였고 상담도 많이 이루어졌다는 것이다.

인도 전통문양X보부크로아. 수분크림, 워터에센스

상대를 공략하고 싶다면, 먼저 상대 입장을 생각하고 배려하는 게 예우다. 그러기 위해서는 상대를 이해하려는 노력이 선행돼야 한다. 채식주의자를 스테이크 집에 데려간다거나, 고소 공포증이 있는 여자친구에게 스카이다이빙을 권한다면 상대의 마음을 얻을 수 있을까? 상대에게 원하는 게 있다면, 상대와 잘 지내고 싶다면, 그가 원하고 좋아하는 게 무엇인지 먼저 파악하라. 마음을 얻은 후에야 그 다음 스텝으로 넘어갈 수 있다.

스와치 :

소비가

투자가 되게 하라

스와치 × 백남준, 평창동계올림픽

　백남준이 디자인한 Zapping(SLZ104)은 에너지와 전기로 구성된 행위예술로, 보는 사람으로 하여금 감전되는 듯한 느낌을 불러일으킨다. 텔레비전의 색감과 정보 디자인을 이용하는 무궁무진한 상상력의 소유자인 백남준은 시계의 끝에서 끝까지 계속 채널이 바뀌듯 여러 이미지들을 배치한다.

　보석처럼 투명한 연두색 플라스틱 케이스, 잡지의 표지처럼 광택이 흐르는 유연한 스트랩, 짙은 파란색 다이얼, 하얀색 낙서. '재핑'(Zapping)은 리모컨으로 채널을 빠르게 바꾼다는 뜻으로, 연속적인 이미지의 시퀀스란 의미도 담겨 있다. 인터넷의 발달로 빠르게 움직이는 정보와 전자기식 이미지들을 시각화해 담은 작품인데, 정보 세대로 발돋움한 1990년대의 시대정신을 담고 있다.

요즘 시간을 보기 위해 시계를 차는 사람은 극히 드물다. 언제부터인가 시계는 패션 아이템으로 인식되기 시작했고, 그리하여 가장 활발하게 콜라보레이션하는 제품이다.

시계는 시간이 아니라 삶의 수준을 나타낸다

인생에서 시계의 위상이 가장 높은 때는 결혼 예물로 선택될 때가 아닐까 싶다. 결혼 예물로 준비하는 시계의 경우, 브랜드와 가격에 민감하다. 어떤 수준의 시계를 고르느냐가 마치 결혼 생활의 수준을 대변이라도 한다는 듯 고심한다. 이왕이면 고급 브랜드, 이왕이면 고가의 제품… 남에게 뒤지지 않는다는 것을 입증하고 싶어하는 것이다. 결혼 예물을 할 때 받는 다이아반지는 다이아 사이즈로, 시계는 브랜드로 자기 가치를 증명한다.

그러고 보니, 시계는 시간을 담는 게 아니라 그 사람의 경제적 수준을 표현하는 수단처럼 인식되기도 한다. 사실 언제부터인가 시간을 체크하기 위해서가 아니라 자기 과시의 일환으로 시계를 사기 시작했다. 패션 잡지가 광고하는 아이템들 중에서도 아마 시계의 가격이 가장 높을 것이다.

결혼할 때 예물반지를 하는 것은 약 4,800년의 역사를 지녔다는데, 이집트서부터 유래됐다고 한다. 처음에는 풀을 꼬아서 만들다가 동물의 뼈, 가죽으로, 그 후에는 금속으로 반지의 재료가 변했다. 중세부터는 기독교를 중심으로 결혼의 핵심적인 세리머니가 되었고, 유럽에서 금이 유행하고 보석을 박기 시작하면서 화려해지기 시작했다. 왼쪽 네 번째 손가락이 심장혈관과 연관이 깊다 하여 그 손가락에 끼워주는 풍습도 생겼다.

남자들이 반지를 끼는 문화가 확산된 것은 2차 세계대전 때다. 이때 반지는 전쟁터로 나가는 남편에게 집에서 기다리는 아내를 기억하게 하는 수단이었다고 한다. 다이아몬드는 '영원하다'라는 다이아몬드회사 드비어스(DE BEERS)의 마케팅까지 가세해, 다이아몬드가 결혼반지의 정석인 듯한 풍습이 만들어진 것이다.

다이아몬드회사의 마케팅 전략 때문에 우리는 결혼반지에 다이아 박는 걸 당연시 여기기 시작했다. 반지는 약속, 신뢰, 영원한 사랑의 표상으로서 간소한 형태로 시작되었건만, 자본의 논리에 의해 점차 상업적이고 속물적으로 변질되었다. 반지도 시계도 본래의 의미와 기능은 약화된 지 오래. 얼마나 유명한 브랜드인지, 얼마나 고가인지로 그 가치를 인정받는 전쟁 속에 놓여 있다.

돈 벌어주는 스와치

바젤에서 열린 시계박람회에서 우연하게 의미 있는 전시를 관람할 수 있었다. 스와치 히스토리전. 너무 유명하고 익숙해서 오히려 알지 못했던 이야기들이 가득 들어 있었다.

어느 날 하루아침에 탄생한 것 같은 스타들도 그 속을 들여다보면 그 자리에 서기까지 수많은 실패와 아픔의 시간들이 있었던 것

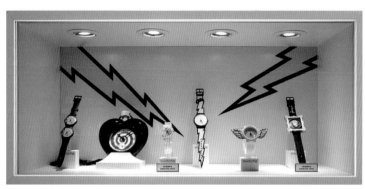

처럼. 그리고 스타가 돼서야 비로소 사람들의 관심을 받고, 예전의 작품들이 재조명되는 것처럼. 연륜과 품격이 넘치는 스타들의 지난 작품과 과거를 들여다보면 좋은 연기, 좋은 작품으로 가득해 결국 사랑받을 수밖에 없었음을 알게 되는 것처럼. 내게 스와치는 그랬다.

1983년 탄생한 스와치는 그 태생이 스위스라서 일단 출신 덕을 보는 브랜드이다. 스와치(Swatch)는 스위스(Swiss) 시계(Watch)이자 두 번째(Second) 시계(Watch)다. 명성이 어마어마한 스위스의 수많은 브랜드들 중에서도 스와치가 세계적인, 그리고 대중적인 브랜드로 자리매김할 수 있었던 것은 '시계는 패션이다'라는 전략 덕분이다. 먼저 시계에 라이프 스타일을 반영했다. 원가를 절감하여 고가에서 중저가 제품으로 기반을 구축하고 기술보다는 이미지에 맞추어 대중적 패션 시계로 포지셔닝했다. 액세서리 개념을 도입해 패션에 따라 시계를 바꾸는 문화를 퍼뜨렸다.

스와치 패션쇼를 개최하고, 제품 수명도 3~12개월로 제한해 일정 기간이 지나면 재고를 철수하는 등의 전략을 펼쳤다. 해마다 100여 종의 신제품을 출시하지만 한정된 시간에 한정된 수량만 판매함으로써 컬렉터를 불러모으고, 소더비 경매의 단골손님이 되었다. 패션성에 희소성까지 더해 두 마리 토끼를 잡은 셈이다.

미술, 음악, 영화, 사진, 건축 등 문화예술 분야의 세계적 아티스트들과 콜라보레이션하며 예술성까지 겸비하고 있다. 스와치는 명성과 가치뿐 아니라, 대중들에게 끝없는 눈요기와 뉴스거리를 창출했다. 2018년 새해를 열면서 발빠르게 스페셜 제품으로 2가지 리미티드 에디션을 선보인 것도 스와치뿐이었다.

평창 로고와 콜라보한 시계를 선보여 올림픽 기념 리미티드 에

디션을 출시했다. 2019년은 12간지의 하나인 돼지를 모티브로 스페셜 시계를 출시해 단연 돋보였다. 다양한 분야의 수많은 예술가들과 콜라보한 스와치의 세계는 실로 방대하다. 이렇게 스와치는 세상에서 가장 작은 캔버스인 시계 위에 아트 컬렉션의 향연을 펼치고 있다. 스와치 홈페이지에 가면 1983년부터 지금까지 출시된 시계들이 모두 전시되어 있고, 특정 제품은 검색해서 찾아볼 수 있도록 하는 서비스도 제공 중이다.

제품의 아트 콜라보뿐 아니라 그 패키지나 전시효과에서도 예술적 시도를 하는 스와치. 피카소, 키스 해링처럼 유명한 예술가들과 아트 콜라보를 했는데, 앞서 말했듯 세계적인 거장 백남준과

평창동계올림피 × 스와치

도 협업을 한 바 있다. 당시 판매가는 모르겠으나 요즘 출시되는 우레탄 밴드 시계의 경우 10만 원 전후이다. 아마도 아트 콜라보레이션 제품이니 조금 더 가격이 높았을 것으로 추정된다.

이후 소더비 경매에서 5,000달러에 낙찰됐다는 뉴스가 나오면서, 백남준 스와치 시계를 소장한 사람들의 즐거운 비명이 쏟아졌다는 후문이다. 백남준 작품세계는 저평가되었다는 것이 일반적인 평이므로, 앞으로 이 시계의 가치는 더 높아질 가능성이 크다.

1986년 키스 해링 스페셜 시계를 출시했는데, 당시 9,999개로 한정 출시된 키스 해링 스페셜 시계는 현재 소더비 경매에서 최하 8,000달러라는 높은 가격에 거래되고 있다. 1992년 펑크 패션 디자이너 비비안 웨스트우드와 콜라보한 시계는 소더비 경매에서 5,500달러에 낙찰되었다 하니, 시간의 숙성과 함께 위상이 달라질 백남준 아트 콜라보 시계의 잠재성은 더욱 기대된다.

이 사례를 바탕으로 유명 아티스트의 아트 콜라보레이션 시계를 투자용으로 사둬야겠다고 맘먹는 것은 나만의 생각일는지. 출시하기만 해봐라. 바로 구매다! 어차피 스와치는 유명한 예술가

스와치 × 백남준

와 아트 콜라보레이션을 하기 때문에 그들이 함께하는 예술가의 아트 콜라보 제품은 묻지마 구매를 해도 될 듯하다.

홍보비를 치르는 셈치고 기업이 예술가들에게 비용을 지불하고 소비자는 부담 없이 구매할 수 있는 투자 잠재성이 높은 아트 콜라보레이션 스와치 시계. 브랜드 시계를 저렴하게 사서 추후 경매용 시계로 변모할 작품을 소장할 수 있는 기회다. 투자란 자로고 저렴하게 구매해서 잠재적 가치로 무한한 기대와 수익 가능성을 갖게 되는 것 아닌가. 비싼 시계를 사겠는가. 투자가 되는 시계를 사겠는가. 돈 버는 시계인가, 돈 쓰는 시계인가, 선택은 당신의 몫이다.

내가 너무 상업적이라고 생각하는가? 고가 브랜드에만 열광하고 현혹되기보다 예술가들과 협력하며 새로움을 창출하는 브랜드에 관심을 갖는 것은 필요한 일 아닐까? 꾸준한 아트 콜라보레이션의 장인 스와치, 속물적 상업성이 아니라 신선한 아이디어로 계속 그 가치를 높이며 변화하기를 기다린다.

코카콜라 :
끝없는 리미티드,
소장 욕구를 자극하다

코카콜라×장 폴 고티에 외

　세 병 중에 하나의 뚜껑은 도저히 못 찾겠다. 아무리 뒤져도 안 보인다. 쓰레기통 옆에 나란히 놓인 3개의 빈 병. 병을 발견한 게 다행이라고 생각해야 하는 걸까? 배고파 실성 직전인 도둑고양이처럼 허겁지겁 쓰레기통을 뒤집고 뚜껑을 찾기 시작했다. 빨간 뚜껑 3개. 나의 미션은 바로 이 3개의 빨간 꼭짓점 찾기다.

　'상처 나도 안 돼. 찌그러져도 안 돼. 제발 나와라.'

　2개는 찾았는데, 아무리 찾아도 나머지 한 개가 안 보인다. 뚜껑이 어디로 갔단 말인가. 영문을 몰라 집 안을 뒤지고 요리조리 생각해보니 잃어버린 것은 아니란 결론이 나왔다. 그렇다면 범인은?

콜라 세 병을 단숨에 해치울 사람은 남편이다.

"뚜껑 못 봤어요?"

나는 이미 뚜껑이 열린 상태였다. 다짜고짜 남편 회사로 전화해서 일하는 사람에게 뚜껑의 행방을 물으니 황당할 터.

"뚜껑 못 봤냐니, 대체 무슨 말이야?"

"코카콜라. 당신이 마셨죠? 뚜껑 필요한데 안 보여. 어떻게 그걸 마실 수가 있어요?"

"마시라고 사놓은 거 아니었어?"

내 속은 끓고 있었다.

'그 콜라는 마시는 게 아니란 말야.'

그 콜라는 더 이상 구매가 불가한 리미티드, 한정 생산 제품이다. 시즌이 지나서 다시는 살 수가 없다. 시즌 오버!

콜라를 입으로만 마시나? 눈으로도 마신다!

20년 전 미국에서 코카콜라를 컬렉션하는 이의 방을 구경한 적이 있다. '세상에 무슨 코카콜라가 이렇게 다양하담.' 온천지에 코카콜라가 널려 있는데 일반 콜라가 아니었다.

1886년 탄생한 코카콜라는 특별 공휴일이나 기념일마다 다양한 제품들을 생산해냈다. 크리스마스나 독립기념일을 맞아 해마다 다른 버전을 출시하니, 컬렉션이 다채롭고 방대할 수밖에. 이러한 기업의 이벤트 마인드와 거기에 열광하는 소비자는 끈끈한 파트너십으로 연결돼 있는 듯 보일 정도다. 거기엔 여느 미술관의 수장고를 들여다보는 것 이상의 짜릿함이 있다. 콜라 폭탄이 터지는 그 맛.

2003년~2005년 영국 디자이너 매슈 윌리엄슨, 2008년 로베르토 카발리, 2008년 〈섹스 앤 더 시티〉의 의상 디자이너로 유명한 퍼트리샤 필드, 2009년 꼼데가르송 에디션, 소니아 리키엘의 디자이너 나탈리 리키엘과 콜라보를 진행했다. 그뿐인가. 2010 코코샤넬의 수석디자이너 칼 라거펠트, 2012년 런던 올림픽 기념 리미티트 에디션인 〈007 스카이폴〉 에디션, 무엇보다 대표적인 콜라보레이션으로 꼽히는 장 폴 고티에 한정판을 비롯해 2013년 마크 제이콥스, 2013~2015년 조이리치, 2014년 이탈리아 디자이너 모스키노, 유니클로, 2015년 JW 앤더슨, 2016년 디즈니 등 여러 유명 디자이너와의 아트 콜라보레이션으로 빅히트를 이어가고 있다.

한국에서 아트 콜라보레이션 코카콜라를 출시한 건 얼마 되지 않았다. 알게 모르게 한국에서도 수차례 아트 콜라보레이션 리미티드 에디션 콜라가 편의점에서 판매되었고, 인지를 하든 못하든 소비자들은 재미있게 코카콜라의 변신을 체험할 수 있었다.

이처럼 코카콜라 컬렉션의 진풍경을 체험한 내게 그 콜라는 더 이상 음료수가 아니다. 그것은 기념하고 간직할 소장품이다. 이런 나의 가장 큰 실수는 그것을 냉장고에 넣어두었다는 점이었다. 특별한 위치에 잘 보관하는 것이 상식인데, 습관적으로 냉장고에 넣고 방심하고 있었다. 먹는 것이 아님을 못 박지 못한 내 태도가 문제의 원인이니 누구를 탓하랴.

①

②

③

④

⑤

⑥

⑦

⑧

⑨

코카콜라, 리미티드 에디션. ①블루마린 ②모스키노 ③모스키노 ④에트로 ⑤알베르타 페레티 ⑥모스키노 ⑦진프랑코 페레 ⑧장 폴 고티에 ⑨베르사체 ⑩칼 라거펠드 ⑪마크 제이콥스 ⑫ 2012 런던올림픽 기념

안목 있는 사람은 스타감을 미리 알아보는 법

이 콜라는 장 폴 고티에가 2014년, 코카콜라와 협업한 스페셜 에디션 시리즈였다. 다행히 콜라보 작품이 온몸을 감싸고 있어서 내용물은 보이지 않으니 뚜껑만 살아남아 있다면 괜찮다. 패션계의 악동이라 불리는 그답게 각 병은 섹시한 망사 비키니의 장 폴 고티에 나이트, 더 야한 문신 드로잉의 비키니 장 폴 고티에 타투, 그만의 상징성을 강조한 스트라이프 장 폴 고티에 데이로 총 3종. 내가 소장한 삼형제 중 한 명이 빨간 모자를 잃어버린 상태였다. 그 삼형제 중 하나가 마치 내 심정처럼 뚜껑이 열린 상태였고, 나머지 두 병만이 패션 자태를 제대로 뽐내고 있었다.

내 눈에 명징하게 들어오는 것은 안타깝게도 '판매종료' 표시. 어딘가에 있을 아트 콜라보레이션 마니아 중 소장하고 있는 이가 있을 텐데 말이다.

"찾습니다! 혹시 누구 안 드시고 보관중인 장 폴 고티에 콜라 소장하신 분 계신가요? 제가 살게요. 저는 뚜껑이 필요합니다." 이렇게 외치고 싶은 심정이었다. 지금은 팔지 않는 제품이어서 부르는 게 가격일 듯. 시간이 흐를수록 그 작품의 소장가치는 더 커지면서 희귀성 또한 더해져 가격이 천정부지로 치솟으리라.

아트 콜라보레이션을 한 작품 중에는 돈을 주고도 구할 수 없는 것들도 있다. 그러니 아트 콜라보레이션에 관심이 있다면, 시간의 힘을 얻어 비싸지기 전에 알아볼 수 있는 안목을 길러보자. 안목 있는 사람만이 멋진 작품을 얻고, 제품을 구한다.

샤또 무똥 :
술과 예술, 절대 버릴 수 없는
컬렉션이 되다

샤또 무똥×이우환, 샤토마니×한젬마

4년 만의 공백을 깨고 〈키스 먼저 할까요?〉라는 코믹 드라마로 나타난 친구. 4년 전 드라마 〈내 생애 봄날〉을 마치고 와인 한 병을 들고 나타났었던 친구 감우성. 〈내 생애 봄날〉의 여주인공 수영 씨와의 단란한 컷을 담아 기념 레이블을 만들어 제작한 와인이었다.

몇 년 전인가, 와인 메뉴를 펼치고 20여분 가량 메뉴판을 들여다보던 그의 모습에 의아한 적이 있었다. 뭐든 한번 꽂히면 끝장을 보는 그는 와인 소믈리에 자격증까지 따냈고, 와인에 대한 지식도 이미 수준급이었다. 그러더니 프랑스 와이너리 투어를 다니며 와인 책을 냈고, 와인으로 그림을 그린다는 사실을 알게 되었다.

학창 시절 무척이나 그림을 잘 그리던 친구였다. 말은 없어도 춤을 잘 췄고, 그림만큼은 일품으로 그렸다. 그리고 서울대 동양화과를 갔다. 드로잉 기초가 워낙 좋은 친구이기에 무엇이든 관찰하고 그려내는 솜씨는 단연 일품. 테크닉도 탁월했지만 와인으로 그림 그릴 생각은 어찌 한 건지. 와인마다 색, 향, 맛이 다르듯 그림을 그릴 때도 와인마다 색감이 다르다고 했다. 와인으로 그림을 그리는 새로운 장르까지 섭렵한 그의 와인그림이 언제 본격화될지, 그 또한 기대 중이다.

컬렉터들의 최애템, 와인

나도 와인과 깊은 인연을 맺은 적이 있다. 와인레이블 예술가로 입성해 와인코리아에서 샤토마니 마스터즈 컬렉션(Chateau Mani Masters Collection)을 시행했다. 한국 예술가들의 작품으로 레이블을 부착하여 판매한 컬렉션이다.

1995년 태어난 샤토마니는 와인코리아의 브랜드로 마니산 기슭에 위치한 포도 농장에서 생산되는 순수 국내산 와인이다. 마스터즈 컬렉션은 국내 최초로 국내외 화가들의 작품을 와인 레이블에 도입한 시리즈다. 충북 영동군의 포도 와인 홍보대사인 히딩크를 앞세운 히

샤토마니 마스터즈 컬렉션

딩크 와인도 잘 알려져 있다.

와인과 아트레이블의 역사 중 최고는 프랑스 보르도 대표와인 무똥 까데의 특 1급 와인 샤또 무똥 로칠드 아트라벨 리미티드 에디션이다. 매년 출시되는 와인의 매력을 발산하고, 타 브랜드와 차별화하고자 아티스트와 콜라보로 아트레이블을 작업하고 있다.

1945년부터 칸딘스키, 샤갈, 앤디 워홀, 피카소 등 유명 예술가들과 매년 다른 레이블 작업을 시도했다. 2013년 최초로 한국 화백 이우환의 작품이 선정되면서 화제가 된 바 있다. 이 시리즈는 컬렉터들이 최고로 선호하는 컬렉션이며, 와인을 마신 후 절대 병을 버리지 않기로 유명하다.

점으로 유명한 이우환의 작품은 억대를 호가하는데, ㄱ와 콜라보한 와인이 수백만 원이라 할지라도 이것은 이미 와인이 아니다. 술, 바로 예술(藝術)이다. 그러니 와인 컬렉터라면 남다른 가치를 지닌 이 와인에 대한 소장 욕구를 거둘 수 없으리라. 와인이 신의 물방울이라면 이 레이블은 한 점의 예술이다.

그런가 하면 이탈리아 토스카나 주의 키안티 클라시코 와이너리는 1981년부터 세계적인 아티스트를 선정해서 와인 레이블을 디자인해오고 있다. 2011년에는 김창열 작가의 물방울 그림을 선정해 카사노바 디 니타르디(Casanuova di Nittardi) 레이블을 만들었고, 총 8,000병 한정 생산한 후 800병만 한국에 한정 판매했다.

운 좋게도 이 와인을 마실 기회가 있었다. 레이블에 있는 그림이 물방울인지 포도방울인지 주님의 핏방울인지 모를 격한 감동과 함께 그 맛을 음미했다. 참 희한하다. 와인의 맛을 깊이 있게 음미하는 수준은 못 된다 하더라도 귀로 듣고, 눈으로 보고, 머리로 이해한 예술 이야기가 담기면 술의 깊이와 감동은 늘 더해진다. 술은 몸에 흡수된 뒤 사라질 테지만, 물방울 작품과 함께 와인을 마셨던 기억은 추억으로 남는다. 이것이야말로 와인의 매력인지도 모르겠다.

이런 것들이 삶의 맛이 되고, 추억으로 깊어지면서 숙성되어가는 듯하다. 거기 담긴 그 모든 히스토리들이 머금은 향취와 함께. 당연히 와인병을 챙겨서 보관했다. 그것은 술병이 아니라 삶이요, 추억이요, 작품이므로!

쌤소나이트 :

여행가방에

나만의 스타일을 담다

쌤소나이트×배병우, 황주리, 문봉선 외

"어머나 왜 그랬어요?"

"혹시, 무슨 일 있어요?"

긴 생머리를 잘랐더니 다들 깜짝 놀라 한마디씩 묻는다. 긴 생머리로 《그림 읽어주는 여자》의 표지에 사진이 실린 후, 샴푸 광고모델까지 하고 나니 긴 생머리는 내 트레이드마크가 되어 있었다.

샴푸 광고 계약서에는 머리 스타일을 바꾸면 안 된다는 조항이 있었고, 그렇게 살다 보니 나도 모르게 긴 생머리가 나의 스타일로 자리를 잡았다. 결국 한젬마 하면 긴 생머리지, 라는 인식이 사람들에게두 깊이 각인되어버렸다.

낯섦이 주는 거리감

우리나라 대표 화가들의 발자취를 따라가는 프로젝트를 하던 중, 한국성을 잘 드러내는 대표 화가 박수근 그림 속 갓난이 머리 스타일에 매료되었다. 그의 그림 한 점을 들고 가서 비슷한 갓난이 스타일로 머리를 잘랐다. 한젬마가 아닌 다른 사람이 되는 순간이었고, 확실한 변신이었다.

나는 단지 스타일을 바꿨을 뿐인데, 나를 바라보는 사람들의 시선은 편안하지 않았다. 의구심이 가득한 눈초리였다.

'혹시 저 여자 무슨 심경의 변화라도?'

'뭔 일 터졌나? 이혼이라도 한 거야?'

머리스타일을 바꾼 죄로, 나는 마치 반항과 저항의 투사라도 된 듯 질문공세를 받아야 했다.

"근데 좀 아까워요. 그 예쁜 머리를 왜 잘랐어요?"

나는 갑자기 갓난이에서 못난이가 된 듯했다. 그런데 그 갓난이 머리가 굉장히 강렬했었나 보다. 2006년 커트 후 2013년까지 약 7년 정도 그 스타일을 유지했다. 그러다가 슬그머니 나는 머리를 기르기 시작했고, 사람들은 또다시 나를 못 알아보았다.

"아니 머리를 기르셨네요? 죄송해요. 못 알아봤어요."

"한젬마는 다시는 머리를 기르지 않을 것 같았는데… 너무 평범해요. 그냥 예쁜 여자가 되려는 듯한 분위기랄까."

"단발이 참 잘 어울렸는데, 짧은 머리가 더 개성 있고 한젬마스러워요."

어느 장단에 춤을 춰야 할까? 나는 평범한 스타일이 안 어울리는 걸까? 예쁘면 안 된단 건가?

늘 그렇다. 새로움과 낯섦에는 찬반이 따르지만 익숙해지면 결국 그것이 자리 잡는다. 우리네 삶도 아트 콜라보를 통한 제품의 변화도 편견과 그것을 깨는 시도 속에서 히스토리를 남긴다. 익숙함과 낯섦이 끊임없이 교체되는 과정에서 생성되는 히스토리를 담는 것까지가 콜라보다.

여행가방에 나만의 정체성을 입히다

쌤소나이트가 2011년 사진작가 배병우, 디자이너 이상봉, 화가 황주리의 아트 콜라보 캐리어를 선보일 때만 해도 편견 어린 시선은 존재했다. 그건 가방이 아니라 그냥 하나의 전시용 샘플, 작품처럼 보였다. 사서 사용할 물건이라기보다는 감상용, 뉴스거리 정도로만 취급되었던 것이다. 브랜드 역사가 깊은 쌤소나이트의 이러한 시도는 그냥 뉴스를 생산하기 위한 이벤트 정도로 여겨졌고, 곧 본래의 모습으로 돌아갈 거라고 믿는 분위기였다.

유명한 예술가들의 작품을 활용해 멋진 제품을 생산했건만, 선뜻 내가 사용할 가방으로 구매하기엔 시각적으로 불편함이 있었던 게 사실이다. 그림이 들어간 여행가방이 익숙지 않을뿐더러 무엇보다 너무 튀어 시선을 끄는 게 불편했을 것이다. 그럼에도 쌤소나이트는 가방과 아트의 만남을 멈추지 않았다.

2012년에는 베니스 비엔날레 예술가인 이용백 설치작가의 작

품과 콜라보한 제품을 출시했고, 2013년에는 여행 안에서 인생을 찾는 우리네 삶의 이야기를 알콩달콩 살갑게 풀어낸 황주리 화가의 그림과 콜라보레이션을 선보였다. 2014년에는 이상봉 디자이너와 콜라보레이션을 한 데 이어 공모전을 열어 여러 작가들의 참여를 확대시켰다.

2015년에는 매화 그림만 20년 넘게 그려온 수묵화 거장 문봉선 동양화가와의 콜라보레이션을 선보였다. 2016년에는 자신만의 캐릭터로 자유롭게 이야기를 풀어내는 홍원표 일러스트 예술가를 영입하여 콜라보를 시도했다.

2017년에는 동구리라는 캐릭터로 전통을 현대적인 시각으로 재해석해 즐거움을 주는 권기수 미술가와 콜라보레이션했으며, 2018년에는 홍지연 작가의 작품을 통해 한국적이면서도 팝스러운 느낌을 가득 담아 사랑스런 핑크와 쿨한 블랙 캐리어를 선보였다.

작품 가격이 수천만 원을 넘는 작가들의 작품이 가방으로 옮겨지면 그만큼 제품의 가격은 더 늘어나야 하지만 여기엔 대량생산이라는 새로운 조건이 가세한다. 유일하게 하나만 존재하는 게 아니라, 같은 제품을 대량생산함으로써 그 작품 가치를 대중화시키는 역할을 하는 것이다. 그럼에도 불구하고 예술가의 작품을 보호하는 차원에서 리미티드 생산을 한다.

쌤소나이트는 늘 KIAF를 통해서 콜라보레이션 제품을 선보이고 있다. 한국에서 가장 권위 있는 대표 아트페어를 통해 제품을 선보이는 전략은 제품에 고급스러운 이미지와 품격 있는 위상을 마런해준다. 이 또한 전략적인 브랜딩이며 사람들의 마음을 파고드는 효과적인 마케팅의 일환이다.

처음엔 쎔소나이트의 아트 콜라보 제품들을 낯설게 느끼던 사람들도 몇 년 지나면서 익숙하게 소화하기 시작했다. 최근 길거리 여행가방 코너를 보면 다양한 캐릭터와 디자인의 컬러풀한 가방들이 즐비하다. 소비자들이 무난한 검정에서 탈피하고 싶어한다는 시그널이다. 몇 년 전 낯설게만 여겨지던 그림 그려진 여행가방이, 이제는 왠지 하나쯤 갖고 싶지 않은가? 어쩌면 벌써 한두 개씩 가지고 있을지도 모를 일이다.

쎔소나이트, 가방에 대한 취향까지 바꾸다

연예인들의 공항패션은 늘 세간의 관심이다. 하지만 우리라고 공항패션에 신경 쓰지 말라는 법 있나? 지금은 개성을 드러내고 표현하는 시대 아닌가? 그중에서도 공항패션의 완성은 여행가방일 것이다. 남다른 디자인의 가방, 멋진 그림이 콜라보된 가방으로 자신만의 개성을 드러내는 이들이 늘고 있다.

심지어 이제는 KIAF에서 쎔소나이트가 어떤 아트 콜라보레이션을 들고 나올지 궁금할 지경이다. 쎔소나이트가 그런 시도를 안한다면 실망하는 사람들이 꽤나 많을 듯. 이제 쎔소나이트는 예술과 소통하며 멋진 가방을 선보이는 선도 기업으로 자리매김했다. 낯선 시도가 사람들의 인식과 트렌드를 바꾸었고, 취향까지 바꾸어버린 셈이다.

그런데 사랑하면 맹목적이 되고 헌신하게 되는 법. 나의 사랑은 어찌나 변함이 없는지 그 꾸준함 때문에 되레 사고가 터지고 말았다. 내 가방은 쌤소나이트 올드 버전. 너무 튼튼해서 굳이 바꿀 이유가 없기에 오래된 제품을 계속 사용 중이었다. 2018년 봄, 홍콩 공항에서 호텔까지 이동 후 리무진 버스에서 하차할 때 사건이 터졌다. 내가 사이즈와 색상이 비슷한 남의 가방을 들고 내려버린 것이다.

아차, 하는 순간에 내 가방을 실은 버스는 떠나고 수중에는 남의 가방만이 남았다. 당시에는 그 가방이 얼마나 원망스럽던지. 왜, 어쩌자고, 비슷한 가방이 하필 거기 있었단 말인가. 결국 공항으로 돌아가 내가 들고 내린 회색 여행가방의 주인을 만나 가방을 교환하고 돌아오며 결심했다. 절대, 절대, 평범한 여행가방은 다시는 사용하지 않겠다고.

사실 여행가방이 뒤섞이고 바뀌는 일은 꽤 많이 일어난다. 디자인이나 색상이 비슷한 제품이 많기 때문이다. 그러니 한정 수량으

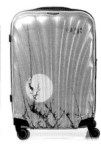

쌤소나이트 아트콜라보 캐리어

로 나오는 리미티드 에디션 제품이야말로 해답이 아닐까. 다른 사람 가방과 바뀔 일도 없을뿐더러, 나만의 개성을 보여줄 수 있는 아주 멋진 여행의 동반자가 될 테니 말이다. 그야말로 안전에 감각을 더해주는 1석 2조의 선택이다.

그날 이후, 나는 아주 과감하고 개성 넘치는 가방을 찾아 구매했다. 이제는 남의 가방을 갖고 가는 실수는 절대 하지 않으리라. 이보다 더 든든한 아트 콜라보가 어디 있단 말인가.

바디프랜드 :

휴식도 명품이 되다

바디프랜드×배광우

　의자의 다리 하나만 바닥에 고정시킨 채 비스듬한 각도로 의자를 연신 돌려대며 발레 연기를 하는 한 소년이 있다. 발레를 하는 것만도 놀라운데 한 손으로 계속 의자를 돌려대는 모습은 감동 그 자체였다. 뮤지컬 〈빌리엘리어트〉의 한 장면이다. 복싱을 시키려는 부모의 반대를 무릅쓰고 발레리노의 꿈을 키워가는 소년의 이야기. 이미 영화로도 많이 알려진 작품이다.

　영화를 볼 때도 그렇지만 현장 공연인 뮤지컬을 보고 있노라니, 노래, 춤, 연기, 감정 표현까지 어린 소년들의 다재다능함에 감복할 지경이었다. 그리고 또 다른 주인공이 있다. 뮤지컬 속에 등장하는 의자는 배우와 함께 연기하는 또 하나의 연기자, 즉 상상의 파트너였다.

사실 섹시한 댄서들의 춤에 등장하는 단골 파트너가 의자 아니던가. 의자를 활용해 다양한 포즈로 춤을 추고, 한껏 섹시함을 뽐낸다. 그럴 때 보면 의자는 단지 앉는 기능을 하는 가구가 아니라, 이성 파트너로서 우리 인식과 문화에 자리매김하고 있는 듯하다.

우리 삶에서 의자가 차지하는 비중이란

위키백과에 따르면 "의자는 오랜 역사를 갖고 있지만 수천 년 동안 실용적인 목적이라기보다 존엄과 위엄을 보여주기 위해 사용되었다. 주로 군주나 성직자가 사용했던 것이다."라고 한다.

좌식생활을 하던 우리나라는 방석을 사용했으며 의자가 없는 생활문화였다. 그런데도 초상화, 특히 직급이 상당한 인물들의 초상화를 보면 반드시 의자에 앉아 있다. 그 의자에 호피 등을 곁들임으로써 위엄과 권위를 표시하는데, 이것만 봐도 의자가 어떤 용도로 사용됐는지 알 수 있다.

1876년 개항으로 외국 문물이 유입되면서 입식 가구들이 들어오기 시작했다. 점점 서구화되면서 현대인들은 입식 생활을 하고 있으며 의자는 어느새 필수 생활 가구가 되었다. 그뿐인가. 다양한 기능과 역할을 하는 의자들이 삶의 공간에 여러 개 놓여 있다. 식탁의자, 책상의자, 소파 등. 심지어 야외 캠핑을 가서도 이제는 돗자리가 아닌 캠핑 의자에 앉는다.

여기서 한발 나아가 의자가 기능적 목적이 아닌 장식적 목적으로 쓰이기 시작하면서 디자이너들의 사랑을 받는 아이템이 되었다. 멋진 디자인의 의자들이 창작되면서 그 작품성과 가격 또한 놀라울 정도로 치솟고 있다.

품격 있는 안마의자가 품격 있는 휴식을 선사한다

식탁의자, 책상의자, 휴게의자, 캠핑의자, 낚시의자, 안마의자 등 다양한 기능과 융합한 의자들이 많지만 그중 단연 선풍을 일으킨 건 안마의자다. 다양한 기능과 디자인의 안마의자는 소파 같기도 하고, 침대 같기도 하면서 캡슐처럼 사람을 감싸 포옥 안아준다.

사실 그 사이즈나 모양새가 다소 우악스러워서 웬만한 공간의

바디프랜드×라르디니 안마의자

집에서는 안마의자를 소화하기가 부담스럽다. 저 혼자 떡하니 상당한 공간을 차지해버리는 데다 외양 또한 두드러지기 때문이다. 그래서 왠지 부담스러운 그것이 집 안에 놓이는 순간, 오히려 그건 좀 있어 보이는 부의 상징이 되기도 한다. 외관이 아름답지 않으면 기능이 제아무리 좋아도 절대 구매하지 않는 나의 성격상, 사실 초기의 안마의자는 절대 살 의향이 없었다.

겉으론 멀쩡해 보이지만 한번 집중하면 손을 놓지 않는 고약한 성질 때문에 목 디스크에 척추 측만이 온 건 이미 20대부터다. 한 손에 마비가 와서 주먹을 쥐지도 못하고, 쥐는 물건마다 떨어뜨릴 정도로 심한 신경마비와 통증에 시달리며 통증을 줄여주는 패치 없이는 살지 못하던 시절이 있었다. 덕분에 혈액순환과 통증 완화에 도움이 되는 정보들을 사방에서 수집했고, 정식 치료에서부터 약간은 사이비스러운 치료까지 그 방법을 두루 섭렵했다. 그런 내게 안마의자는 탐나는 아이템이었고 절대적으로 구비해야 할 물건이었다. 진정 나의 '바디 프렌드'가 될 테니까.

안마의자가 필요한데 멋지지 않다면, 멋지게 만들면 된다. 바디 프렌드는 배광우 작가와의 콜라보를 통해 한층 격을 높인 작품을 출시했다. 외관에 자개를 입힌 파라오, 팬텀 블랙 에디션이 그 대표작이다. 안마의자에 나전칠기를 콜라보해 우아함과 멋스러움을 입힌 작품이다.

내 몸을 풀어주는 제품이라면, 내 기분까지 풀어줄 수 있게 외양까지도 멋스러워야 하지 않겠는가. 바디프랜드는 주거환경을 망치는 볼썽사납고 우악스러운 안마의자가 아니라, 집안 풍경을 한 격 품격 있게 높여주는 예술품이 되어간다. 또 그걸 사용하는 사 람들의 피로를 풀어주며 진정한 프렌드가 되어가고 있다.

의자는 가구가 아니다. 휴식이며 위로다. 그리고 이 휴식과 위로 도 아름다움의 옷을 입으면 격이 달라진다. 더불어 내 삶의 격도 같이 올라간다.

제이월드 :
영혼의 끌림,
이보다 더 좋을 수 없다

제이월드 × 러시아 명화

2시간여의 강의를 마치고 나면 나는 질문을 받는다.

그럴 때면 종종 의외의 질문이 나온다.

"혹시 본명인가요?"

강의를 시작할 때 이름에 대한 설명을 깜박하고 지나갈 때면, 늘 이런 질문이 따른다. '2시간 강의 동안 궁금했던 게 내 이름이라니…' 조금 김이 새기도 하지만 그 또한 관심의 표현일 테다.

젬마와 젬마의 인연

방송을 하고 원고를 기고하면서 젬마라는 이름이 예명이나 필명인 것으로 오해받는 일이 생기곤 한다. '젬마'는 나의 카톨릭 세례명이다.

젬마 갈가니(Gemma Galgani) 성녀. 근대 성녀의 이름이라 성경에 나오지는 않는다. 젬마 갈가니는 1878년 3월 12일, 이탈리아의 시골마을 가밀리아노에서 태어났다. 아버지는 약사이자 화학자였고 어머니는 란디 지방 명문가 출신으로, 5남 3녀 중 넷째이며 맏딸이다. 출생 이튿날 '보석', '진주'라는 의미의 이름 '젬마'로 세례를 받았고, 이름 그대로 보석처럼 빛나고 아름다운 삶을 살았다. 1903년 4월 11일 토요일, 부활절 전날에 그녀는 세상을 떠났고 그녀의 축일은 4월 11일이다.

나는 뼛속부터 가톨릭인이지만, 한동안 종교에 냉담했었다. 그런 내가 믿음을 되찾고 갈가니 젬마의 성지순례를 떠난 게 부활절

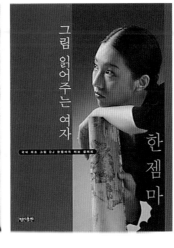

갈가니 젬마 초상화

《그림 읽어주는 여자》 표지 속 한젬마

전날인 토요일, 게다가 4월 11일이라는 것을 나는 현장에 가서야 알게 되었다.

부활절은 춘분 이후 첫 보름달이 뜬 다음에 오는 일요일로 결정한다. 따라서 그 날짜는 매해 다르다. 그런데 2010년 4월 11일 토요일, 그것도 부활절 전날에 내가 갈가니 젬마의 성지순례를 떠나다니… 이건 우연 이상이었다. 마치 그녀의 부름을 받고 달려간 것만 같은 필연의 느낌이었다.

그리고 수년이 흘러 꺼내본 갈가니 젬마의 초상화. 나는 다시금 화들짝 놀랐다.《그림 읽어주는 여자》와 비교해보니 무척 닮아 있다. 이럴 수가, 경악을 금치 못했다.

'이거 뭐야? 다 계획된 거야? 젬마가 젬마네.'

그리고 이내 깊이 후회하기 시작했다. 사실 갈가니 젬마의 알파벳 표기는 GEMMA, 나의 여권에는 JEMMA로 되어 있다. 나는 이선희 씨의 〈J에게〉를 좋아했고, 그 사모의 마음 때문에 내 이름 철자를 G에서 J로 변경해서 등록했던 것이다.

'아~' 깊은 탄식이 흘러나왔다.

냉담함의 결과란 이런 것이다. 결국 나의 냉담함이 스스로에게 후회를 남겼다. 갈가니 젬마의 철자를 한번이라도 찾아볼 것을.

신의 영혼이 존재하는 세상, 제이월드

이름 철자 변경으로 상심한 마음을 위로해준 건 제이월드와의 만남이었다. 제이월드는 가방사업을 한 지 약 35년 되었고, 미국과 한국에 본사를 둔 중소기업이다. 바퀴 달린 배낭 롤링백은 미국에서 판매 1위라고 한다.

"신사업은 미래의 비전을 읽고 3년을 투자해야 해요. 아트 콜라보는 당연히 미래 산업이 지향해야 할 방향이라고 믿습니다."

2012년 아트 콜라보를 시작하며 우왕좌왕할 때 선뜻 함께해주었고, 늘 격려와 믿음으로 동행해준 기업이다. 그뿐인가. 제이월드는 아트 콜라보를 진행했던 예술가들과 일회적 작업으로 끝나지 않는다. 신뢰를 바탕으로 그들과 상생할 수 있는 길을 찾기 위해 끊임없이 기회의 장을 펼친다.

콜라보했던 예술가들과 해외 박람회에 동행하여 아티스트 라인으로 전시를 선보이는데, 이런 자리를 통해 아티스트는 자긍심과 자부심을 느낀다. 함께 작업한 예술가 중에 한창우 작가를 본사 크리에이티브 디렉터로 채용하기까지 했다. 또 본사 한 층을 예술가 레지던스로 내놓았으며, 더 많은 예술가들이 작업할 수 있도록 공간으로 내주었다.

제이월드는 신뢰와 믿음을 토대로 많은 스토리와 뉴스를 생산한 기업이다. 한번 인연을

한창우 작가×제이월드, 가방

맺은 아티스트와는 꾸준히 협업함으로써 지속성을, 자폐 영재들과의 아트 콜라보에서는 적극적인 CSR을 실천한다. 해외수출전시를 위한 현지화 아트 콜라보는 신속하고 기민하게 대응하고 있다.

카자흐스탄에서 개최한 프리미엄 코리아 팝업스토어 출품을 위해 현지 명화와의 콜라보를 할 때의 일화가 떠오른다. 인쇄용 러시아 명화를 구하지 못해 인쇄 이미지를 작게 할 수밖에 없었는데, 땡땡이 디자인으로 전환하여 작은 동그라미 안에 명화를 넣는 방식으로 창의력을 발휘했다. 위기의 순간 순발력을 발휘해 새로운 기회로 전환시킨 모습이 아직도 생생하다.

이처럼 도전에의 열정과 사랑, 파트너에 대한 믿음, 긍정적 에너지는 어디서 오는 것일까? 그 힘의 원천은 바로 브랜드 이름에 있다. 사실 그다지 관심을 가지지 않았던 이니셜인데, J에는 숨겨진 뜻이 있다.

'Jesus christ'

'오 마이 갓.'

그 안에 신이, 예수가 숨어 있었던 것이다.

내 비록 G를 J로 고쳤으나, 내 안에 예수님을 담은 것처럼.

I love J!

기업과 예술가의 소통방식

[기업과 예술가 간의 아트 콜라보레이션 과정]

기업과 예술가가 만나 성공적인 아트 콜라보레이션을 하기 위해서는 같은 목표를 향해 나아가는 과정에서 원활하게 소통할 수 있어야 한다. 기업가와 예술가가 함께 하는 작업의 과정은 다음과 같다.

1 기업이 추구하는 방향과 목표 파악

2 예술가 리스트업, 포트폴리오 확보

3 기업과 공유 및 선택

4 예술가 컨택 및 미팅 : 추구하는 정확한 방향과 목표 설명, 예술가에게 기업 소개

5 아트 콜라보레이션 작업 의뢰

6 일정 기간 후 1차 시안 검토

7 기업 내부 회의 후 추가 보완 수정 작업 요청 및 조율

8 쌍방 합의 후 계약서 조율

9 지속적인 2차, 3차 작업·수정·보완·조율로 결과물 완성

[콜라보레이션을 하며 주의할 점]

예술가와 기업가가 콜라보레이션을 하는 과정에서는 돌발 상황이 꽤 자주 발생한다. 수익 창출의 목표를 가진 기업과 창작품의 예술성 극대화를 중요시하는 예술가가 일하고 소통하는 방식은 극명히 다르기 때문이다. 우선 기업은 수익 창출을 도모하기에 적절한 콘셉트와 가치관을 가진 예술가 선정이 중요하다. 그런 후 기업의 제품과 결합을 시도하는 과정에서 최대한 예술가를 존중하면서 기업이 가야 할 방향을 찾는다.

예술가 역시 기업의 입장을 고려해야 한다. 자신의 예술혼을 펼치기 위해 기업이 존재하는 것은 아니므로, 열린 자세로 소통할 수 있어야 한다. 예술가는 동기부여가 잘 되면 에너지가 폭발하는 특성이 있는 사람들이다. 긍정적 자극을 줄 수 있도록 적절한 긴장감을 유지하고 밸런스를 맞추는 게 중요하다.

그러기 위해서는 협업을 시작할 때, 정확한 목표를 공유해야 한다. 목표와 방향성을 공유했음에도 끊임없이 충돌하고 의견이 불일치한다면 빠른 결단을 통해 이별하는 것도 좋은 선택이다. 충분한 소통과 의견 조정 및 조율은 필요한 과정이지만 도저히 접점을 찾을 수 없을 때는 결별하는 것도 한 방법이다.

수익분배도 쌍방이 충분히 합의하고 결정해야 한다. 예술가에게는 예측할 수 없는 기업의 매출 성과에 대비해 성과급제가 보완되면 좋다. 갑을 관계가 아닌 파트너십 관계여야 함은 당연하다. 간혹 예술가를 하도급이나 하청업체 다루듯 하는 경우가 있는데, 이럴 경우 예술가들은 100퍼센트 돌아선다. 기업 내부의 회의와 의견 조정 과정을 통해 협의사항이 충분히 공유된 후, 예술가가 팔로우할 수 있게 해주어야 한다. 일방적 소통이나 통보는 절대 금물이다.

이러한 과정은 홍보 마케팅의 스토리 소스를 축적하는 셈이 되기도 한다. 모든 과정이 스토리인 것이다. 협업하는 담당자들과 신뢰를 바탕으로 유연한 관계 설정을 하는 것이 매우 중요하다. 모든 일은 결국 사람의 문제이기 때문이다. 일이 마음에 안 들어도 사람이 좋으면 지속되지만, 아무리 일이 좋아도 인간적인 갈등이 유발되면 일의 진행은 좀처럼 어렵다.

[예술가와의 소통방식]

1 서로의 생각, 철학, 가치관을 이해할 수 있도록 그간 작업해온 주제나 작업 방식에 대해 충분히 의견을 듣고 공유해야 한다.

2 기업이 추구하는 방향성과 의견을 전달하고 일정 시간을 주어야 한다.

3 1차 기획안에서 큰 수정이 불가할 것이라는 것을 기억하자.

4 예술가가 하고 싶어하는 것에 귀 기울여라. 그것을 수용하지 못 하겠다면 빨리 접어야 한다.

5 기업이 이견을 내거나, 작업물의 방향 수정을 원할 때는 오해가 없도록 섬세하

고 충분한 설명을 해야 한다. 예술가에게는 자신만의 작품세계를 존중받는 것이 가장 중요하다. 이 부분은 반드시 보호되고 지켜져야 하는 부분이다.

6 예술가가 중요하다고 강조하는 부분은 무조건 받아들여져야 한다. 그 부분이 받아들여지면 나머지 모든 것, 어쩌면 가장 큰 것을 얻을 수도 있다.

7 일만 하기보다 대화, 식사 등 인간적인 교류의 시간을 갖는 것도 도움이 된다.

8 작품과 창작세계가 무조건 우선이고 전부다. 이 부분에 대해서는 늘 존중하고 경외를 표하라.

9 기업이 원하는 방향과 수익분배에 대한 조건을 결정하고 선 제안을 해야 한다. 내부 논의나 적정선에 대한 고민 없이 무작정 오픈해서 논의하지 말라. 경제권을 쥐고 있는 기업이 먼저 가이드라인을 정하고 조건을 제시하라. 그리고 가급적 예술가 의견을 들어라. 그러나 이견이 있을 때는 예술가의 의견을 절충해서 받아들여야 한다.

과거의 경쟁력이 가격이었다면,
현재의 경쟁은 품질이며,
미래의 경쟁은 디자인이다.

−로버트 헤이스, 하버드 비즈니스스쿨 교수

소비자들의 감성을 터치할 수 있는
아트 콜라보레이션으로 새로운 타개점을 모색할 때다.
아트 콜라보레이션이 미래다!

−윤은기, 한국협업진흥협회 회장

콜라보의
초가치 효과 3.
확장성

CHAPTER 6

무늬공방 :

가장 서양적인 것에

가장 한국적인 것을 담다

무늬공방×신윤복

나에게는 슬픔을 달래주고 마음을 위로해주는 박스가 하나 있다. 그냥 내가 좋아하는 것들을 모아서 담아놓은 것인데, 대부분은 이미지들이다. 엽서, 오려낸 잡지 조각, 작은 조형물들…. 그냥 눈이 즐겁고 씹으면 톡 하고 향이 올라오는 민트처럼 정서환기용 물건들이다.

가슴이 답답해도 하소연할 곳 없을 때, 속상한 마음에 샤워기를 틀어놓고 한참을 울어도 분이 가라앉지 않을 때 펼치는 내 마지막 보루. 푹신한 침대 중앙을 툭툭 눌러 자리를 만들고 박스를 성스럽게 열 때면 마치 하나의 의식을 치르는 듯하다.

박스를 열기 직전 화살기도를 올린다. '이번에도 어김없이 나를 위로해주기를'이라고 하면서. 지니 램프처럼 그 안에서 쏟아져 나오는 것들이 내 가슴의 응어리들을 모두 털어내주기를 바라면서. 오랜만의 반가운 만남을 최대한 경이롭게 청하며 조심스런 손길로 하나하나 꺼내서 마주한다. 그러면 놀랍게도 나는 변화하기 시작한다. 마치 속상한 기억을 빨아들여 밖으로 날려버리는 환기 장치가 작동하는 것처럼.

나는 그것을 나의 치유 아트박스라 부른다.

박스를 열기 전의 짜릿한 설렘과 희열

이 맛 때문일까? 나는 쌓이는 박스, 광고전단지, 잡지, 브로슈어, 엽서 등 시각적 소스나 인상 깊은 이미지들을 버리지 못하고 죄다 모으는 습관이 있다. 내 손에 들어온 인연을 떠나보내면 안 될 것 같다는 막연한 생각 때문이다.

생각해보면 우리 주변에는 박스가 참 많다. 책을 넣는 책 박스는 책장, 책가방이라 부른다. 음식을 넣는 박스는 도시락이라 부른다. 옷을 넣는 박스로는 옷장과 옷가방이 있고, 화장품을 넣는 화장대와 화장품 가방도 있다. 영화를 담아 보여주는 영화 박스는 영화관 혹은 개인 컴퓨터나 핸드폰이다. 특히 핸드폰은 모든 것을 담아주는 멀티 박스 아닌가. 그리고 우리의 생활을 담아주는 박스는 집이다.

그럼 음악을 담아주는 박스는 뭘까? 노래방? 음악 감상실? 그

시조는 오르골, 18세기 유럽에서 탄생한 뮤직 박스다. 축음기와 테이프, CD에서 이제는 디지털 음원으로 대체되었지만 요즘 다시 아날로그가 살아나는 분위기다.

뮤직 박스는 음악을 들려주기도 하지만 실은 판타지의 상징이 아닐까 싶다. 음악과 함께 공주나 동화 속의 성처럼 예쁜 조형물이 함께 있어야 제 맛이다. 발레리나나 공주가 돌아주면 더 짜릿하다. 그리고 노출형보다는 박스형이 좋다. 선물은 포장하기 직전이 가장 설레는 법 아닌가. 뚜껑을 열기 직전의 그 설렘이란. 그리고 뚜껑을 열면 음악과 함께 새로운 세상이 펼쳐지는 듯한 그 느낌, 상상만으로도 행복해진다.

이 오르골도 어느 틈엔가 보석함과 콜라보를 하면서 '오르골 보석함'으로 발전했다. 신비한 환상의 박스에 나의 왕자님이 준 보석을 담는다면 동화 속 환상의 세계가 현실이 되는 것이다. 이것이 나의 가슴 한편에 깊게 각인된 오르골에 대한 이미지다.

서양의 전유물, 우리 것으로 재탄생하다

아트 콜라보 공모전 심사를 하다 정체불명의 작은 물체를 접했다. 도통 무엇인지 알 수 없는 도자기 뒤편에 태엽이 달렸고, 한국화가 보이고 아리랑이 적혀 있다. 자물쇠 옆에 열쇠를 발견하면 자동적으로 열쇠를 꽂아 열게 되듯 태엽은 본능적으로 감아보게 하는 위력이 있다.

태엽을 돌려보았다. 아리랑이 흘러나왔다.

"아하! 오르골."

허를 찔리는 순간이었다. 오르골에 우리의 노래를 담을 생각을 왜 못 했던 것일까? 왜 오르골에서는 무조건 서양 음악이 나올 거라는 선입견을 갖고 있던 걸까?

왜 도자기로 만든 것인지 바로 이해할 수 있었다. 작은 도자기 상자가 아리랑을 들려주자 비로소 김홍도, 신윤복 등이 그린 한국화가 콜라보된 의미를 깨달았다. 외국인들에게 뭘 선물하면 좋을까를 늘상 고민하던 내게는 무릎을 탁 치는 순간이었다. 이 오르골이면 한국의 음악을 들려주면서 그림 이야기를 나눌 수 있겠구나 하는 생각. 익숙한 물건으로 한국에 대한 인상을 심어줄 수 있었다. 작지만 탁월한 발상이 돋보이는, 최고의 작품이다.

오르골은 '한국디자인진흥원장상' 수상의 쾌거를 이뤘다. 이후 나는 시키지도 않은 무늬공방(현 hk스튜디오) 오르골 홍보대사를

출처: '무늬공방×휴대공인' 홈페이지

자처하듯 사방에 이 오르골을 보여주고 들려주기 시작했다.

이렇게 우리의 선입견을 부수는 시도가 최근 들어 부쩍 늘어나고 있다. 샴페인과 와인만이 축배주는 아니다. 스파클링 막걸리 건배주로 국제 행사장에서 빛을 내고 있는 '복순도가 막걸리'. 레드와인 대신 '복분자주'가 대체되고, 이방카 트럼프가 방한했을 때 청와대 만찬주로는 충북 영동 와인 '여포의 꿈'이라는 한국 와인이 선을 보였다. 트럼프 방한 만찬주로는 전통주 '풍정사계 춘'을 선보였다.

그리고 이에 걸맞게 선물 포장도 차별화했는데, 우리 보자기로 곱게 쌓아 매듭을 지어 한국의 미감과 정신으로 마무리했다. 교황의 방한 선물은 보자기 매듭포장으로 격식을 담았다. 공식행사에서 한복을 입는 일이 많아졌고, 우리 의상으로 품위를 더해갔다. 만찬에서도 한국식 정찬이 그 자리를 확대해가고 있다.

우리가 받아들인 서양문물에 우리 것을 집어넣는 시도는 얼마든지 할 수 있다. 결혼 예물은 반드시 다이아 반지여야 하는가? 밸런타인데이에 초콜릿만 선물해야 하는가? 크리스마스트리는 굳이 전나무여야 하는가? 카펫에 우리 문양을 담아보면 어떨까? 아파트 주 출입구나 창문에 우리 전통가옥 스타일을 담아주면 어떨까?

서양문물이 밀려들어오면서 우리 것은 촌스럽다는 인식하에 가옥, 그릇, 이불과 베개, 옷, 신발 등등이 순식간에 버려졌다. 그렇게 버려지고 잊혀진 것들이 재생과 회생이라는 구호로 되살아나고 있다. 버린 것이 너무 많고 찾을 것이 가득하다. 오르골의 아리랑을 들으며 내 가슴에 찾아올 지니에게 소중한 우리의 것을 소환해낼 지혜를 달라고 떼를 써봐야겠다. 너무 가까워서, 늘 함께해서 소홀히 여겼던 존재들. 당연한 줄만 알고 예쁜 줄 몰랐던 존재들. 그들의 재단장이 시작되는 타이밍이다.

루이비통 :

따라올 테면

따라와 봐

루이비통×스티븐 스프라우스, 무라카미 다카시

명품이 짝퉁 때문에 몸살을 앓은 지 꽤 되었다. 인기에 비례해 짝퉁이 판을 친다. 오죽하면 짝퉁 구별법이라는 것까지 나왔을까. 짝퉁이 오리지널과 얼마나 흡사한지 여부로 소비자의 관심을 끄는 가장 대표적인 브랜드는 루이비통일 듯하다.

한창 초콜릿색 루이비통 가방이 난무하던 시절, 이태원 뒷골목에 짝퉁 시장이 활개를 치던 시절에 한 예술가의 대반격이 있었다. 짝퉁 루이비통 가방을 사서 아예 'FAKE'라는 글자를 프린트하고, 명품 가격과 똑같은 가격으로 판매를 시도한 것이다. 이 놀라운 역발상이 기발하고 인상 깊어서 나도 이 문제의 가방을 살 뻔했다.

결국 루이비통이 소송을 걸어 제품은 철거되었지만, 도전적인 실험 정신과 이슈 몰이의 해프닝은 도무지 지워지지 않는다. 대놓고 '나는 가짜'임을 공개함으로써 오리지널과 짝퉁이란 대체 무엇일까, 라는 고민을 하게 한 진실게임이라고나 할까. 그럼에도 진품을 만드는 쪽에선 짝퉁의 존재를 인정하는 현상을 참을 수 없었을 것이다.

오리지널과 짝퉁의 끝없는 전쟁

중국시장에서는 짝퉁 판매를 일정 부분 인정하고 동행하는 길을 선택했다고 한다. 인기가 있어 짝퉁을 만드는 것이니 시장에서 인정하고 있다는 증거로 봐야 한다는 논리다. 오리지널을 파는 쪽에서 짝퉁의 시장 유통을 몇 주만 유예해 달라고 부탁할 정도라니, 상생하기 위해선 오리지널이 짝퉁을 인정해야 한다니, 이런 적반하장이 있을까?

어찌 명품 브랜드만 짝퉁이 있겠는가. 가짜 의사, 가짜 뉴스, 가짜 교수, 짝퉁 프랜차이즈 등 다양하게 퍼져 있다. 그래서인지 우리는 오리지널과 모방하는 자를 구분 짓기 위해 '원조'를 따지는 문화가 유독 강하다. 거리를 다니다 보면 온통 원조가 반짝인다. 원조 떡볶이, 원조 보쌈, 원조 곱창 등등.

1854년 프랑스에서 시작된 루이비통은 시대를 읽는 혜안으로 늘 앞서갔다. 그리고 그 리더십의 여정은 늘 짝퉁 몰이와 짝퉁 퇴출을 위한 장소의 역사였다.

프랑스 자본주의의 성장으로 인해 발전한 휴양문화가 여행문화를 부추겼다. 당시 여행용 트렁크들은 둥그런 모양이었는데, 짐을 넣고 이동하는 불편함이 극에 달할 즈음 루이비통이 멋진 제품을 출시한다. 1858년 캔버스 천에 풀을 먹여 방수 처리한 '그레이 트리아농 캔버스'(Grey Trianon Canvas)가 바로 그 제품이다. 가볍고, 바닥이 평평하며 적재가 유용한 사각형 모양의 트렁크가 탄생한 것이다.

여행용 트렁크로 승승장구했지만, 그 가방이 강도들의 표적이 되는 또 다른 문제가 생겨났다. 하지만 중요한 건 문제가 있다는 게 아니라 그것을 어떻게 해결할 것이냐다. 루이비통은 이 문제를 해결하기 위해 자신만의 열쇠 하나로 여러 자물쇠를 열 수 있는 텀블러 잠금장치를 개발해낸다. 이 멋진 해결책은 창조적 솔루션이 만들어낸 전화위복의 사례다.

결국 이 기회를 발판으로 루이비통은 텀블러 자물쇠를 오늘날까지도 발전·응용하여 사용하고 있다. 식스 텀블러는 구입시 잠금 장치의 고유 번호와 고객 정보 등을 기입하게 하여 열쇠를 잃어버렸을 경우 열쇠를 새로 제공하는, 스페셜 콘셉트를 담은 제품이다.

지속적인 자기혁신으로 짝퉁을 따돌리다

짝퉁에 대한 최선의 대비는 지속적으로 새로워지는 것이다. 트리아농 캔버스는 결국 또 짝퉁에 시달리게 되었고, 모조품과의 차

무라카미 다카시, 〈방긋 웃는 꽃〉, 2010

별화를 위해 다미에 캔버스(Damier Canvas)를 개발해 제품에 적용
했다. 다미에는 프랑스어로 체크무늬를 의미하는 단어다. 지속적인
신기술 도입과 제품 개발로 현실에 안주하지 않는 것만이 답이다.

예술은 영감을 준다. 창조의 동력인 것이다. 루이비통은 다미에
캔버스 이후 1896년 모노그램 캔버스(Monogram Canvas)를 새로
개발했다. 짙은 브라운 색상의 가죽 위에 꽃과 별이 번갈아 교체
되고, L과 V가 비스듬히 겹쳐진다. 창업자인 루이 비통에게 경의
를 표하기 위해 그의 머리글자 'L'과 'V'를 따다가 패턴으로 깔았
는데, 이것이 훗날 루이비통의 상징이 된 모노그램 캔버스다.

모노그램 캔버스는 루이비통의 아들 조르주 비통이 모조품 방지
차원에서 아버지의 머리글자를 활용해 탄생시킨 것이라 한다. 이
는 당시 유행했던 자연 모티브와 평면적 일본 판화 등에서 유래한
프랑스 아르누보 양식에서 영감을 얻은 결과였다.

무라카미 다카시×루이 비통 클러

범람하는 짝퉁을 따돌리기 위해 루이비통의 창조는 계속되어야만 했다. 그래서 아예 디렉터를 영입하여 지속적으로 새로움을 창조하는 방식을 선택한다. 1998년에는 마크 제이콥스를 영입해 모노그램의 정체성을 유지하면서 활력과 젊음을 주는 전략을 택한다.

루이비통이 선택한 또 다른 창조의 동력은 콜라보! 클래식한 이미지에서 벗어나 젊고 트렌디한 느낌을 표현하는 데 주력했다. 역동적이고 강렬한 그라피티를 적용한 모노그램 그라피티 (Monogram Graffiti)는 스티븐 스프라우스와 진행했다. 모노그램을 컬러풀한 93가지 색으로 표현한 새로운 모노그램 멀티컬러 (Monogram Multicolore)를 비롯한 경쾌 발랄한 체리, 체리 블로섬, 코스믹 블로섬 등의 출시는 무라카미 다카시와 진행했다.

이후 쿠사마 야요이와의 콜라보로 상승세를 이어갔고, 그림 잘 그리고 패션 쪽으로 재능이 있는 카네이 웨스트와 콜라보함으로써 히트 뉴스를 제조했다. 그와의 콜라보로 탄생한 스니커즈의 중고 가격이 엄청나다고 한다.

우리나라에서 가장 많은 짝퉁이 범람했던 제품은 영화배우 오드리 헵번을 통해 더욱 히트한 1930년대 키폴 백(둥근 원통형의 여행용 가방). 키폴 형태의 핸드백으로 제작한 스피디 백(Speedy Bag)이다. 거리에서 3초마다 볼 수 있다고 하여 일명 '3초 백'으로 불리기도 한 이 제품은 루이비통의 오랜 역사와 함께한 아이콘이자 베스트셀러다.

초콜릿 모노그램이 짝퉁으로 거리를 채워가자, 루이비통은 형태와 로고는 유지하되 과감하고 신선한 변형으로 짝퉁시장을 당황하게 했다. <u>콜라보를 통해 빠르게 재창조된 신제품. 변화의 기복이 너무 심하고 따라잡기에 속도가 빨라 허덕일수록 모조품의 디테일은 허접해지게 마련이다.</u>

돌이켜보면 루이비통은 모조품에 시달린 탓에 고민을 거듭하며 자기 쇄신을 했고 늘 빠른 속도로 정진했다. 그런 그들에게 짝퉁은 두려운 대상이 아니라 그저 짝퉁일 뿐이다.

<u>예술이란 카피를 두려워하지 않는다. 새로운 독창성이 나오지 않음을 두려워한다.</u> 새로움과 창조성에 도전하는 이들은 오히려 카피를 즐기기도 한다. 카피는 성공의 반증이기에.

"나 잡아봐라."

그렇게 모방(짝퉁)의 약을 올리며, 루이비통은 저만큼 앞서 달려간다.

새턴바스 :
남다른 가치를 만드는
변신은 무죄

새턴바스×카림 라시드

"제가 도의원에 나가볼까 하는데 어떻게 생각하세요?"

어느 날, 지인 한 명이 불현듯 이런 질문을 해왔다.

'사업에 겸임교수까지 하며 성공가도를 달리는 그가 인생의 매너리즘에 빠진 것일까? 지금 너무 잘 살고 있는데 굳이 정치판에….'

순간 그의 선택에 당황했지만, 섣불리 내 의견을 말하기 전에 생각을 다듬어 정리해보았다. 내가 뭐라 말한다 해도 그는 이미 마음의 결정을 한 상태였겠지만. 어쨌든 나는 좀더 숙고한 끝에 이렇게 말했다.

"다 해봐요. 그런 생각을 했다는 건, 그 일을 할 만한 기회가 생겼다는 뜻일 테니 기회가 왔을 때 잡는 것도 방법이죠. 살아보니 결국 내가 에너지를 쏟고 경험한 것들이 자산이 되더라고요. 하고 싶다는 생각이 들 때는, 도덕성에 문제가 없는 한 해보는 것도 좋겠다 싶어요. 세상은 너무 빨리 변하고 우리는 미래를 예측할 수 없는 불확실성 속에 살고 있잖아요. 현재에 안주하지 않고 새로운 일에 도전하는 것도 좋겠어요. 어차피 인생 3모작, 4모작인 세상이니까요."

도전이 늘 성공으로 연결되진 않겠지만, 할 수 있는 일만 하고 살 수는 없는 노릇이다. 때로는 그 가능성을 장담할 수 없을지라도 하고 싶은 일을 해야만 할 때가 있는 법이다. 우리는 어차피 성공할 만한 것에 자신을 던지는 것이 아니라, 성공해야만 한다는 확신과 당위에 투신하며 살아간다. 그렇다면 못할 일도 없지 않은가.

'변신은 무죄' 프로젝트가 가져온 멋진 자극

중소기업들과 예술을 연결시키는 일을 시작하던 초창기에는 사명감과 시대적 소명에 부응한다는 확신을 갖고 나를 던졌지만 일이 순조롭게 돌아가지는 않았다.

"예술가들과 함께 작업한다구요? 왜요? 뭘요? 기업들이 얼마나 바쁜데… 그런 데에 허비할 시간이 어디 있습니까? 우리는 예술가들 스폰할 여유 없어요. 죄송합니다."

기업의 브랜드나 제품과 예술가들의 콜라보를 상상하며 창의적인 프로젝트를 기획했지만, 기업들은 관심도 의지도 약했다. 2014년 당시 분위기는 그랬다. 먼저 기업들의 편견을 깨는 일부터 시작해야 했다. 아이리버 MP3, 가로본능 핸드폰 등 히트 상품을 연이어 탄생시킨 국내 최고의 디자이너인 김영세 이노디자인 대표. 그를 초청해 예비 디자이너 참가자들이 기업의 제품을 변형·디자인하는 과정을 워크숍 형태로 진행하며 멘토링하는, '변신은 무죄' 프로젝트를 기획했다.

김영세 디자이너는 어느 때보다 멘토링 작업에 열정을 쏟아주었다. 기업에게 제품과 디자인에 대한 아이디어를 제공하여 세계 시장을 향한 기업 경쟁력을 높이고, 예비 디자인 인력과 기업 간의 교류 및 소통을 원활하게 이끌어내 산업 디자인 생태계의 발전을 도모했다. 기업이 자사 제품의 변신을 통해 새로운 영감과 상상력을 자극받음으로써 문화예술 경영의 불씨를 지피는 계기가 되기를 희망한 프로젝트였다.

당장 시장에 내놓을 디자인을 하는 것이 그 프로젝트의 목적은 아니었다. 기업의 브랜드에 담긴 잠재성, 제품들의 무한한 변신 가능성을 실험하는 자리였다. 기업들이 예술과 만나 신선한 자극을 얻길 원했다.

당장 돈이 될 것 같고, 당장 반응이 올 것 같은 아이디어나 제품이 예상대로 맞아떨어진 경우가 얼마나 되는가. 시장의 니즈와 유행을 선도할 아이템을 매번 예측할 수 있다면 누가 고민하겠는가. 어차피 계획과 예측대로 되는 것이 아니라면 모험을 시도해보는 것도 괜찮지 않을까? 기상천외한 방식으로 상식에서 벗어나려 애쓰는 예술과 콜라보하는 것이 그 한 방법일지도 모른다.

김영세의 멘토링을 받을 수 있는 절호의 기회, 그 매력 때문인지 많은 이들이 '변신은 무죄' 프로젝트에 참가 신청을 했다. 아이디어 발표를 통해 심사를 거쳤고 참여자들을 선별했다. 중소기업별로 소수 참여자들을 배치시켰고, 참가자들의 아이디어 경쟁을 붙이면서 여름방학 내내 멘토링이 이루어졌다.

김영세 교장, 이노디자인의 팀장급 디자이너들을 수석교사 격으로 배치시켜 매주 본사에서 멘토링을 실행했다. 새로운 활로를 모색하는 기업들에게 이보다 더 값진 기회가 있을까?

물론 이 프로젝트에서 제품으로 생산 가능한 디자인 아이디어를 얻고자 했던 기업의 요구 때문에 마찰이 있었지만, 프로젝트의 취지를 설명하며 대화로 풀었다. 실질적 사업 아이템을 연결해주는 것이 아니라, 기업의 브랜드 및 제품을 활용해 아이디어 발상을 하고 창의적 실험을 하는 데 의의가 있음을 이해시켰다.

변화와 혁신으로 가는 낯선 길, 예술이 안내하다

당시 프로젝트에 참가했던 새턴바스는 창의적인 작업에 무척 열정을 갖고 있었다. 시장의 보편성을 떠나 새로운 스타일의 욕실 제품들을 자유롭게 형상화하려 노력하는 중이었고, 보다 특별한 디자인을 할 수 있는 기회를 호시탐탐 노리고 있었다.

그간 아우디, 소니 에릭슨, 시티은행, 파비앙, 3M, 움브라, 알레

©새턴바스×카림 라시드

시, 보날도, 본돔, 아르테미데 등 세계 각국 400여 개의 기업들과 함께 디자인 작업을 해온 세계적인 디자이너 카림 라시드(Karim Rashid)는 새턴바스와 협업한 TV 욕조로 2009년에 이미 레드닷 디자인 어워드에서 수상한 경력도 있는 브랜드였다. 연이어 2010년에도 또 다른 제품으로 iF 디자인 어워드에서 수상했다.

2017년 카림 라시드가 예술의 전당에서 대형전시를 할 당시 한화, 애경, 삼성, LG, 현대카드 등과 함께한 디자인 제품들을 포함해 세턴바스와 콜라보한 아트벤치도 전시되었다. 그리고 그 벤치는 아트 콜라보 엑스포에서 관객들을 위한 설치미술품인 동시에 아트벤치로 멋진 자리매김을 해주었다.

'변신은 무죄' 프로젝트에서는 다양한 아이디어들이 샘물처럼 솟아났다. 기업이 예술의 창조성을 만나며 새로운 감성에 눈을 뜨

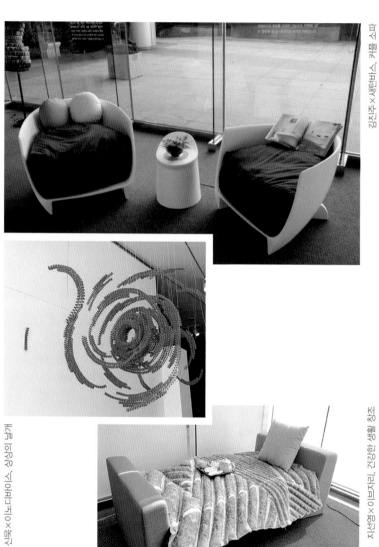

김진주×새턴바스, 카를 소파

신묵×이노디바이스, 상상의 날개

지선영×이브자리, 건강한 생활 창조

게 되었고 신선한 모습으로 재탄생했다.

새턴바스를 선택한 참가자는 욕조를 반으로 절단하고 싶으니 욕조를 하나 준비해 달라고 요청했다. 새턴바스는 흔쾌히 그 제안을 받아들였다. 이 프로젝트에서 욕조가 반으로 절단되어 커플 소파로 재탄생되는 아이디어가 나왔다. 욕조회사가 원하는 제품도, 당장 판매에 도움이 되는 제품도 아니었다. 그러나 생각지도 못했던 놀라운 발상이었다. 소파로 변신한 욕조라니. 그 강렬한 아이디어 덕분에 기업의 브랜드와 제품은 사람들의 이목을 집중시켰다.

당시 프로젝트를 통한 제품들의 변신은 상상 초월이었다.

이브자리 브랜드와 함께한 참가자는 이브자리의 비전인 '건강한 생활 창조'를 녹차밭과 연결시켰다. 이불을 녹차밭처럼 패턴화하고 녹차팩을 활용해서 염색을 해냈다. '건강을 물들이다'라는 개념을 시각과 후각(공감각)으로 표현한 것이다.

유진로봇 청소기와 함께한 참가자는 '우주를 여행하는 우주선'이라는 콘셉트로 청소로봇을 변형시켰다. 청소로봇이 움직일 때마다 같이 움직이는 빛과 별의 반짝이는 향연을 통해 우주를 여행하는 우주선의 모습을 구현해냈다.

이노디바이스의 헤드폰 제품과 함께한 참가자는 '상상의 날개'라는 제목으로 이노디바이스의 아이디어들이 모여 만들어지는 결과물을 날개로 형상화했다. 날개는 이노디바이스가 나아가야 할 이상향, 즉 목표를 향해 날아갈 수 있도록 도와주는 매개체로 해석했다.

예술 작품의 변신은 무죄다. 세상을 놀라게 하는 힘, 신선한 충격, 그것이 예술이기 때문이다. 앞서 말한 신선한 창조물들이 나왔을 때 기업들의 반응은 두 가지였다.

"이건 쓸모가 없잖아. 우린 당장 팔 수 있는 물건이 필요해."

"와우, 세상에. 우리 제품이 이런 변신을 할 수 있다니… 정말 놀랍군요."

물론 이건 2014년 당시의 반응이다. 그 후로 기업들의 인식은 상당히 달라졌다. 변화와 혁신을 통해 성장을 추구하는 기업들에게, 예술은 무궁한 기회가 펼쳐질 전혀 새로운 길을 안내한다.

자이크로 :
남들처럼 말고
남들과 다르게

자이크로×한창우

신발 모으는 화가 K. 운동화만 수백 켤레라는 그는 맘에 드는 제품을 구매하는 데 꽤나 열성적인데, 특히 리미티드 에디션 제품은 무조건 구매한다고 했다.

내가 사는 이태원에는 유명 스포츠 매장이 즐비하다. 종종 새벽부터 줄을 서서 기다리는 인파를 만나곤 하는데, 바로 그때가 리미티드 에디션 출시일이다. 한겨울 추위나 한여름 무더위에도 아랑곳 않고 새벽부터 줄서서 기다려 구매하는 풍경이 처음에는 이해되지 않았다. 하지만 K의 이야기를 듣고 보니 그들의 마음을 왠지 조금 알 것 같았다.

그의 운동화는 어쩜 그리 새하얀 걸까?

일단 이런 식이다. 리미티드 에디션 운동화 구매. 신어도 되고 안 신어도 되고 묵혀둠. 수년이 지난 후 희귀 제품으로 재판매. 때로는 엄청난 고가 제품으로 거래. 이런 순환 구조를 통해 수익 창출을 쏠쏠하게 한다는 것이다. 어디를 가든 어디에 있든 K는 항상 틈틈이 신발 사이트를 들여다보고 있었다.

그의 신발은 늘 새롭고 독특하고 깨끗했다. 신발 유지를 위한 특별 세제와 도구에 대한 정보도 많았다. 그런데 신발 보호를 위한 그만의 특별한 걸음걸이나 생활 비법이 있는 것일까?

공공벽화 작업이 있던 날, 그는 도대체 납득할 수 없을 정도로 하얀 새 운동화를 신고 나왔다. 그런데 종일 시멘트를 희석하면서 터프하게 진행되었던 작업을 마치고도 그의 운동화는 작업 시작 전 모습 그대로였다. 분명 그는 동분서주하면서 열심히 벽화 작업을 했다. 작업복을 입고도 물감 피해가 속출했건만, 그의 운동화는 아무 피해가 없었다. 마술이라도 부린 듯했다.

하얀 운동화를 신고 나온 그의 태도가 납득이 안 갔지만, 결국 작업을 마칠 때까지 멀쩡한 그의 신발은 놀라움 그 자체였다. 이미 그는 때 안타는 법을 터득한 듯했다. 운동화뿐 아니라 다른 물건들도 그랬다.

차량이나 핸드폰 등 똑같은 물건을 비슷한 기간 동안 사용해도 깨끗하게 쓰는 사람이 있는가 하면, 험하게 써서 엉망을 만드는 사람이 있듯이. 그의 신발은 나도 신뢰가 가고 사고 싶어졌다. K와

한창우, 〈도깨비〉, 2015

같은 정도라면 실컷 신고도 새 신발처럼 되팔기 선수의 금메달감
이 아닐는지.

이미 상당수 마니아들이 리미티드 제품에 열광하고 있으며, 아
트 콜라보 제품들의 품귀현상이 줄을 잇는다. 그러다 보니 스포
츠 브랜드들의 아트 콜라보 리미티드 에디션 행보는 필수불가결
했다. 여타의 수많은 중소 브랜드들은 엄두내기 힘든 대기업 해외
브랜드들의 독주판이었다.

남과 달라서 더 나다운 스페셜함

자이크로라는 스포츠 브랜드도 만남의 자리에서 이와 같은 고
충을 토로했다. "깔끔한 제품 봉제나 기능성에 대해서는 자신 있
다. 뒤처질 게 없다. 문제는 리미티드 에디션이나 아트 콜라보 제
품을 출시하는 데 투자할 여력이 안 된다는 점이다. 하지만 기회
가 된다면 정말 하고 싶다."

스포츠계의 아트 콜라보레이션 활동은 이미 활발한 상황이다.
자이크로와는 과감한 아트 콜라보를 통해 기업의 가능성을 보여
주는 쪽으로 방향을 잡았다. 실용성보다는 '시선 끌기'에 포커싱
하자는 전략이었다. 당장 판매하기 쉬운 제품은 아니라니 조금 황
당할 수도 있다. 그러나 전략상 기존 제품들과 차별화된 제품으
로, 남다른 평가를 받는 게 급선무였다. 콜라보를 통해 아주 새로
운 브랜드 이미지를 창출하고 각인시키 데 집중했다.

축구 사랑이 지대한 자이크로는 축구복과의 콜라보를 시도했

다. 이제 스포츠도 패션이다. 축구선수들의 실력뿐 아니라 외모가 스타성을 도출하고, 선수들의 유니폼은 또 하나의 볼거리다. 어찌 선수들만의 일이겠는가. 일반인들조차 패션을 살려주는 운동복을 찾지 않는가.

디자인은 브랜드 경쟁에서 승패를 가를 만한 매우 중요한 요소다. 스포츠 시장이라고 해서 다르지 않다. 자이크로는 한창우 작가와의 콜라보를 통해 기존의 축구 유니폼과 차별화되는 다채로운 색상의 옷을 선보였다. 무엇보다 한국의 도깨비가 축구복과 만나 기존의 축구 유니폼이 갖고 있던 전형을 깬 것이다.

동네 골목에서 조깅할 때도 조깅화에 선글라스를 챙긴다. 등산한번 가려고 전문가급의 장비를 구입하는 일도 다반사다. 수영복, 요가복, 트레이닝복 등 종목별 기능이 있다지만 우리는 기능만으로 제품을 고르지 않는다. 선호하는 컬러와 디자인, 브랜드를 고려해 선택한다.

미뤄뒀던 운동을 시작할 때 패션부터 단장했던 기억, 모두 갖고 있을 것이다. 새 출발은 늘 새로운 패션으로. 그러면 왠지 운동이 더 잘될 것만 같은 기분이 든다. 특히나 리미티드 에디션 제품을 신고 입으면, 내가 스페셜리스트가 된 것 같은 느낌이 더해진다. 스페셜해지는 것 같아서 기분 좋고, 스페셜한 만큼 내가 잘해낼 것 같다. 게다가 잘 묵혀두면 돈 버는 투자도 된다니… 1석 3조 아닌가. 물건을 사기 위해 줄을 서는 기다림조차 설렘으로 가득할 것이다.

스포츠는 기록 갱신을 목표로 삼는 자기와의 싸움이다. 패션도 결국 자기를 넘어서는 변화의 시도다. 우리의 경쟁 상대는 남이 아니라 바로 자기 자신 아닌가.

패션 콜라보 :

콜라보는 어떻게

패션의 무기가 되는가

유니클로×제이슨 폴란, 아메리칸 무비즈, 크랙&칼×MCM

패션 분야에서 시도된 아트 콜라보레이션은 1965년 이브 생 로랑의 몬드리안을 시조로 꼽는다. 당시는 아트 콜라보레이션이라는 단어를 흔히 쓰지 않았기에 오마주로 인식되었지만, 어쨌든 그 이후 명품 브랜드들은 명화와 다양한 콜라보를 시도하며 진화하고 재창조되었다.

베르사체의 앤디 워홀 드레스, 돌체앤가바나의 고전 르네상스 명화 프린트, 정통과 빈티지 체크의 버버리와 펑키하고 도발적인 웨스트우드의 만남, 그리고 최근 루이비통과 제프 쿤스의 마스터스 시리즈까지. 패션 분야에서 콜라보한 사례는 수도 없이 많으며 협업의 주체와 방식, 유형 또한 매우 다양하다.

유사한 것들이 만나 콜라보를 하는 경우도 있지만, 신선함을 창출하는 데 극적인 효과를 주는 건 의외의 만남이다. 전혀 다른 분야가 만난다거나, 성격이나 성향이 극히 다른 것들이 만나 일으키는 충돌 속에서 신선한 파격과 전에 없던 새로움이 탄생한다. 물론 이때 상대와 나를 살리며 호흡한다는 전제는 필수적이다.

콜라보 방식에도 차별화와 개성을 심다

많은 기업들이 다른 브랜드보다 경쟁우위에 서기 위해서 콜라보 방식에 차별화를 둔다. 디올의 경우는 세계적인 여성 예술가들과 콜라보레이션을 하는 디올 레이디 아트백을 꾸준히 출시하며 순회전시를 하고 있다. 구찌의 경우는 더욱 과감하다. 설치 작품이나 오트 쿠튀르스러운 대단히 과감한 방향으로 아트 콜라보레이션 방향을 제시하며, 개성 넘치는 결과물을 내놓고 있다.

콜라보 주체 또한 다양한다. 예술가들끼리의 콜라보뿐만 아니라, 브랜드끼리 혹은 이종 분야의 산업끼리 결합해 브랜드 이미지를 확장하는 콜라보도 눈길을 끈다. 프라다는 2009년 현대자동차와 협업하여 '제네시스 프라다'를 출시했다. 콜라보가 자동차 고급화에 더없이 좋은 방법이라는 효과가 입증되자 에쿠스를 에르메스와, 쏘나타를 스와로브스키와 콜라보레이션했다.

구찌 또한 피아트와 콜라보한 제품을 출시했다. 피아트는 창립 150주년을 기념하며 창립 90주년을 맞는 구찌와 함께 콜라보

크랜&칼X MCM

하여 외관과 내부 안전벨트 등에 구찌의 상징인 삼색 선이 들어
가 있는 스페셜 명품차 이미지를 담아냈다. BMW 미니 역시 패션
하우스와 꾸준한 콜라보레이션을 진행해왔다. 매해 미쏘니, 페레,
베르사체 등과 함께 작업한 미니쿠페 컨버터블을 한정 판매한다.

콘텐츠를 활용하여 문화 프로그램으로 다가서는 콜라보레이션
도 경험과 기록을 남긴다는 측면에서 깊이 있는 소통방식이다. 쌤
소나이트는 KIAF를 꾸준히 열어 아드 콜라보 제품을 전시함으로

써, 이를 콘텐츠화시키고 있다.

MCM은 글로벌 브랜드로서 세계적인 규모의 예술 활동을 계속 펼치고 있다. 또 독일의 쾨닉 갤러리와 소속 아티스트들로 이뤄진 레이블 쾨닉 수비니어와 한정판 콜라보레이션을 진행했다. 독일 베를린에서 이 제품들을 활용해 큐레이팅한 설치미술을 일부 선공개했고, 세계적인 아트페어인 '아트 바젤 마이애미'에서도 선을 보였다.

그 외에도 강연회의 성격을 가진 'MCM 컬처 프로그램', 전시와 다양한 퍼포먼스 파티를 결합한 문화예술체험 캠페인 '쿤스트 프로젝트' 등 다양한 활동으로 소통 중이다.

몽블랑의 콘텐츠 콜라보레이션도 색다르다. 명품 펜이 대중과 소통하기 위한 고민의 자취라고 해야 할까. 이들은 생텍쥐페리 소설《어린왕자》에서 영감을 받은 필기구 컬렉션 '마이스터스튁 르쁘띠 프린스'를 출시했다. '어린왕자'라는 작품을 통해 쓰기 문화의 가치를 다음 세대에게 널리 알리기 위해 기획되었으며, 상상력에 대한 헌사라는 메시지를 담고 있다.

제품 출시를 기념해 문학동네와 콜라보한 '어린왕자 몽블랑 에디션 북' 한정판을 출간하며 차별화된 프로그램을 진행했다. 프로그램에는 캘리그라피 클래스를 열어 몽블랑 만년필로《어린왕자》의 인용구 쓰기, 조승연 작가와 함께하는 〈토크 라운지 with 조승연〉을 통한 상상력 쓰기 등이 있었다. 남다름을 추구하려는 브랜드의 노력이 엿보인 행보다.

SPA 브랜드의 강자 유니클로의 저력

수많은 브랜드들이 생겨나고 사라지는가 하면, 인기를 끌고 사랑받는다. 그 중심에 트렌드가 있다. 트렌드를 얼마나 잘 파악하고 리드하느냐에 브랜드의 운명이 달려 있다고 해도 과언이 아니다.

전쟁의 종식 후 1990년대 패션은 프랑스 오트 쿠튀르 하우스를 통해 세계적인 패션 브랜드의 명성과 순위가 매겨지기 시작했다. 하지만 지금은 역사와 스토리가 있는 세계적인 명품 브랜드들조차 죽느냐 사느냐 하는 전쟁 중이다. 최근 들어 저가로 초스피드 생산을 하는 패스트 패션이 대세를 이루는 상황이라 이 전쟁은 더욱 치열하다.

의류 기획, 디자인, 생산, 제조, 유통, 판매까지 전 과정을 제조회사가 맡는 의류 전문점을 일명 'SPA'(Speciality store retailer of Private label Apparel)라 하는데, 지금이야말로 SPA의 시대다. 싸고 질도 괜찮으면서 유행을 선도하는 제품을 소비자들이 마다할 리 없으니 그 파급력은 더욱 커질 것이다. 스페인의 자라, 미국의 GAP과 MANGO, 스웨덴의 H&M, 일본의 유니클로를 꼽을 수 있다. 그중에서도 선두는 단연 유니클로.

하지만 소비자들이 애용한다고 해서 이들이 현재에 만족하고 안주한다고 생각하면 오산이다. 이미 다수의 소비자를 확보한 패스트 패션조차 살아남기 위해 디자이너 협업, 브랜드 협업, 셀리브리티나 아티스트와의 협업, 캐릭터 콜라보레이션 등에 여념이 없다. 나아가 콜라보를 통해 스토리를 만들고 개성을 표현하며 승

부의 검을 휘두른다. 이제 아트 콜라보레이션은 필수적인 무기인
셈이다.

특히 유니클로는 매우 전략적인 협업 체계를 유니클로 UT 특별
전시를 통해 공개하기도 했다. 2018년에는 기존 전시와 차별화해
'아트 앤 컬처'(Art & Culture), '브랜드'(Brands), '캐릭터'(Charac-
ter)라는 세 가지 테마 아래 다양한 라인업 중 9가지를 선별해 전
시했다.

먼저 아트 앤 컬처 존. 유니클로는 '뉴욕현대 미술관'(Museum
of Modern Art, MoMA)과 협업해 앤디 워홀, 장 미셸 바스키아, 키스
해링 등 유명 아티스트들의 작품을 재해석해 티셔츠로 만든 '서
프라이즈 뉴욕'(SPRZ NY) 라인을 출시해왔다. 여기서는 예술과 패
션의 만남을 상징하는 'SPRZ NY' 라인업이 선을 보였다.

브랜드 존에서는 1980년대를 대표하는 다섯 편의 미국 영화에

마블 플러스x유니클로

서 영감을 받은 '아메리칸 무
비즈', 영국의 대표적인 인테
리어 브랜드인 '스튜디오 샌
더슨', 그리고 21개 브랜드의
대표 상품들을 그래픽으로 표
현한 '더 브랜드 마스터피스',
전 세계인들로부터 꾸준하게
사랑받는 '레고' 등의 라인업
이 소개됐다.

ⓒ리킨 무버즈×유니클로

캐릭터 존에서는 '카카오 프렌즈'와의 첫 콜라보레이션 라인업과 디즈니, 미니언즈, 아이언맨 라인업 등을 만나볼 수 있었다.

이 전시가 갖는 의미는 상당하다. 유니클로가 그저 단기적인 이벤트나 유행으로 가볍게 속도를 내는 브랜드가 아니라, 체계적인 전략과 내공을 지녔음을 알려주는 전시였다. 신선하면서도 도전적인 콜라보를 통해 가늠하기 힘든 저력을 지닌 기업임을 당당히 선포한 것이다.

그러한 유니클로의 계획에 따라 매년 선보인 대표적인 콜라보들은 상당하다. 2004년 앤디 워홀, 2009년 질 샌더, 2012년 농심과 진로, 2013년 오즈세컨, 2014년 '서프라이즈 뉴욕'-앤디 워홀, 키스 해링, 바스키아, 2017년 카우스×피너츠, 2018년 세서미 스트리트, 카카오 프렌즈, 도라에몽(무라카미 다카시), 영화 스타워즈 등.

함께 콜라보한 상대들도 쟁쟁하다. 그 저작권료만 해도 상상을 초월할 정도다. 사실 하이엔드 디자이너가 SPA와 손을 잡고 동행하는 기이한 현상은 특별한 케이스가 아니며, 어느새 보편화되어 가고 있다. 독점은 끝났고, 공유 협력의 시대가 왔음을 보여주는 현상이다. 더 멋진 것을 만들 수 있다면 콜라보하지 못할 대상은 없다.

트렌드 리더는 콜라보에서 답을 찾는다

또 하나의 뉴스 메이커 SPA를 꼽자면 단연 H&M이다. 2004년에는 칼 라거펠트, 2005년에는 스텔라 매카트니(폴 매카트니의 딸이자 클로에 수석 디자이너)와 함께했고, 마돈나와 콜라보한 'M by Moddona'도 있다. 2006년에는 빅터&롤프, 2007년에는 알베르토 카발리, 2008년에는 꼼데가르송, 카와쿠보 레이와 콜라보했다.

2009년에는 매튜 윌리엄슨, 지미 추, 2010년에는 소니아 리키엘, 랑방, 베르사체와는 2011~2012년 연이어 협업했고, 2012년에는 이탈리아 브랜드 마르니, 메종 마틴 마르지엘라, 기아차 레이와 함께했다. 2013년에는 이자벨마랑, 2014년에는 알렉산더 왕, 2015년에는 발망, 2016년에는 겐조, 2018년에는 GP&JBAKER 그리고 모스키노, 영국 디자이너 어덤으로 콜라보 행보를 이어갔다.

메종 마틴 마르지엘라와의 콜라보 제품은 3시간 30분 만에 완판되며 세상에 회자되었고, 2015년 12월 출시된 H&M과 발망의 콜라보 제품은 노숙 대란을 일으켰다. 이는 이슈가 되며 상당한 뉴스로 회자되었다. 밤샘 기다림을 하고 대기 쿠폰을 받아 순서가 되면 뛰어들어가 정해진 시간 안에 사재기를 한 뒤, 몇 배로 되팔아 수익을 냈다는 뉴스는 눈 비비고 다시 보았을 만큼 믿

을 수 없는 이야기였다. 이후 겐조와의 콜라보로 그 열풍을 이어갔다.

발망은 청바지나 티셔츠 한 장에 수백만 원을 호가하는 고가 브랜드로 알려져 있기에 저렴한 가격대의 브랜드와 콜라보한 것은 효과적이었다. 원하는 브랜드를 저렴한 가격에 만날 수 있으니 소비자에게는 더할 나위 없는 기회. 가격, 브랜드 이미지, 한정된 기간과 수량에 따른 희소가치, 잠재적 가격 상승에 대한 기대치가 맞아 떨어진 절호의 찬스였던 셈이다.

H&M이 영국의 벽지&직물 인테리어 브랜드인 GP&JBAKER와 협업한 프린트 콜라보레이션도 신선하다. 프린트와 패턴을 고민할 수밖에 없는 패션 브랜드 입장에서 신선한 제품 개발을 위해 시도한 파격적 콜라보다. 단순한 프린트 차별화를 넘어 거기에 스토리와 상품성을 보태니 뉴스가 되고 소비자들 사이에서는 화제

가 될 수밖에 없다. '이건 그냥 프린트가 아니야'라고 외치는 옷들이 전시된 풍경이 흥미롭다.

GP&JBAKER는 1884년에 설립돼 100년 넘는 역사를 지닌 기업이다. 1913년 윌리엄 터너가 디자인해 가장 인기를 끌었던 매그놀리아 프린트, 전통적인 동양의 새 프린트, 수국과 꽃 프린트 등을 만나볼 수 있다. 또 아트 데코 디자이너 쟝 듀랑(Jean Durand)에 대한 오마주의 의미로 창작된 프렛워크(Fretwork) 패턴을 만나보는 재미도 느껴보기를.

아트 콜라보는 점점 디테일이 섬세해지고 있다. 단지 어느 예술가 개인이나 기업의 차원을 넘어서 더 전문화된 분야로 세분화해 다가서기 시작했다. 예를 들면 어느 공장, 어느 장인, 어느 실, 어느 미싱과 콜라보할 것이냐 등 콜라보의 대상을 고민하기 시작했다. 콜라보의 대상과 방식에 따라서 뉴스의 주인공이 될 수도 있을 테니.

이종 간의 결합 :

의외성에서

답을 찾아라

루이까또즈×마티스, 모모트

자신이 좋아하는 제품을 사기 위해 매장 앞에 길게 늘어선 줄을 본 적이 있을 것이다. 무엇이 소비자를 이런 열성 팬으로 만든 것일까? 밤을 새워 자신이 원하는 제품을 득템했을 때의 설렘과 쾌감 덕분에 그들은 밤샘 노숙도 개의치 않는다. 여기에는 혁신적이고 과감한 콜라보가 분명 한몫을 한다.

서로의 팬을 끌어 모으는 전략

1994년 뉴욕을 기반으로 설립한 스케이트보드 브랜드인 슈프림. 슈프림이 나이키와 콜라보를 하던 당시 뉴욕 소호에서는 사람들이 4일 전부터 줄을 서서 화제가 된 적이 있다. 이후 슈프림은 리처드 프린스, 바바라 크루거, 카우스와의 콜라보레이션으로 센세이션을 일으켰고, 루이비통과 함께한 콜라보레이션도 빅뉴스였다.

라코스테 또한 아트 콜라보레이션에 적극적인 브랜드다. 피너츠 탄생 60주년과 65주년을 기념해 콜라보레이션 캡슐 시리즈를 2010년과 2015년에 각각 선보였다. 대중의 사랑을 받아온 대표 캐릭터 스누피, 찰리브라운, 루시 등이 티셔츠 앞면을 장식했다.

여러 아티스트들과 연이어 진행한 '홀리데이 컬렉터' 에디션도 유명하다. 2006년 톰 딕슨을 시작으로 피터 새빌, 캄파나 브라더스, 장 폴 구드 등의 아티스트와 협업했다. 2018년 론칭 90주년을 맞이한 디즈니와 85주년이 된 라코스테의 특별한 콜라보레이션 또한 지나칠 수 없다.

이 콜라보를 통해 홀리데이 캡슐 컬렉션을 출시하여 악어와 미키&미니의 만남을 성사시켰다. 라코스테와 디즈니의 만남은 너무도 환상적이라, 왜 이토록 쉬운 상상을 좀 더 일찍 하지 못했을까 싶을 정도다. 서로의 팬을 한데 모아 엄청난 시너지를 낼 수 있었는데 말이다. 진정 등잔 밑이 어두운 법일까. 어쨌든 뒤늦은 만남이지만 더없이 반갑다.

그런가 하면 알게 모르게 오래전부터 아트 콜라보레이션을 해왔던 기업이 있다. 아트 콜라보의 초창기 브랜드로 봐야 할 루이까또즈는 새삼 주목해볼 만하다.

2008년에는 퐁피두센터 특별전을 후원하며 퐁비두 라인 핸드백 2종을 출시한 바 있고, 2009년에는 리미티드 에디션 오르세 라인(Orsay Line)을 선보였다. 고갱, 마티스 등을 비롯해 19세기 유럽 미술의 거장인 조르주 피에르 쇠라, 파울 클레, 로베르 들로네 등 화가 5명의 소개 글과 대표적인 명작을 한데 모았다. 이것을 잘 부착해 제품과 함께 받아볼 수 있게 제작한 아트 패키지를 시도했는데, 명품의 품격을 담아낸 좋은 사례다.

익숙하지만 신선하다

루이비통, 구찌, 돌체앤가바나…. 이 브랜드들은 한마디로 SM, YG, JYP처럼 사람 이름을 브랜드명으로 가져온 케이스다. 루이까또즈는 프랑스어로 루이 14세를 의미한다. 갑자기 루이 14세 하니까, 무척 화려한 기분이 들지 않는가? 힘들던 발음도 새삼 콧바람을 넣어 한번 더 말해보게 된다.

한국 사람들에게는 다소 힘들 수 있는 발음과 이름에 대한 고민 때문이었을까. 2009년에 페이퍼 토이 브랜드 모모트(MOMOT)와 협업하여 새로운 홍보 전략의 일환으로 루이 14세가 사랑했던 세 명의 여인 라 발리에르, 몽테스판, 맹트농을 현대적인 감각의 페이퍼 토이 캐릭터로 재탄생시켰다. 루이 14세의 스토리를 업은 브랜드 루이까또즈가 아트 토이와 만나 루이 14세의 러브스토리까지 입은 것이다. 이 전략은 스토리에 스토리가 더해지면서 소비자들의 흥미를 불러일으켰고, 상당한 브랜드 홍보 효과를 거뒀다.

2015년에는 '간멘토', '간쓰나미'라는 별명을 가진 간호섭 교수를 크리에이티브 디렉터로 영입하여 외부 전문가 도입을 통한 브랜드 성장을 도모하기도 했다. 간호섭 교수는 교수 겸 방송인, 정치 리더 패션 분석가, 패션 큐레이션 벤처사업, 브랜드 디렉터 등 다양한 활동을 하는 패션 전문가다.

그는 〈현대패션에 나타난 콜라보레이션의 문화적 특성에 관한 연구〉라는 박사 논문을 발표했을 정도로 협업의 시대를 강조한다. 그런 그와 루이까또즈의 동행은 결국 브랜드의 아트 콜라보 파워를 본격적으로 열겠다는 의지의 표명인 셈이다.

게다가 2016년에는 10개의 브랜드와 라이프 스타일 파트너 양해각서 체결을 시행했다. 결국 타 브랜드와의 협업 즉 콜라보레이션을 통해 상품 출시 및 홍보 마케팅을 도모함으로써 서로가 윈윈하는 전략을 동시다발로 전개한 대단히 도전적인 콜라보레이션 행보를 보였다.

2017년 루이까또즈는 파리 컬렉션에서 국내외 전문 심사를 거쳐 최종 선정된 한국 대표 디자이너 계한희(카이), 고태용(비욘드클로젯), 문진희(문제이), 조은애(티백), 최범석(제너럴아이디어)과 협업한 상품 15개를 선보였다. 콜라보레이션 제품 가운데 가장 인기를 얻은 제품은 국내 크라우드펀딩 대표 기업 와디즈의 크라우드펀딩 프로젝트를 통해 실제 특별 에디션 제작에 들어갔다. 한마디로 크리에이티브 콜라보레이션 브랜드인 셈이다.

파괴적이어서 더 매혹된다

서로 전혀 매칭될 것 같지 않은 것들이 만나 의외의 콜라보를 하는 경우도 있다. 생각지 못했는데 막상 해보니 너무 효과적인 케이스랄까. 우리의 상상력을 뛰어넘는 의외의 콜라보레이션을 한 예로 게스와 활명수를 꼽을 수 있다.

동화제약의 활명수는 아티스트와 꾸준한 아트 콜라보를 해오고 있는데, 게스와의 협업을 통해 '제약회사와 패션 브랜드의 최초 콜라보'라는 타이틀을 뉴스로 내걸었다. 소화제 활명수가 패션까지 소화해낸 것이다.

게스는 활명수와의 콜라보도 이색적이었지만, 뒤이어 에일 맥주의 트렌드 메카 데블스도어와 콜라보를 이어갔다. 게스의 콜라보는 주로 로고를 변형하는 형태로 이뤄지는데 제약 분야, 주류 분야 등 다양한 영역으로 확장하고 있다. 그다음은 어떤 브랜드와 콜라보해 게스 브랜드에 변화를 줄지 자못 기대된다.

브랜드에 변형을 주는 것을 넘어선 파괴적인 아트 콜라보레이션을 선보이는 브랜드도 있다. 바로 젠틀몬스터다. 젠틀몬스터는 스타벅스가 브랜드에 머물지 않고 하나의 문화현상을 창조한 것처럼 안경 브랜드의 틀을 넘어서려 하고 있다. 다양한 문화를 담아 보여주겠다고 작심한 것처럼, 폭넓은 방향성과 진보적인 행보로 신뢰도를 높여가는 중이다.

그런 면에서 젠틀몬스터가 '사운드홀릭 페스티벌 2014'와 함께한 콜라보는 의외였지만 가장 젠틀몬스터스러운 행보라고 할 수 있다. 패션 피플 사이에서 이미 잇 아이템으로 떠오른 젠틀몬스터 제품들이 페스티벌과 콜라보함으로써 이슈를 선점하고 팬층을 더욱 넓혔기 때문이다.

송민호와 공동기획한 전시 '버닝플래닛'도 신선하고 창의적이다. 존재하는 모든 것이 검게 타버린 행성, 버닝플래닛이라는 공간 설정이 전시를 특별하게 만든다. 일상에 전념하다가 결국 자신의 삶과 자신을 소진해버리는 현대인의 삶을 재구성한 것인데, 오브제, 미디어 아트, 퍼포먼스가 결합된 새로운 형식으로 공간과 재료의 개념과 제약을 넘어선 전시 프로젝트다. 그리고 이러한 파격에 사람들은 열광하고 환호한다.

대체 안경회사가 왜 이런 전시를 하는 것일까? 이런 질문을 하게 만드는 것조차 예술의 몫일 터. 그 답은 찾는 이에 따라 각자 다르겠지만, 젠틀몬스터가 예술과 호흡 중이라는 것만은 분명하다.

"~처럼", "~답게"가 아니다. "대체 왜?", "굳이 이렇게까지.",
"이게 뭐지?", "대체 왜 이러는 거야?"라는 말이 절로 나오게끔 도
전하는 기업들. 제품은 제품의 틀을 넘어서기 시작했다. 예술이
예술의 틀을 넘고자 도전하듯!

캐릭터 콜라보 :
캐릭터로 브랜드에
생명을 불어넣다

아트놈×갤럭시S10, 서울시×미키 마우스

보고 있으면 어린 시절로 돌아간 것만 같은 캐릭터, 추억 한 조각을 꺼내주는 캐릭터, 그냥 호감이 가고 사랑스러운 캐릭터, 내 마음속 친구처럼 위로가 되는 캐릭터. 누구에게나 그런 캐릭터 하나쯤은 있지 않을까? 마치 오랜 친구처럼 익숙하고 친근해서 마음이 통할 것 같은 느낌, 마냥 사랑스럽고 보고 있으면 행복해지는 느낌. 그것이야말로 캐릭터가 가진 무기다.

브랜드 가치를 높이는 캐릭터 활용법 3가지
캐릭터가 함께하면 제품에는 순식간에 생명력과 호감도가 생긴다. 캐릭터가 갖고 있는 스토리와 이미지가 제품에 고스란히 이입돼 전에 없던 호감이 생성되는 것이다. 그러니 기업들이 제품과 어울리는 적절한 캐릭터를 찾는 건 당연지사. 그렇다면 효과적으로 캐릭터를 활용하는 데도 방법이 있을 터, 그 방법은 크게 3가지로 나뉜다.

첫째, 유명세 덕분에 이미 인지도가 높은 캐릭터를 활용하는 것이다. 캐릭터의 대명사라 할 수 있는 디즈니 캐릭터나 헬로키티가 그 대표적인 예다. 한국의 캐릭터로는 뽀로로와 라인프렌즈를 꼽을 수 있다.

둘째, 인지도는 낮지만 예술성과 작품성이 높은 예술가의 캐릭터를 활용하는 것이다. 그 작가만이 지닌 독특한 개성을 제품에 심을 수 있고, 흔하지 않다는 장점이 있다. 자신의 캐릭터로 성공적인 콜라보를 한 사례가 많은데, 대표적인 한국 예술가들의 캐릭터 콜라보는 다음과 같다.

커다란 동그라미가 마치 돋보기 같은 동구리 캐릭터의 권기수는 트루젠, 소노비, 쌤소나이트와 작업했다. 아톰과 미키 마우스를 합성한 아토마우스 캐릭터의 이동기는 모뉴엘 PC 모니터, 하이트맥주, iFace 핸드폰 케이스, 활명수와 콜라보했다.

다양한 여성 캐릭터로 여심을 사로잡은 육심원은 자신의 캐릭터를 TV 광고모델로 내세웠고, 커다란 눈망울의 개성 있는 여성 캐릭터의 마리킴은 2NE1, 디큐브백화점, 지산 월드 록 페스티벌, 페리페라 화장품, 한국도지기와 콜라보했다. 본인 스스로를 배불

아트놈, 〈꽃피는 아트놈〉, 2010

뚝이에 수염 난 백수 아저씨로 캐릭터화한 아트놈은 블랙마틴싯봉, 카프리 맥주, 보네이도, 지산 월드 록 페스티벌, 한국도자기와 콜라보레이션했다. 이 예술가들은 작품 전시뿐 아니라 아트 콜라보레이션을 통해서 더욱 유명해진 아티스트이기도 하다.

아트놈의 그림은 3개의 캐릭터가 주를 이룬다. 양머리를 한 아트놈 자신과 토끼띠인 아내를 상징하는 토끼 소녀 '가지', 말썽꾸러기 천방지축 강아지 '모타루'. 그림의 분위기는 최고로 밝은 원색들의 퍼레이드다. 한국화를 전공한 이력답게 전통 민화를 모티브로 한 작품이 많다. 간혹 일본 팝아트의 거장 무라카미 다카시스러움과 영국 현대 미술의 거장 데이미언 허스트스러움이 마구 혼재한다. 또 많은 하트들이 종종 등장한다. 바쁘고 스트레스 가득한 현대인들의 피로와 고민을 털어내주고 충전의 에너지를 주고 싶다는 작가의 마음과 늘 즐거움을 추구하며 행복을 주는 그림을 그리고 싶다는 작가의 열망이 그림에 가득 담겨 있다.

아트놈의 그림을 보면 그냥 그림이 아니라 흰 캔버스에 아트놈의 세상을 콜라보한 듯한 착각이 들 때도 있다. 드넓은 세상의 일부가 캔버스에 잠시 머무르는 느낌이라고나 할까. 그 그림의 팽창력은 대단하다. 그의 공공미술이 그러한 위력을 입증하곤 했다. 작품이 공간에 놓인다는 느낌이 아니라, 그 작품으로 인해 주변이 그림의 풍경이 돼버리는 것 같은 파워가 가득하다.

캐릭터를 통해 얻을 수 있는 성과는 다양하고도 놀랍다. 하지만 이런 절대적인 효과에도 불구하고 중소기업들은 캐릭터의 로열티 부담이 커서 선뜻 콜라보를 시도하지 못하는 실정이다. 이런 이유 때문에 자체적으로 캐릭터를 개발하는 중소기업들도 상당수에 이른다.

단, 이때 주의할 것은 캐릭터가 무조건 성공하는 건 아니라는 점이다. 사람들이 사랑하고 열광하는 캐릭터는 분명 그만의 매력이 있다. 캐릭터가 지닌 스토리와 이미지, 예술성과 대중성이 소비자들의 욕구나 니즈와 맞아떨어져야 하기 때문에 캐릭터 개발은 생각처럼 쉽지 않다.

최근 가장 핫한 캐릭터는 무엇일까? 단연 라인프렌즈 아닐까 싶다. 종횡무진 영역을 확장하는 라인프렌즈의 콜라보레이션 활약

은 실로 다양하다. 스웨덴 왕실에 납품한다는 것으로 진가를 증명한 스웨덴 대표 도자기 브랜드 구스타프베리를 시작으로 세계 유명 브랜드들과 콜라보를 하고 있다. 네덜란드 디자인 스튜디오 미스터마리아, 영국 프리미엄 폴딩 바이크 브롬톤, 독일 프리미엄 필기구 브랜드 라미, 글로벌 오디오 브랜드 비츠 바이 닥터드레, 프랑스 코스메틱 브랜드 록시땅 등이 그들이다. 그뿐 아니다. 뱅앤올룹슨의 캐릭터 브랜드와 콜라보해 'Beoplay P2 브라운'이 탄생했는데, 이는 뱅앤올룹슨 사상 최초의 캐릭터 브랜드라고 한다.

유명 제품뿐 아니라 카스텔바작 등 유명 아티스트나 콜라보가 까다로운 브랜드와의 협업이 가능했던 것은 무엇 때문일까? 라인프렌즈의 뛰어난 디자인과 제품 경쟁력 덕분이다. 무엇보다 그들은 '겉으로 보이는 화려함보다는 시간이 걸리더라도 좋은 제품을 만들겠다'는 신념을 강조한다. 이런 철학을 공유할 수 있는 기업 헤리티지가 돋보이는 브랜드와 동행하고자 한 그들의 철학이야말로 경쟁력이다.

캐릭터로 브랜드의 맛을 더하다

캐릭터를 잘 활용하면 제품의 기존 타깃층을 공략하는 데 성공할 뿐 아니라 타깃층을 확산하는 데도 효과적이다. 특히 기존 제품과 캐릭터의 콜라보는 어린아이들뿐 아니라 키덜트를 공략하기에도 좋은 방법이다.

풀무원의 경우 키즈 두부시장에 캐릭터를 활용했다. 기존에 나온 어린이 두부는 아이들이 먹기 쉽도록 부드러운 질감을 내세운 연두부가 대표적이었다. 문제는 두부 특유의 맛과 냄새 때문에 아이들이 좋아하지 않는다는 것.

이를 해결하기 위해 풀무원은 한 단계 진화한 제품을 선보였는데, 아이들이 사랑하는 뽀로로 캐릭터를 두부에 접목시킨 제품이다. 뽀로로 얼굴모양을 한 두부를 아이들이 직접 눈으로 보며 한 발 다가서게 했다. 맛있게 먹는 동시에 보는 재미도 느끼도록 한 전략이다. '뽀로로 키즈 연두부'는 출시 2개월 만에 매출이 약 130퍼센트 증가했다고 한다.

코카콜라의 음료 브랜드 '글라소 비타민워터'는 아트토이 베어(곰) 브릭을 차용해 작품 활동을 펼치고 있는 신진 팝 아티스트 임지빈과 협업해 '글라소 비타민워터 아트 콜라보레이션 에디션'을 출시했다. 던킨도너츠 역시 드림웍스의 인기 애니메이션 캐릭터 '쿵푸팬더'를 활용한 도넛 3종을 선보였다. 롯데제과는 편의점 CU와 함께 리락쿠마와 친구들의 스티커가 담긴 '리락쿠마 빵' 3종을 출시했다.

식품과 캐릭터 콜라보 역시 그 방법이 진화하고 있다. 던킨도너 츠와 맥도날드 등의 업체를 중심으로 캐릭터 인형을 사은품으로 제공하는 마케팅이 성행한 반면 올해 들어서면서 뚜렷한 변화가 나타났다. 콜라보레이션을 통해 패키지나 제품 디자인에 캐릭터 를 반영한 한정판 제품을 출시해 큰 호응을 얻은 것이다.

편의점 세븐일레븐은 포켓몬코리아와 라이선스 계약을 맺고 인 기 캐릭터 포켓몬을 적극 활용하고 있다. '포켓몬 호빵' 시리즈, '포켓몬 도시락', '포켓몬 보조 배터리' 등 다양한 제품이 속속 출 시되고 있다. 핼러윈데이, 빼빼로데이 등 마케팅 특수 시기도 포 켓몬은 빠지지 않는다. 지난 핼러윈데이 때는 핼러윈의 상징인 호 박 모양의 모자를 쓴 '핼러윈 피카츄 인형' 1000개를 한정 판매했 고, 빼빼로데이에는 막대과자 상품에 피카츄 수첩과 인형 등을 담 았다.

LG생활건강도 콜라보에 적극적이다. 일본 시바견을 모티브로 한 캐릭터 '시로앤마로'와 협업한 구강관리 상품을 선보였다. 칫 솔, 치약, 가글액 등 8종으로 구성된 제품이다. '눈부시다 시바', '이 닦고 잠이나 자라 시바', '치약 짜지마 그냥 눌러써 시바' 등 모든 제품명에 '시바'를 붙였다. 물론 욕설 논란으로 구설에 오르 긴 했지만, 화제성 면에서는 확실히 눈길을 끌었다.

동원F&B 역시 젊은 소비자층을 공략하기 위해 동원참치와 미 니언즈를 콜라보한 '동원 미니언즈 악동매콤참치'를 선보였다. 미니언즈는 애니메이션 영화 〈슈퍼배드〉, 〈미니언즈〉 시리즈로 유명세를 얻은 글로벌 인기 캐릭터인데 이를 동원참치 패키지 디자인에 적용한 것. 동원참치가 1982년 출시된 이래 처음 나온 디자인 협업 제품으로 한정판이 아닌 정식 제품으로 판매되고 있다.

팔도는 핀란드 동화작가 토베 얀손이 만든 캐릭터 '무민'을 '비락식혜' 디자인에 적용했는데, 1993년 출시하고 무려 24년 만에 디자인을 바꾼 것이라 한다.

최고의 셀럽인 미키 마우스의 서울 활동

아트 캐릭터와의 콜라보는 식품 분야만이 아니라 다른 분야로도 확대되고 있다. 아모레 퍼시픽은 에스쁘아의 스머프, 아리따움의 스폰지밥과 소니엔젤, 라네즈의 플레이노모어, 베리떼는 이상한 나라의 앨리스, LG생활건강은 무민, 에이블씨엔씨의 어퓨는 도라에몽 등과 콜라보했다. 에이블씨엔씨의 도라에몽 콜라보레이션 제품의 경우, 온라인으로 공개되자마자 한 시간 만에 준비된 수량이 모두 품절될 만큼 흥행몰이를 했다.

서울시와 미키 마우스의 콜라보레이션 역시 상당한 이슈였다. 미키 마우스는 디즈니 대표 캐릭터이자 전 세계 애니메이션·엔터테인먼트 사상 가장 사랑받는 셀럽이다. 그런 캐릭터가 서울을 방문해 다채로운 문화 행사와 협업을 진행하자 서울시가 과다 홍보비 지출을 했다는 비난 여론이 일기도 했다. 저작권에 민감하기로 유명한 디즈니의 대표 캐릭터였으니, 미키 마우스의 활동에 분명 거액이 들었을 거라는 선입견 때문이었다. 그러나 미키 마우스의

서울 방문과 활동은 모두 무료였다고 한다.

미키 마우스는 탄생 90주년을 맞아 자체 홍보를 위한 나들이를 계획했고, 서울은 한류를 바탕으로 역동적이고 활기찬 도시로 브랜드 가치를 자리매김할 시기였다. 이러한 양쪽의 필요가 만나 의기투합할 수 있었던 것. 홍보대사로서의 미키 마우스가 아닌 콜라보레이션의 일환으로 함께한 상생의 동행이었던 셈이다.

디즈니 코리아는 서울시와 협약을 맺고 'I·미키인서울·U'란 특별 콜라보레이션을 선보였다. 이는 서울시의 공식 슬로건인

'I·SEOUL·U'(아이 서울 유)를 변형한 특별 테마 콜라보다. 서울시
는 디즈니 코리아와 공동 제작한 영상을 통해 미키 마우스의 첫
서울 방문을 환영했고, 미키 마우스는 시청, 광화문, 남산타워 등
을 직접 방문해 팬들과 함께했다.

나아가 9명의 예술가들이 미키 마우스를 재해석하는 아트 미키
마우스를 전시함으로써 콜라보의 가치를 더했다. 이처럼 하나의
캐릭터를 여러 예술가들이 각자의 개성으로 재해석하는 작업은
사람들에게 익숙한 새로움을 준다.

이 외에도 인지도가 높은 캐릭터를 다양한 예술가들이 자신만
의 스타일로 재해석하여 다양한 변신을 보여준 사례들은 많다. 특
히 미피와 스누피를 꼽을 수 있으며, 마이 리틀 포니도 최근 인기

미피×루루메피

있는 콜라보 캐릭터다. 인기 캐릭터는 그 유명세 때문에 이미 고착된 이미지가 있다. 이때 신선한 작가들과의 콜라보는 새로운 변화를 주는 데 더 없이 좋다. 캐릭터의 메인 이미지가 중심을 잡되, 그것을 다르게 해석하고 변주함으로써 전에 없던 매력을 발견하는 재미를 준다.

캐릭터 라이선스는 비싸다. 하지만 스스로 변화에 적극적이라면 콜라보의 기회와 무대는 널려 있다. 캐릭터든 아티스트든 기업이든, 상대에게 힘을 실어줄 수 있는 콘텐츠를 갖고 있다면 파트너가 될 확률은 높아진다. 동행 관계를 이루기 위해서는 상대를 나의 성장과 발전을 위한 필요의 대상으로 보기보다 내가 상대에게 필요한 존재가 되려는 노력이 선제되어야 한다.

I·SEOUL·U :
브랜드는
블렌딩이다

메세×김지희, 에피케이스×홍원표

"고향이 어디세요?"

"서울입니다. 서울깍쟁이."

희한하게도 '깍쟁이'라는 말을 곁들여 답을 하게 된다.

사실 깍쟁이는 의미상으로만 따지면, 이기적이고 인색하며 약
삭빠른 얄미운 캐릭터를 지칭하는 단어다. 그런데도 굳이 깍쟁이
라는 단어를 수식어로 넣는 것은 서울의 느낌과 이미지를 담기 위
해서다. 이 단어는 본래의 의미와 다르게 사회적으로 얻은 도회적
인 느낌, 똑소리 나는 느낌을 주는 단어로 작용한다.

"나 서울 여자야."

이것이 과연 서울에 산다는 지리적 정보만을 알려준단 말인가. 여기엔 한국의 중심에 살고 있다는 약간의 의기양양함이 숨어 있음을 부정할 수 없을 것이다.

옛것과 현대적인 것이 블렌딩되어 향기를 더하다

서울은 참으로 빠르게 변했다. 역동적 대한민국의 중심지인 서울은 아직도 구석구석 발전 중이고, 각지가 나름의 컬러를 찾으며 다양한 색감으로 정체성을 만들어내고 있다.

싸이의 노래 〈강남스타일〉로 서울의 강남은 세계적인 명소가 되었고, 청담동 일대를 중심으로 패션과 고급 카페, 레스토랑이 구색을 갖추었다. 그럼에도 우리의 정체성을 제대로 보여주기 위해 해외에 소개하는 곳은 강북의 한옥마을을 중심으로 한 한양도성 주변의 동네가 아니던가.

북촌 삼청동에서 시작해 최근 익선동으로 이어진 돌풍은 서울 찾기의 일면을 그대로 대변하는 현상이다. 젊은 청년들은 한복 차림으로 거리를 다니며 셀카를 찍는 데 여념이 없다. 그들이 옛 서울 뒷골목 풍취에 젖어 그것을 만끽하는 모습을 보면 놀랍기만 하다. 기성세대들에게는 추억과 향수의 풍경일 테지만, 이 젊은이들에게는 그곳이 이색적인 장소인지도 모르겠다.

옛 정취가 가득한 곳이 젊은이들의 발걸음으로 분주해지며 거리에 핑크빛 혈색이 돈다. 그뿐인가. 다양한 공간들이 한국적인 모습을 담아 재탄생하고 있다. 이태리총각, 종로 스테이크 에일

당, 동백양과점, 경양식 1920, 익동다방, 서울커피, 미담헌, 엉클비디오타운, 만홧가게 등. 현대적인 것과 전통적인 것의 어우러짐이 새로운 개성을 창출한다.

지금 서울은 소중한 기억과 가치를 되살리는 도시재생 위주의 변화를 시도하고 있다. 옛것을 허물어 없애버리기보다 그 멋을 잘 살려 현대적인 것과 조화를 이루게끔 재탄생시키려는 노력이 한창이다.

석유비축기지는 1973년 석유파동이 일어날 것을 대비해 조성됐지만, 2000년 위험시설로 폐쇄되어 버려진 공간이었다. 최근엔 석유비축 탱크의 독특한 공간 특성을 살려 친환경 복합문화 공간인 '문화비축기지'로 다시 태어났다. 2005년 여의도 버스환승센터 공사 도중 발견된 1970년대의 비밀 공간 지하벙커는 한국 근현대사의 역사성을 반영한 특화된 미술 공간으로 탈바꿈했다. 1960년대 우리나라 봉제산업을 이끌었던 창신동의 봉제 공장들은 '이음피움 봉제역사관'으로 변모했다. 일제강점기에 우리 민족 자본으로 만든 최초의 철도 시설로 원형이 그대로 남아 있는 성춘선 부지는 숲길공원 문화 산책로 '경춘선 숲길'로 재단장했다.

1979년 중고차 매매시장 개장을 시작으로 자동차의 메카 장안평의 명성을 되살리는 자동차 산업복합단지 '장안평 자동차산업종합정보센터'가 조성되었다. 1970년대 이후 자동차 고가도로였던 서울역 고가가 2017년에 보행길로 재탄생하여, 역사를 담은 자연산책로로 이용 중이다. 1968년에 지어진 우리나라 최초 주상복합 건축물 세운상가는 낙후된 전자산업 공간에서 4차 산업혁명의 중심지로 변신하며 새로운 신화를 만들어내기 시작했다. 한양의 시북쪽을 책임지는 주요 관문이었지만 일제강점기 때 철거돼 사라진 한양의 사대문 중 하나였던 돈의문. 여기에 옛 골목 풍경과 정서를 살리고 보여주는 돈의문 박물관마을이 탄생했다.

서울이여 일어나라, I·SEOUL·U

서울의 브랜드도 재탄생했다. 'I·SEOUL·U(아이·서울·유)'. 한때 이 브랜드 탓에 도시브랜드과가 만신창이가 된 적이 있다. 'I LOVE NY(아이 러브 뉴욕)'하고 너무 유사해 짝퉁 같다는 비판이 일었다. 게다가 '어법상 맞지 않는 국적 불명의 조어다, 심지어 예쁘지도 않으니 대체 이게 뭐냐'라는 언론과 여론의 뭇매를 고스란히 맞아야 했다.

I·SEOUL·U 브랜드는 아이와 유 사이에 무엇이든 담을 수 있는 열린 로고로 탄생되었다. 그러나 이 또한 비난의 대상이었다. 브랜드가 이렇게 혼잡하고 정체성이 모호하면 어떡하느냐는 것이었다. 왜 이리 서울 브랜드가 자주 바뀌느냐고, 이 브랜드는 또 얼마나 가겠느냐고, 정권이 바뀌면 또 바뀔 게 뻔하지 않겠느냐는 식의 원성이 자자했다.

'I LOVE NY'은 1975년 탄생한 로고다. 이 역시 만들어지는 순간 바로 사랑받은 로고는 아니다. 수십 년을 숙성시켜 자리매김했으니, 'I·SEOUL·U'에도 키우고 숙성시킬 수 있는 시간과 기회를 주어야 한다.

여론의 뭇매를 맞고 있는 서울 도시브랜드과를 찾아갔다. I·SEOUL·U 브랜드의 I와 U 사이를 변형할 수 있는 플렉서블한 로고 안에 예술가의 상상력과 예술성을 담아보자는 제안을 하기 위해서였다. 모두가 채찍질하는 상황에서 덥석 손을 잡자고 찾아오니, 되려 의아해하는 분위기였다. 예술가들이 해석하는 서울을 담기로 했다. 그런 창작의 기회를 통해 탄생한 서울 이미지와 서울 브랜드를 중소기업 제품과 콜라보했고, 서울의 멋진 관광 상품을 탄생시켰다.

김지희, 〈Sealed smile_Seoul〉, 2016

김지희×메쎄 담요

아니나 다를까. I·SEOUL·U 브랜드는 이내 세계 3대 디자인상 중의 하나로 손꼽히며 약 50여 개국에서 7,000여 개의 작품들을 대상으로 개최되는 레드닷 디자인 어워드에서 커뮤니케이션 디자인 부문 본상을 수상하며 국내 재평가의 기회를 맞았다. 이후 미국 굿 디자인상에서도 브랜드·디자인상을 수상했다.

그러한 분위기 덕분에 더욱 활기찬 콜라보가 진행되었다. 예술 가들이 자신의 개성을 담아 서울을 해석한 멋진 창작품들이 탄생 했다. 그것은 단지 디자인 작업에 머물지 않았다. 서울이라는 브 랜드에 대한 새롭고 신선한 해석과 독창적인 표현의 과정이었다.

어려운 시기에 함께했던 콜라보였기 때문인지 '서울' 브랜드와 함께한 콜라보는 더욱 활력 넘쳤다. 유명하고 잘난 상대와 동행하 는 것도 좋다. 하지만 남들이 외면할 때, 어려움에 빠져 있을 때 서 로 의기투합해 창출한 결과는 그만큼 더 값진 성과로 더 깊은 감 정으로 다가온다.

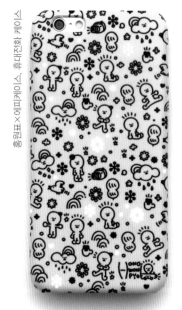

홍원표 × 휴대폰케이스, 휴대전화 케이스

혹독한 비난을 딛고 콜라보를 통 해 더욱 성장한 'I·SEOUL·U'는 대표 브랜드로 자리 잡았고, 한국에 찾아 오는 이들을 맞아주는 하나의 상징 이 되었다. 해외에 가면 그 지역의 맛 집, 그 지역의 유명 특산물에 눈독을 들이지 않는가. 중국에 가면 차를, 독 일에 가면 쌍둥이칼을, 스위스에 가 면 초콜릿을, 뉴질랜드에 가면 꿀을 사오듯 말이다.

서울의 대표 상품은 무엇이고 대표

이미지는 무엇인가? 더 멋진 성장을 하기 위해서는 어떻게 해야 할 것인가? 그 답을 찾기 위해 예술가들은 기업들과 머리를 맞댔고, 놀라운 결과를 만들어냈다. 이제 시작한 길음걸이지만 거기엔 자부심과 생동감이 넘친다.

의정부에 가면 부대찌개를, 춘천에 가면 닭갈비와 막국수를, 안동에 가면 찜닭을, 제주도에서는 흑돼지와 옥돔, 부산에서는 바다 앞에서 회 한 접시는 먹어야 성이 풀린다. 그렇다면 서울은?

명동 만두, 신당동 떡볶이, 왕십리 족발, 종로 빈대떡, 낙원동 떡집, 압구정 김밥, 북창동 순두부…. 알고 보면 크지 않은 서울이지만 구석구석 그 지역을 대표하는 맛들이 존재한다. 거기에 <u>역사와 스토리를 잘 버무려 블렌딩한다면, 독특한 향이 더해질 것이다.</u> 숨은 진주처럼 빛을 발하며 서울의 대표 상품이 될 수 있다.

서울이라는 브랜드에 자신감을 갖자. 이미 서울은 국제경쟁력을 갖춘 도시며, 전 세계인의 관심의 대상으로 부상 중이다. 브랜드 개성을 잘 살려 그들의 관심을 지속시키고 끌어들여야 한다. 브랜딩이라는 것은 가치를 발견하고 다듬은 후, 스토리를 입혀 더 돋보이도록 만들어주는 것 아닌가. 이미 존재하지만 눈에 띄지 않아 잘 몰랐던 것을 끌어내 부각시키는 작업. 그것은 우리의 몫이다.

공간 콜라보 :
서로 다른 콘셉트가 뭉쳐
업그레이드하다

현대자동차 × 커피빈

2000년대 초 즈음 카페 한구석을 차지한 디자인 문구, 극장 안에 자리한 카페, 편의점 옆에 딸려 있는 작은 꽃가게 등이 등장하기 시작했다. 처음 우리 눈에 낯설던 그 풍경이 지금은 너무도 익숙하다. 다양한 콘텐츠와 욕구를 지닌 공간들이 모여 융복합하는 일이 그만큼 많아졌기 때문이다.

하나의 공간에 한 개의 콘텐츠만 담는 시대는 지났다

융복합문화가 유행하며 공간 역시 융합을 시도했고 이전과는 다른 개념으로 바뀌어왔다. 하나의 공간이 하나의 콘텐츠를 담고 하나의 기능만 하는 것이 아니라 다양한 것들이 만나고 어우러지도록 하는 것이다. 어떤 콘텐츠를 위해 공간을 새로 짓지 않고, 자투리 공간을 활용해 다른 콘텐츠를 담도록 재단장한 것이 그 시작이다.

한 공간에서 전시를 보고 강의도 들을 수 있고, 공연도 할 수 있으며, 숍과 카페가 같이 있어 다양한 콘텐츠와 문화예술을 향유할 수 있는 복합문화공간이 점점 많아지는 추세다. 최근에는 패션매장도 카페나 서점과 융합되는 형태로 바뀌어가고 있다.

CGV대구와 서정아트센터가 영화와 전시의 콜라보를 한다는 뉴스가 있었다. 내용을 보니 영화 관람 후 관객들이 퇴장하는 복도로만 사용되던 통로를 전시장으로 탈바꿈시켜서 예술 통로를 제공한다는 것이었다. 영화와 미술이 아닌 영화관과 전시장의 콜라보다.

CGV 자체 기획이 아닌 서정아트센터라는 전문 전시기획 기관과의 동행이라 더욱 새롭다. 게다가 그렇게 탄생한 공간은 신진 작가들의 작품을 전시해 대중에게 선보이는 장이 된다니 CSR 활동까지 결합된 셈이다.

이와 관련한 대표 사례는 미국의 스키리조트와 아트의 결합을 들 수 있다. 애스펀 스키컴퍼니는 애스펀 아트 뮤지엄과의 콜라보를 통해 아트 스키리조트로 각광받기 시작했다. '휴가지에서 즐기는 예술작품, 스포츠와 예술의 만남'이라는 홍보 문구를 앞세워 격을 높였다. 이는 여타 스키장과 차별화된 콘셉트로 품격 있는 가치를 창조하며 사람들에게 새롭게 인식됐다.

하얀 스키장은 화이트 월이나 화이트 스페이스가 된다. 눈이 만든 전시장에 놓인 설치 예술품, 이 만남은 분명 이색적이고 신선한 감동을 주기에 충분하지 않은가. 그것은 하나의 거대한 포토존, 누구라도 그 작품 앞에서 사진을 찍으려 스키보드의 브레이크를 잡을 터이다.

파격적인 발상으로 변화하는 공간들

그런가 하면 복합문화공간에 마련된 전시나 공연이 아닌, 커피 매장 안에 전시와 공연이 담기면서 복합문화공간으로 방향을 전환하는 사례도 일어나고 있다.

커피베이의 경우 전시, 공연, 세미나, 프로포즈 등의 공간 활용으로 복합문화공간을 표방하며 매달 새로운 문화 이벤트들을 진행한다. 문화예술을 테마로 사람을 모으는 공간이 아니라, 카페에 모여든 사람들에게 문화 콘텐츠를 제공함으로써 지속성과 브랜드 가치를 높이고 있다. 전형을 탈피한 아주 이색적인 콜라보의 한 예다.

파격적인 발상의 전환을 한 현대차와 커피빈의 콜라보레이션도 눈에 띈다. 커피점 안에 현대차 에스프레소 1호점이라는 자동차 상설매장이 생겼다. 사람들을 자동차 매장으로 찾아오게 하지 않고 사람들이 머무는 곳에서 현대차를 접하도록 하겠다는 전략이다. 전시장이 직접 찾아가는 서비스라고나 할까.

현대자동차×커피빈

SM엔터테인먼트는 연예인을 관리하는 곳을 넘어 복합문화공간으로 자리한 지 꽤 되었다. 매니지먼트라는 협소한 범위에서 벗어나 연예인들의 활동 폭을 증폭시키고, 대중과 소통하는 곳으로 공간의 의미를 확장하고 있다. 연예인들이 머무르는 성지가 되어, 닫히고 고립된 공간이 아니다. 친근하고 열린 공간을 표방함으로써 가까운 곳에서 연예인을 만날 수도 있다는 판타지(실제로 연예인을 만나는 것은 아니기에)를 파는 곳으로 의미를 전환한 셈이다.

여기서는 기획사 공개오디션을 관람할 수 있으며, 연예인들의 사진 전시, 연예인들을 활용한 콜라보 제품(EXO 자장면, 동방신기 초콜릿 등)의 구매가 가능한 스타 마켓을 운영하고 있다. 때로는 연예인들이 그린 그림, 퍼포먼스 영상 등을 관람하고 향유하는 것도 가능하다.

실제로 SM엔터테인먼트는 음악에 머물지 않고 전시 사업에도 중점을 둘 것이라고 2012년에 발표하며 'S.M.ART EXHIBITION'을 오픈했다. 이곳에서는 그림이 3D 영상으로 나오고, 실사 홀로그램 공연과 초대형 영상 퍼포먼스 등 디지털 체험 콘텐츠를 마련해 다양한 볼거리를 제공한다. IT 체험의 장이며 인터렉티브 엔터테인먼트 전시의 현장이다.

늘 우리 가까이에 있어 애용하는 편의점의 변신은 어떤가. 조금만 과거로 거슬러 올라가면 사뭇 달라진 면을 알 수 있다. 사실 편의점의 원조는 구멍가게다. 가게마다 이름이 있지만 예전에는 통칭해서 구멍가게라 불렸다. 시골이나 동네 골목에 자리한 ○○○

슈퍼, ○○상회란 간판이 붙은 가게들. 담배 간판, 전화 부스, 아이스크림 냉장고가 문 앞에서 맞아주며 가게임을 알려주는 상징으로 자리한다. 구멍가게에선 주로 간단한 식료품이나 공산품 정도를 팔았는데, 어떤 곳은 공간을 조금 나눠 문구류를 함께 팔기도 했다.

이런 과거의 모습을 떠올리며 지금의 편의점을 보자. 식료품에 문구, 생필품, 택배, 음료를 파는 카페 겸 도시락 식당, 그야말로 흥미로운 만물상회다. 앞으로 어떤 서비스가 추가될지 궁금하기조차 하다. 말 그대로 편의를 제공하는 곳이니 주민의 편의를 위해서는 무엇이든 가능해질지도 모르겠다.

공간은 유기체처럼 살아 움직이고, 변화하고 진화한다. 사람을 끌어 모아 소비를 늘릴 수 있다면 뭐든 만나서 결합할 수 있다. 화장품 멀티숍 안에 잡화와 식료품이 슬그머니 자리를 차지하듯, 일반 편의점에서 화장품을 팔거나 네일숍, 미용실 등의 서비스 콘텐츠들이 결합될 가능성도 있다. 예상치 못한 것들의 만남은 상상만으로도 짜릿한 쾌감을 준다. 그 작은 융합이 뉴스가 되고 유행이 되고, 경쟁의 동력이 될 테다. 그리고 또 다른 융합과 재창조를 통한 공간의 변화를 기대하게 된다.

공연 콜라보 :

명품이 되기 위해

루브르로 간다

루브르미술관×비욘세 뮤직 비디오

"선배 아직도 봉고차 몰고 다니세요? 저 전시장으로 운송할 짐들이 좀 많은데 하루 도와주실 수 있으세요?"

"오케이, 좋아! 근데, 한 가지는 분명히 짚고 가자. 내 차 봉고 아니야. 왜 무조건 봉고라고 하는지 모르겠네. 이 차도 이름이 있고 브랜드가 있어. 내 차는 그레이스야, 그레이스. 봉고는 기아 브랜드 차고, 내 차는 현대 브랜드 차라고!"

"아, 오케이. 알았어요. 그레이스 좀 부탁해요. 그레이트 선배!"

언젠가 선배와 주고받은 대화다. 선배 말처럼 차에도 브랜드와 이름이 있는데, 사람들은 승합차만 보면 봉고라고 불렀다. 다른 차들은 억울하겠다. 분명 이름이 있는데 말이다.

루브르는 어떻게 미술관의 상징이 되었나

'저는 미국사람이 아닙니다'라는 한글이 가슴팍에 크게 써진 티셔츠를 입고 다닌 노란 머리 외국인이 있었다. 한국에서 길거리를 다니다 보면 다들 '미국사람'이냐고 묻더란다. 대답하기 하도 지겨워서 아예 옷에 쓰고 다니기로 했다는 것이다. 그도 그럴 것이, 서양 국가가 얼마나 많은데 외국인만 보면 미국사람이라고 단정 짓는 경향, 인정한다.

은연중 우리 의식을 지배하는 고정관념이나, 선입견, 편견은 많다. 미팅 자리에 나가면 무조건 '커피', 여자에게 작업을 걸 때도 "커피 한잔 하실래요?"란 말이 관용어구처럼 쓰인다. 사랑스러운 연인이 함께하는 로맨틱한 아침에도 커피는 등장한다. 남자의 흰 박스 티셔츠 한 장만 덜렁 걸친 여자에게, 먼저 일어난 남자가 커피를 가져다주는 장면은 익숙한 클리셰다.

이렇게 고정관념처럼 우리를 지배하는 고정된 소통 코드가 있다. 미술로 치면 그 대표주자가 누굴까? 화가라면 반 고흐와 피카소, 미술관은 단연 루브르가 아닐는지.

실제로 서양 최초 미술관은 루브르미술관이다. 왕궁이었던 루브르는 1793년 궁전의 일부가 중앙미술관으로 사용되었고, 박물관으로 변신하기 시작했다. 본격적으로 유럽 외에 다양한 지역에서 수집한 회화, 조각 등 수많은 예술품이 현재 추산 30만 점에 이

른다고 한다,

오랜 역사성과 더불어 전통적인 양식을 자랑하는 대표적인 건축물이다. 한데 이런 의미를 지닌 건축물에 중국계 미국인 건축가 이오 밍 페이가 설계한 피라미드를 설치한 것이다. 피라미드가 설치된 1989년 당시 많은 반발이 있었다. 하지만 결국 그 스캔들이 뉴스를 만들고 루브르를 스타의 자리에 올려놓는 데 기여했다. 어마어마한 궁전 앞에서의 사진보다 피라미드 앞에서의 사진 한 장이 명시성이 높은 것은 분명하지 않은가. 루브르는 그렇게 우리에게 미술관의 대표 상징이 되었다.

삼성, 명품의 가치를 얻기 위해 미술관으로 가다

아트카 시리즈로 제품 예술화의 선두자리를 거머쥔 BMW는 수년간 축적해온 아트카 시리즈에 걸맞게 '작품이다'라는 인식을 전파하기 위해 루브르에서 선보인 적이 있다.

세계적인 아티스트 제프 쿤스의 루이비통과 진행한 아트 콜라보 '마스터즈' 시리즈는 고전 명화들을 활용한 콜라보레이션이었다. 당연히 루브르미술관에서 제품 발표회를 함으로써 명작·명품의 자리를 차지한 셈이었다.

제품의 명품화 전략을 위해 루브르를 전략적 장소로 선택한 선두 사례는 삼성전자다. 일명 글로벌 로드쇼라 지칭했던 대표 사례다. 2002년 이미 루브르미술관에 전시된 명화들을 플라스마 TV와 초박막트랜지스트액정표시장치(TFT-LCD) TV 등의 신기술 평면

TV에 담아 전시했는데, 무려 80대에 이른다. 발표회 명칭도 '르네상스 인 컬러'였다.

문예부흥기였던 르네상스시대처럼 삼성전자의 신기술 TV가 색상에서 신기원을 이룩한다는 의미를 내포한다는 게 삼성전자 측의 설명이다. 63인치 대형 플라스마 TV에 이탈리아 화가 베로네세의 걸작 〈가나의 결혼식〉을 담았다. 원작과 차이가 있다면 결혼을 축하하는 귀족의 손에 포도주 잔 대신 삼성전자 휴대전화가 들려 있다는 점이다. 명품을 가져와 현대의 시각으로 새롭게 변형한 것, 이 또한 콜라보다.

하지만 2002년 행사는 루브르미술관 내 루브르 광장에서 진행됐다. 루브르미술관 내 전시장에서의 기업 행사는 2006년 처음 진행됐는데, 삼성 핸드폰 애니콜 '울트라 에디션' 유럽 론칭 행사가 그것이다. 2017년에도 루브르미술관 전시장 내에서 꺼져 있어도 아름다운 TV, 사용자가 원하는 예술 작품을 액자에 담듯 감상 가능하도록 한 신개념 라이프 스타일 TV '더 프레임'과 'QLED TV'를 선보였다.

그간 삼성전자는 루브르박물관, 오르세미술관, 퐁피두센터, 베르사유 궁전, 영국 대영박물관, 로댕미술관, 뉴욕 메트로폴리탄미술관, 런던 V&A, 상트페테르부르크의 에르미타주미술관, 대만 고궁박물관, 바티칸미술관, 엘리제궁전, 그리스 뉴 아크로폴리스박물관 내에 LCD를 설치했다.

또 유럽에서 가장 존경받는 대표 위인들의 박물관인 모차르트

(오스트리아), 푸시킨(러시아), 노벨(스웨덴), 로댕(프랑스), 고흐(네덜란드) 박물관 등에도 삼성전자 LCD를 설치하여 역사와 문화적 입지를 구축하는 데 앞장서고 있다.

삼성전자는 2002년 '베르사유궁전'에서 디지털 로드쇼 행사를 개최했는데, 이를 시작으로 2004년에는 '루브르미술관' 한국어 설명서 지원, 2005년에는 파리 최고의 아시아 박물관인 '기메박물관', 2006년에는 '로댕미술관' 등을 후원하거나 활용해왔다. 이곳은 모두 인류의 문화예술과 역사가 살아 숨 쉬는 곳. 삼성전자는 이들과 콜라보함으로써 그 역사성까지 획득한 멋진 전략을 보여준다. 명소, 명품 마케팅을 일관되게 추진하면서 문화와 예술을 담아내는 명품 브랜드로 이미지를 다듬어나가고 있다.

이종 결합이 만들어내는 파격, 놀라운 시너지

장소와의 콜라보레이션을 넘어서 콘텐츠와의 콜라보레이션 사례 또한 눈길을 끈다. 스타 디자이너와 콜라보레이션을 하면서 저가 브랜드의 하이엔드, 리미티드 에디션 개념의 스페셜을 공략하는 H&M. 루브르 장식미술관에 수백 년간 보관되어온 패션자료와 화가의 작품 속에서 영감을 받아 '컨셔스 익스클루시브'(Conscious Exclusive)를 론칭하기도 했다. 루브르의 브랜드 스토리를 가져가는 효과를 노린 것이다.

그런가 하면 비욘세와 제이 지가 '더 카터스'라는 이름으로 공개한 〈Apeshit〉 뮤직 비디오는 루브르미술관을 무대로 인식했고,

미술관 곳곳을 스테이지 삼아 퍼포먼스를 펼쳤다. 무대 미술의 주역으로 제 역할을 해내는 미술관의 명작들, 그리고 그 명작들의 오마주와 패러디를 연출하는 비욘세의 패션과 포즈. 이들의 콜라보는 단연 일품이다. 숨죽인 침묵 속에 갇힌 명화들에 생명을 불어넣는 기분이랄까. 그 명화들이 비욘세의 퍼포먼스에 생기를 얻어 살아 움직일 것만 같은 묘한 기운이 가득하다.

루브르와 그 안의 명화, 그리고 비욘세가 입은 의상들의 브랜드도 대단히 인지성이 있어 보인다. 결국 그 패션도 명품으로 승화돼 작품이 된다. 마찬가지로 루브르에는 페인팅과 조각만 놓이는 것이 아니다. 〈사모트라케의 니케〉 앞에서 벌거벗은 댄서들이 과감한 퍼포먼스를 하고, 대형 작품인 〈나폴레옹의 대관식〉 앞에서 흑인 댄서들과 함께 관능적인 춤이 펼쳐지며, 〈밀로의 비너스〉 앞

화려한 퍼포먼스까지 모두 담긴다. 루브르에서 가장 유명한 작품인 다빈치의 〈모나리자〉는 이 뮤직 비디오에서도 시작과 끝을 마무리한다.

이 콜라보로 그들은 서로의 덕을 톡톡히 보았다. 백인 우월주의를 비판하는 강렬한 퍼포먼스의 무대가 된 장소를 찾으려는 이들이 늘어났고, 이들을 위해 루브르가 '제이 지 앤드 비욘세 앳 더 루브르' 비지터 트레일을 공개했다. 뮤직비디오에 등장한 17개 작품을 둘러보는 코스로 총 1시간 30분이 소요된다고 한다.

드라마 촬영 장소는, 찾아오는 관객들로 관광지 명소가 된다. 그처럼 루브르는 비욘세 덕분에 더욱 유명한 관광명소가 되었다. 팝 뮤직비디오와의 콜라보레이션, 이 이종 결합이 이끌어낸 성과다.

COLLABO INSIDE

아트 상품 VS.
아트 콜라보레이션

전시장이나 미술관에 가면 그 전시회에 맞춰 제작한 작품, 즉 아트 상품들을 만나곤 한다. 대중적인 소비도가 좋은 제품에 작품 이미지가 응용되어 생산된 제품을 '아트 상품'이라 부른다. 주최 측이 제품에 그림 이미지를 구상하여 주문을 의뢰해 생산된 결과물이다. 예술가가 스스로 제품을 선정해서 예술 작품과 결합해 주문하거나 기업이 자신들의 제품에 맞는 작품 이미지를 선정해서 디자인을 주문하는 등 매우 일방적으로 진행되는 주문생산 방식이다.

그런가 하면 아트 콜라보레이션은 협업과 동행의 의미가 부각되는 행위다. 아트 상품이 그저 주문에 의해 공장에서 생산되고 주문을 의뢰한 곳이 수익을 전부 차지하는 데 반해, 아트 콜라보레이션은 예술가와 제품회사 각자의 이름과 브랜드가 공존한다. 또한 양자의 수익과 성공이 모두 합리적으로 분배되고 공유된다.

단, 현재까지는 예술가가 기업을 선정하기보다는 기업 주도로 예술가가 선정되는 기업 주도형 아트 콜라보레이션이 대부분이다. 애초 기업들이 제품을 예술의 경지로 승화시키려는 노력에서 시도된 마케팅 영역이기 때문이다.

루이비통이 무라카미 다카시와 아트 콜라보레이션을 함으로써 그저 디자인 상품에 머물지 않고, 예술가의 이름과 작품세계를 활용하여 특별한 제품, 명품·명작을 노린 사례가 대표적이다. 이때는 디자인 비용을 주고 의뢰한 디자인을 접목하는 차원이 아니라, 상대 예술가가 지닌 위상과 작품의 철학까지도 결합된다고 봐야 한다. 그야말로 기업과 예술의 공존, 시너지를 주고받는 동행이다.

이는 단지 미술에만 국한되지 않는다. 현재는 다양한 문화예술 장르와 기업의 협업이 다양한 방식으로 이뤄지는 중이다. 또 2개의 주체가 결합하기도 하지만, 셋, 넷, 다섯… 다자간의 복합적인 콜라보레이션을 통해 다각적인 홍보와 소비층 확대를 도모하는 중이다.

— 윤은기, 《협업으로 창조하라》, 올림, 2015

— 밥 로드, 레이 벨레즈, 《융합하라》, 이주형, 조은경 옮김, 베가북스, 2014

— 김우정, 《돈과 예술의 경제학》, 북카라반, 2008

— 신동희, 《창조경제와 융합》, 커뮤니케이션북스, 2014

— 헬렌 니어링, 《아름다운 삶, 사랑 그리고 마무리》, 이석태 옮김, 보리, 1997

— 최종태, 《예술가와 역사의식》, 지식산업사, 1986

— 법정, 《산에는 꽃이 피네》, 류시화 엮음, 동쪽나라, 1998

— 김경집, 《생각의 융합》, 더숲, 2015

— 이인식, 《융합하면 미래가 보인다》, 21세기북스, 2014

— 홍성태, 《모든 비즈니스는 브랜딩이다》, 쌤앤파커스, 2012

— 김민주, 《성공하는 기업에는 스토리가 있다》, 청림출판, 2003

— 박지영, 《아트 비즈니스》, 아트북스, 2014

— 김형태, 《예술과 경제를 움직이는 다섯 가지 힘》, 문학동네, 2016

— 조준동, 《창의융합 프로젝트 아이디어북》, 한빛아카데미, 2015

— 한국경제신문 특별취재팀, 《융합형 인재의 조건》, 한국경제신문사(한경 BP), 2013

— 제시 워렌 티블로우,《연결의 힘 4C》, 이동진 옮김, 이너북, 2017

— 이호건, 장춘수,《콜라보 파워》, 책이있는마을, 2016

— 처원형,《세상은 보이지 않는 끈으로 연결되어 있다》, 샘터, 2016

— 에리카 다완, 사지-니콜 조니,《연결지능》, 최지원 옮김, 위너스북, 2016

— 리드 호프먼, 벤 카스노카,《연결하는 인간》, 차백만 옮김, 알에이치코리아, 2015

— 데이비드 건틀릿,《커넥팅》, 이수영 옮김, 삼천리, 2011

— 아이번 마이즈너, 미셸 도너번,《연결하라》, 존윤 옮김, 올림, 2014

— 트리스탄 굴리,《자연과 연결되는 법》, 구미화 옮김, 프런티어, 2016

— 박희다, "아트 콜라보레이션과 어린이와의 콜라보레이션 사례 연구", 국민대학교 테크노디자인전문대학원 퓨전디자인학과 시각디자인전공 석사학위논문, 2011

— 이지은, 한여훈, "아트 주입 유무가 럭셔리 지각에 미치는 영향", 광고학연구 제22권 5호, 2011

— 이예림, "아트 마케팅을 통한 브랜드 가치제고 연구", 홍익대학교 대학원 시각디자인과 석사학위논문, 2007

— 이미란, "기업 아트마케팅을 위한 전시공간 운영 모델 연구", 홍익대학교 미술대학원 예술기획전공 석사학위논문, 2008

— 문한아, "디자인협업의 유형 및 특성 분석", 연세대학교 대학원 디자인경영학협동과정 석사학위논문, 2009

— 박소희, "기업 마케팅을 위한 예술 협업(art collaboration)에 관한 연구", 동국대학교 문화예술대학원 조형예술경영학과 석사학위논문, 2009

— 박소연, "아트 콜라보레이션(Art Collaboration)을 통한 기업의 브랜드 아이
덴티티 표현에 관한 연구", 중앙대학교 예술대학원 디자인 공예학과 시가
디자인전공 석사학위논문, 2013

— https://www.slideshare.net/ssuserefd7e1/ss-56192595